教育部人文社会科学重点研究基地重大项目资助（项目批准号：13JJD810001）

Belief System and Political Development
in Contemporary China

当代中国的信仰体系与政治发展

关海庭／著

北京大学出版社
PEKING UNIVERSITY PRESS

图书在版编目(CIP)数据

当代中国的信仰体系与政治发展/关海庭著.—北京:北京大学出版社,2020.4
(政治学前沿)
ISBN 978-7-301-30822-6

Ⅰ.①当… Ⅱ.①关… Ⅲ.①马克思主义—信仰—研究—中国 Ⅳ.①A81②D61

中国版本图书馆 CIP 数据核字(2019)第 215180 号

书　　　名	当代中国的信仰体系与政治发展 DANGDAI ZHONGGUO DE XINYANG TIXI YU ZHENGZHI FAZHAN
著作责任者	关海庭 著
责任编辑	胡利国　陈相宜
标准书号	ISBN 978-7-301-30822-6
出版发行	北京大学出版社
地　　　址	北京市海淀区成府路 205 号　100871
网　　　址	http://www.pup.cn
新浪微博	@北京大学出版社　　@未名社科-北大图书
微信公众号	ss_book
电子信箱	ss@pup.pku.edu.cn
电　　　话	邮购部 010-62752015　发行部 010-62750672 编辑部 010-62753121
印　刷　者	三河市北燕印装有限公司
经　销　者	新华书店
	730 毫米×980 毫米　16 开本　23 印张　320 千字 2020 年 4 月第 1 版　2021 年 9 月第 3 次印刷
定　　　价	66.00 元

未经许可,不得以任何方式复制或抄袭本书之部分或全部内容。
版权所有,侵权必究
举报电话:010-62752024　电子信箱:fd@pup.pku.edu.cn
图书如有印装质量问题,请与出版部联系,电话:010-62756370

内容提要

当代中国的信仰体系有三个基本的内涵:一是形成了由政治信仰和宗教信仰共同构成的一个完整的信仰体系。如果从信仰的人数上来说,是以政治信仰为主、宗教信仰为辅,中国90%以上的人必须有或者应该有政治信仰,而有完全宗教信仰的人大约占总人口的5%。① 二是政治信仰本身就是一个完整的体系,包括宏观的目标、中观的价值观、微观的民生政策。三是实现中国政治信仰的途径也是一个完整的体系,包括自身体系的完善、支撑条件的完善、处理好同外部因素的关系(特别是同宗教信仰的关系)。本书的整个论述都是围绕着上述内容展开的,并在此基础之上,深入分析了这种信仰体系对中国政治发展的影响。

本书有一个基本的假设:中国经济经过四十年的高速发展,国家的硬实力有了显著的提高,现在已经成为世界第二大经济体。当前紧迫的任务,就是提高国家的软实力。从现在算起,再经过10年到20年的时间,如果能够建立起完整的国家软实力体系,并且得到全国人民的认同和自觉的执行,中华民族就能够真正地自立于世界民族之林。

近些年,对国家软实力的研究,越来越引起人们的重视。20世纪90年代初,美国学者约瑟夫·奈提出了"软实力"的概念,认为软实力

---

① 金泽、邱永辉主编:《中国宗教报告(2010)》,社会科学文献出版社2010年版。

主要是指一个国家的文化影响力,包括意识形态和政治价值的吸引力、民族精神和社会文化的感召力、政治动员的能力、运作国际组织的能力等。① 文化决定论者认为:"对一个社会的成功起决定作用的是文化,而不是政治。""文化价值观之所以重要,尤其是因为它们形成人们组织经济活动所遵循的原则。"② 有的学者说得更加明确:"文化具有的内在价值和态度能引导民众。"③ 新制度经济学同旧制度经济学的重要区别也在于,新制度经济学在解释制度的时候,认为"制度从根本上说是由非正式的约束、正式规则和这两者的实施特征组成的",更强调在制度的实施过程中"习惯和习俗的重要性"。④ 现代化理论则从一开始就将"公众的愿望和信仰、意识形态、动机和动员作为重要的分析领域"⑤。中国改革开放以来的实践也说明,要想让改革顺利发展,硬性因素和软性因素的协调发展至关重要,甚至可以说决定着改革的成败。⑥ 随着改革开放的深入,硬性因素的建设和提升相对容易,而软性因素的建设相对困难。因此,在经济发展到一定程度后,一定要加强软性因素的建设。在众多的软性因素中,起核心作用的就是信仰,这也是本书要加以论证的。

本书还要特别指出,中国共产党是中国政治信仰的主要承担者。中国共产党之所以能够从小到大,成为一个有八千九百多万党员、领导十四亿人口的国家的大党,最根本的原因在于有正确而坚定的政治信仰。正如邓小平所说:我们革命取得胜利,"就是因为我们有理想,

---

① 陈锦华等:《开放与国家盛衰》,人民出版社2010年版,第406页。
② 〔美〕塞缪尔·亨廷顿、劳伦斯·哈里森主编:《文化的重要作用》,程克雄译,新华出版社2010年版,第9、342页。
③ 〔美〕戴维·S. 兰德斯:《国富国穷》,门洪华等译,新华出版社2001年版,第732页。
④ 〔德〕埃瑞克·G. 菲吕博顿、鲁道夫·瑞切特编:《新制度经济学》,孙经纬译,上海财经大学出版社1998年版,第2、41页。
⑤ 〔美〕戴维·E. 阿普特:《现代化的政治》,陈尧译,上海人民出版社2011年版,第29页。
⑥ 关海庭:《中俄体制转型模式的比较研究(第二版)》,北京大学出版社2015年版。

有马克思主义信念,有共产主义信念"①。"没有这样的信念,就没有一切。"②《中国共产党章程》明确规定:党的最高理想和最终目标是实现共产主义。这个最高理想和最终目标,就是信仰。我们的信仰就是共产主义,这种信仰不同于宗教信仰,这是建立在科学基础之上的世俗的政治信仰。

---

① 《邓小平文选》第3卷,人民出版社1993年版,第110页。
② 同上书,第190页。

前　言

　　我是1984年研究生毕业留在北京大学任教的。之后与大部分教师的经历一样，从事教学和科研工作，包括课堂讲授、撰写论文、申报项目、编写教材、参加评奖等。在科学研究中，有些题目和项目是我喜欢做的，有些是组织上交给的任务，有些是同事和朋友需要帮忙而做的。每天忙忙碌碌，多年积累下来，有了一些零零散散的成果，后来又到学校从事教学管理工作。科研成果虽然很杂，但也有一条主线，那就是以中国和俄罗斯的体制转型比较作为研究方向，这也是我的兴趣所在。后来从事信仰问题研究，也是从这个研究方向中派生出来的。追根溯源，起因就是苏联解体带给我的震撼。一个曾经的超级大国居然像多米诺骨牌一样瞬间崩塌，国家四分五裂，社会剧烈震荡，其后果惨不忍睹。很多学者纷纷探求其内在原因，我也开始深深地思考一个问题：信仰与民族凝聚力之间的关系。

　　1994年我第一次到俄罗斯莫斯科大学进修。那时正是俄罗斯社会比较动荡的时期，每当与俄罗斯学者谈起国家未来前景时，总能看到他们脸上痛惜、迷茫的表情。我还经常看到街头游行队伍当中，人们举着各种各样自己崇拜的人物画像，有列宁和斯大林的，有戈尔巴乔夫和叶利钦的，有圣母玛利亚和耶稣的，还有很多画像是我不认识的，可能是东正教大主教的画像。当时给我最深刻的感觉，就是俄罗斯丧失了国家发展的目标，特别是人们在信仰上出现了极其混乱的状况。后来我察觉到，到了叶利钦当政的后期，俄国领导人有意识地扶持东正教。到了普京时期，更是将东正教抬高到了极其重要的位置。由于有了相对统一的宗教信仰，加上各种改革措施的到位，动荡的俄罗斯社会逐渐走向稳定。俄罗斯从原来的信仰共产主义转到信仰东正教，这其中的原因是很复杂的，除了深刻的现实原因之外，还有着深厚的历史原因——俄罗斯本就是一个有着深厚宗教基础的社会。

当时我只是对这个问题感兴趣，还谈不上进行研究。1995年回国后，正值中国的改革开放迅速发展，人们的生活水平普遍得到了提高。中国共产党和国家虽然重视思想道德方面的建设，但是随着社会主义市场经济的深入，市场经济的一些负面效应也开始显现出来，人们的道德滑坡和信仰缺失的现象并没有得到有效遏制。我开始关注这个问题，感到道德水准下降仅仅是表面现象，背后深层次的原因与信仰的缺失有关。一个偶然的机会，我看到了著名史学家陈寅恪1929年给北大史学系毕业生写的一首诗："天赋迂儒自圣狂，读书不肯为人忙。平生所学宁堪赠，独此区区是秘方。""读书不肯为人忙"，这句话深深地打动了我，让我更加坚定了从事这一题目研究的决心。

我经常思考这样一个问题：学者的社会责任是什么？答案可以有很多，但有一条是明确的，那就是通过自己的扎实研究，包括历史的纵向研究、国际的横向比较研究等，对已经发生的事件进行分析，给人以经验和警示，防止历史悲剧的重演，更好地服务于现实社会。苏联解体是发生在20世纪的重大政治事件，中国又是借鉴苏联的体制发展起来的社会主义国家，防止苏联解体这样一个历史悲剧的重演，无疑是中国社会科学工作者的重要责任。从借鉴的意义上来说，苏联解体对中国来说是好事，可以增强我们的危机感和底线意识。如果有这样一个前车之鉴，还重复以前的悲剧，那是不可原谅的。这种强烈的使命感，也是我从事信仰问题研究的重要动因。

我将信仰问题作为自己的研究方向，深入到这个领域之后，曾有很多问题令我困惑。比如当今世界多数人有宗教信仰,为什么大部分中国人没有宗教信仰?儒家学说是宗教吗?中国共产党为什么能够打败国民党?宗教信仰和政治信仰是什么关系?另外,信仰问题非常复杂,其中涉及宗教、哲学、中国传统文化、西方文化等众多的理论问题,跨学科研究十分艰难。但世上无难事,只要肯登攀。带着这些问题,我阅读了大量的历史文献,将这些问题一一梳理。其间的困难是显而易见的。强烈的责任心和浓厚的兴趣始终是我研究这个问题的巨大动力。

  研究过程中遇到的最大障碍就是信心。可以说,在信心问题上我一度在坚定和动摇之间徘徊,这是因为在我的内心深处有两个相互矛盾的命题在争论:一方面,从科学研究的规范性来说,尽量选择一些边界清晰的课题进行研究,容易得到学术界的认同。一些同行听说我从事信仰问题研究,有的劝我放弃这个课题,也有的不屑一顾,认为这种研究无法证伪,不是科学研究的范围。但另一方面,前期的研究成果使我从内心深处认识到,这个问题是非常重要的,而且我也认为有些问题是必须说清楚的,对现实是有借鉴意义的。更重要的是我非常喜欢这个课题。政治学的研究,既包含政治科学,也包括政治哲学,从某种意义上来说,政治哲学的确有很多东西是不能够被证伪,起码在短期内是无法证伪的,但不等于没有意义。应该说,我的信心是在研究的过程中逐渐树立起来的。有了信心,一切就都好办了。

  开始从事这个研究,宏观目标是很清楚的,但没有什么具体的目的,也没有考虑把一些阶段性成果拿出去发表或者出版。经过一段时间的研究之后,我感觉还是说清了一些问题。中国是一个超大型的国家,是一个国情十分特殊的国度。中国同世界上其他国家的区别是很多的。我非常认同梁漱溟先生的观点,那就是中国和其他国家,特别是同西方国家的区别主要还是在宗教上。西方国家普遍具有一神教的宗教信仰。一神教的宗教信仰有两个基本内涵:一个是原罪说,一个是人的有限理性。正因为如此,人们要信仰上帝。西方的宗教信仰是西方文明的重要组成部分,在西方人的日常生活中有着重要的意义。我们没有生活在其中,对它的很多作用是无法体验到的。作为一个旁观者能感受到的,起码有三个方面的作用:一是使人们有一种敬畏感。做任何事情都感到上帝在注视着自己,有一种东西像利剑一样悬在头上,使人不得不自律。二是启发你不断认识新的事物。宗教强调人的认识能力是有限的,而宇宙是无限的,要在上帝的指导下不断努力,去认识无限的世界。三是正确对待生死。宗教告诉人们,死亡没有什么可怕的,只是变换一种生活方式而已。

中国传统文化是一个博大精深的思想宝库,以对中国人实际生活的影响而言,程度不同地起到了宗教的作用;但也不可否认,中国传统文化更注重其实用性。中国近现代以来之所以能够发生翻天覆地的变化,主要还是有了比较正确和正确的政治信仰,开始是信仰孙中山的三民主义,后来接受的是马克思主义,再后来就是在马克思列宁主义指导下的毛泽东思想和中国特色社会主义理论体系。正是这些政治信仰将中华民族凝聚起来,才有了今天的局面。对此我们一定要珍惜。

习近平总书记指出,不忘初心,牢记使命。这个初心和使命是什么?就是中国共产党人的政治信仰,这个政治信仰既包括具体的奋斗目标,也包括长远的奋斗目标。党的十九大明确指出:从现在到2020年,是全面建成小康社会决胜期;从2020年到2035年,基本实现社会主义现代化;从2035年到本世纪中叶,建成富强民主文明和谐美丽的社会主义现代化强国。党的最终目标是实现共产主义。这个初心和使命是我们必须坚持的一条主线。加强信仰问题的研究,有助于我们进一步明确和坚持这个初心和使命。

当今世界是一个剧烈变动的世界,科学技术,特别是信息技术的迅速发展,极大地改变了人们的生活:这一方面使人们的生活水平大大提高,智能机器人、智能手机、智能航空器的出现,给人们带来了极大的乐趣和便捷,人们的生活充满着阳光和希望;而另一方面,也出现了众多的社会问题,如贫富差距拉大、地区冲突不断、各种功利主义盛行。面对这些问题,反现代化、逆全球化、贸易保护主义,都在打着冠冕堂皇的旗号宣传自己的主张,真可谓你方唱罢我登台。一些人想作为旁观者选择了沉默,还有一些人在努力地去适应这种变化,也有一些人大声疾呼但拿不出具体的解决思路。确实,人类再一次面临着艰难的选择:从思想态度上来说,毫无疑问,责任、担当和勇气是必需的;从发展方向上来说,人类任何时候都不能没有信仰,信仰的光芒将使人们的生活更加充实,各种信仰之间的交流将变得更加可能和紧密。

因此就有了这样一本书。严格地说,这本书也不想谈很多问题,只是想说清楚,在当前中国众多的社会问题中,信仰是最重要的,起着支配的作用。人民对美好生活的追求,既包括物质的,也包括精神的,然而随着物质生活水平的提高,更重要的是精神的。在精神的世界里,信仰是其中的核心。几千年来中国社会的发展,说明了中国是一个世俗社会,缺少深厚的宗教基础。我们今天别无选择,只有不断地完善我们自己的世俗信仰,或者说政治信仰,中国才有光明的前途。诚然,这种世俗信仰或者政治信仰是需要有很多支撑条件的。我们需要在这些支撑条件上做很多的工作,把这其中的道理向广大人民群众讲清楚,同时在信仰问题上采取包容性的态度,使中国形成一个"一主多元"的完整的信仰体系。有了这样一个科学的、包容的、完整的信仰体系,道德建设和思想文化建设才有了坚实的基础和前提,执政党和国家才能有强大的凝聚力,由此将全国人民团结起来,国家才有美好的未来。

最后需要说明的是,本书的个别章节曾经在杂志上公开发表过,其中第十四章是在我同黄敬理共同撰写并公开发表的一篇论文的基础上改写的。第二章和第十五章部分内容的初稿是由朱萌、黄敬理等人提供的。我的学生黄敬理、王怀乐、朱萌、邱珍、孙迪、王志行、李闻笛在本书的写作过程中给了我很大帮助。本书得到了教育部人文社会科学重点研究基地重大项目的资助,在此一并表示感谢。

目 录

第一章 政治信仰问题的提出 / 1

第二章 关于信仰的文献综述 / 10
  一、信仰研究的基本路径 / 10
  二、对政治信仰的现有研究 / 18
  三、中国经验与信仰研究的反思 / 23

第三章 政治发展与政治信仰 / 26
  一、政治与政治发展的含义 / 26
  二、政治发展与信仰 / 31
  三、政治信仰与政治发展 / 39

第四章 中国为什么需要世俗的信仰？ / 42
  一、中国和西方社会结构的差异 / 42
  二、中国一元社会结构形成的原因 / 46
  三、中国独特社会结构的深远影响 / 52

第五章 我们需要什么样的世俗信仰？ / 56
  一、"实用理性型"文化对世俗信仰内容的影响 / 56

二、平民性质的文化对世俗信仰内容的影响　/ 60

三、中国人信仰的心理结构与世俗信仰的内容　/ 64

第六章　政治信仰与 20 世纪中国政治发展　/ 75

一、西方政治发展模式的尝试与受挫　/ 75

二、封建买办集权主义政治发展模式的恶果　/ 79

三、各阶级合作的联合政府政治模式的提出与夭折　/ 93

四、社会主义政治发展理念与道路的确立　/ 97

五、中国特色社会主义信念的创新实践　/ 114

第七章　政治信仰的文本分析　/ 119

一、康有为的《大同书》：中国式空想社会主义的蓝图　/ 119

二、孙中山的《建国方略》：资产阶级性质共和国的设计　/ 131

三、毛泽东的《新民主主义论》：中国科学社会主义的奠基之作　/ 139

第八章　当代中国政治信仰的基本内容——理论分析　/ 147

一、当代中国政治信仰的理论基础和主要内容　/ 147

二、当代中国政治信仰的支撑条件　/ 158

三、当代中国政治信仰在政治发展中的作用　/ 161

第九章　当代中国政治信仰的基本内容——实践探索　/ 165

一、空想社会主义的倾向　/ 165

二、单纯追求物质利益的实用主义的倾向　/ 171

三、简要的分析　/ 179

第十章　当代中国的信仰体系是如何维持和发展的？　/ 182

一、中共历史上三次信仰危机的化解　/ 182

二、政治信仰的巨大作用——四次重大事件的分析 / 189

　　三、简要的总结 / 199

第十一章　中国共产党的政治信仰与当代中国政治发展 / 201

　　一、当代中国政治发展的历史传统——以解放战争为例 / 202

　　二、当代中国政治发展的基本背景——以改革开放前
　　　　三十年为例 / 207

　　三、政治信仰与当代中国的政治发展 / 209

第十二章　当前坚定政治信仰要防止的几种倾向 / 226

　　一、整体的视角 / 227

　　二、领导干部的视角 / 230

　　三、一般群众的视角 / 236

第十三章　当代中国政治信仰状况的调查 / 238

　　一、关于当代大学生政治态度的调查 / 238

　　二、当代青年人的政治信仰状况 / 261

　　三、普通百姓的信仰和政治态度状况 / 262

第十四章　中国共产党政治信仰体系实现的途径
　　　　——自身体系的完善 / 270

　　一、要不断完善共产主义的思想体系 / 271

　　二、对今天的实际也要有一种全新的认识 / 277

第十五章　中国共产党政治信仰体系实现的途径
　　　　——支撑条件的完善 / 291

　　一、政治文化 / 291

　　二、政治象征 / 299

　　三、政治民主 / 303

四、政治动员 / 310

五、政治组织 / 321

第十六章　中国共产党政治信仰体系实现的途径
　　　　　——同外部因素的关系 / 332

一、信仰和现实的关系 / 332

二、权利和义务的关系 / 334

三、宗教和世俗的关系 / 336

四、目标和手段的关系 / 340

结束语 / 344

参考文献 / 349

第一章　政治信仰问题的提出

为什么说信仰问题特别重要,因为这是中国当前迫切需要解决的问题。我们这里提出十个有关联性的问题,通过对这十个问题的初步解答,我们可以理解信仰尤其是政治信仰在中国的特殊作用,以及解决中国信仰问题的基本思路。

(一)进入21世纪之后,中国社会当前面临的主要问题是什么?

说到社会问题,人们自然会想到贫富分化、环境污染、信仰缺失、道德滑坡等等。那么这些问题当中最主要的是什么?中国自鸦片战争以来,面临着独立、统一、民主和富强等任务,这些任务有些有着严格的顺序,有些则交织在一起。这些任务可以归结为三大方面:一是独立和统一。没有独立谈不上富强,这已经被历史所证明。中华人民共和国的成立标志着独立任务的完成,这为民主和富强创造了基本的前提。诚然,国家统一的任务还没有完成,还有一个台湾问题需要解决。二是民主和富裕。1949年中华人民共和国成立以后的基础设施建设和改革开放以来的实践,让中国人民看到了富裕的曙光,当然这种富裕的道路还有待不断拓展。同时,中国特色社会主义民主进程也有了长足的发展。三是文明和富强。这也会涉及民主问题。这些问题用通俗的话来表述,就是富起来怎么办,怎样建设一个富强和文明的国家。这就牵扯到物质文明和精神文明,即民主、信仰、道德等诸多因素。没有精神文明做支撑,物质文明不可能持续发展,而在精神文明的诸多因素当中,信仰居于核心的地位,起着统领的作用。因为道德等因素是信仰的组成部分,而信仰决定着众多软性因素的发展方向。所以,中国当前最主要的问题就是信仰,特别是政治信仰的问题。

(二)中国政治学和西方政治学的主要区别在哪里?

当然我们可以举出很多,比如研究方法、研究主题、意识形态等,但我们仔细研究之后发现,最大的区别还是在政治信仰上。中国的政治学如果不研究政治信仰,就无法进行其他方面的研究。具体表现形式就是马克思主义的指导。西方政治学研究的前提,是宗教社会,是理想和现实分离的二元社会,西方人通过宗教解决了信仰问题,所以西方政治学在构建政治体系的时候,是将政治信仰排除在外的。美国政治学家戴维·伊斯顿在论述政治体系时说:"政府机构、压力集团、投票选举、政党,以及与它们有关的其他社会成分,例如阶级、地区集团等等,都表现出可以被看作是政治活动过程一部分的十分密切的相互作用。"①德国政治学家柏伊姆在论述政治系统的时候,也只是将国家和权力作为政治系统的核心概念。② 如果从同中国相比较的角度看,西方政治学更多的是研究中观和微观的问题。比如在中观上出现了制度学派、行为学派等,而在微观上出现了定量研究等。中国近现代的革命也是想从中观和微观解决问题,比如学习西方的技术、制度等,但都没有成功,因为没有解决信仰问题。孙中山创立了三民主义,解决了政治信仰问题。孙中山明确指出:要实现国家实业计划,最重要的,"必须设法得中国人民之信仰,使其热心匡助此举"③。革命开始的时候搞得轰轰烈烈,但后来因为没有能够实现这种信仰的阶级来

---

① 〔美〕戴维·伊斯顿:《政治体系》,马清槐译,商务印书馆1993年版,第93页。
② 〔德〕克劳斯·冯·柏伊姆:《当代政治理论》,李黎译,商务印书馆1990年版,第142页。
③ 《孙中山选集》,人民出版社1981年版,第217页。

承接这个任务,革命遭受了严重的挫折。中国共产党登上了历史舞台,比较好地解决了政治信仰问题和实现政治信仰的领导阶级问题,中国革命的面貌从此焕然一新。

(三) 儒家学说是不是宗教?

这个问题争论和研究了很长时间,康有为的"孔教论"开创了这方面研究的先河。康有为认为儒家学说是宗教,并立孔子为教主。康有为的思想有着明显的现实意义:一是改造儒学以发展文化;二是抵制西方的侵略;三是建立信仰以团结人民。因此有人称康有为为"中国的马丁·路德"。1931年著名学者胡适发表《中国历史上的宗教与哲学》一文,也认为儒家学说具有明显的宗教性质。胡适说:"在整个中国历史上,有两大宗教起了极为重要的作用。一个是佛教,它可能在公元前即已传入中国,不过只有到3世纪以后才有全国性的影响。另一个大宗教还没有通行的名字,我想将它称为'华夏主义'(siniticism)。它是中国人本土的宗教,可以追溯到遥远的古代,包括此后发展出的诸种形式的墨教、儒教(它充当了国教)以及所有不同阶段的道教。"胡适将华夏主义的基本要素概括为:"1.崇拜一个最高的神;2.崇拜死者的灵魂;3.崇拜自然力;4.相信善恶报应说;5.十分普遍地相信各种形式的占卜的效力。"①自20世纪后半叶以来,海外学者积极参与的关于儒家学说是否具有宗教性的讨论影响深远。1958年元旦,唐君毅、张君劢、牟宗三、徐复观四人联名发表的《中国文化与世界》一文,认为儒学是道德的宗教,宋明理学完成了儒教的宗教化,批评西方认为"中国先天缺乏宗教性的超越感情"的观点。后来牟宗三发表文章,认为西方文化最有底蕴的是宗教,儒学蕴含宗教精神。1978年底任继愈撰文,从神灵崇拜、社会功能、思维方式、组织仪式、政教合一等几个方面论述儒家的宗教特征。这些观点立即遭到了冯友兰和张岱年等人的反对。梁漱溟则做了适当的妥协,认为儒家学说不是宗教,而是"以伦

---

① 胡适:《中国的文艺复兴》,邹小站等译,湖南人民出版社1998年版,第111、113页。

理代替宗教",因此起到了宗教的作用。梁漱溟的观点被越来越多的人所接受。国外学者将宗教和儒家学说进行比较,也认为"孔子的信奉者传播了一种纯洁而高尚的道德观,但是儒教并不是真正意义上的宗教,而只是一种伦理体系"①。我们认同儒家学说不是宗教,有三个充分的理由:一是儒家研究的是在世,不是来世;二是儒家学说没有一神的崇拜,崇拜的对象是多元的;三是儒家学说是靠内力来解决问题,而宗教是通过外力达成目的。当然,也有学者认为儒家学说有"转世"的功能,著名学者杜维明就认为:"正因为儒家的价值取向是既入世又要根据道德理想而转世,它确有和世俗伦理泾渭分明的终极关怀。"②杜维明承认儒家传统的宗教性。尽管在儒家学说"宗教性"这个问题上有分歧,但有一点是肯定的,儒家学说只能够部分地解决道德问题,无论如何也解决不了信仰问题。

(四)中国共产党为什么能在短时间内取得政权?

有很多学者在研究这个问题,特别是台湾地区的学者。他们的观点无非有以下几种:一是国民党内部派系斗争严重,国民党是被自己打倒的;二是蒋介石个人的原因,蒋介石在理论上就是维护封建专制的统治,在实践上没有解决好土地问题、封建割据等问题;三是中国传统文化导致了国民党的腐败。蒋介石自己则认为,"此次失败之最大原因,乃在于新制度未能成熟与确定,而旧制度先已放弃崩溃"。具体说来,"当政二十年,对其社会改造与民众福利,毫未着手,而党政军事教育人员,只重做官,而未注意三民主义之实行。今后对于一切教育,皆应以民生为基础。亡羊补牢,未始为晚"。③ 实际上,中国共产党取得政权的根本原因在于有正确的政治信仰。国民党的政治信仰是三

---

① 〔美〕E. A. 罗斯:《变化中的中国人》,李上译,电子工业出版社2016年版,第143页。

② 〔美〕杜维明:《文化中国——扎根本土的全球思维》,北京大学出版社2016年版,第198页。

③ 曾景忠编注:《蒋介石家书——日记文墨选录》,团结出版社2010年版,第276页。

民主义,毛泽东在《新民主主义论》中说得十分清楚,三民主义就是要建立一个资产阶级的共和国,但是中国没有一个强大的资产阶级能领导这个革命。蒋介石还写了《中国之命运》,其本质就是要维持现状,这样做无法将中国变成一个民主、富强的国家。实际上,国民党的军队不知道为什么打仗,相当一部分的官员都有巨额财产,特别是国民党中央政权对广大的基层政权严重失控,地主豪绅剥削农民,人民群众的反抗情绪日益增加。诚然,我们后来很多文艺作品有丑化国民党的倾向,但国民党的那些基本问题都是存在的。概括起来说,国民党有信仰缺失、理论落后、官僚腐败、基层失控等问题,特别是其发展方向同历史潮流是背道而驰的。孙中山曾经说过,历史潮流浩浩荡荡,顺之则昌,逆之则亡,既然如此,如何能同有坚定信仰的中国共产党抗衡呢?

(五)为什么不能通过宗教解决中国的信仰问题?

宗教要有传统,宗教的形成需要有坚实的社会基础,而且宗教发展需要长时间的社会积累。仅举东正教为例,从公元325年君士坦丁大帝在小亚细亚的尼西亚城召开基督教会议,制定了《尼西亚信经》,到公元787年第二次尼西亚大公会议通过了修订后的《信经》,前后经历了400多年的时间。① 宗教既能解决人们的信仰问题,也能造成社会的分裂,当今世界上最严重的冲突几乎都是宗教冲突。固然,中国现在信的人数有所增加,但真正信教的人数不超过总人口的5%。我们要坚持宗教信仰自由的政策,充分挖掘宗教中的积极因素,但是也要明确,想要通过宗教,即建立一个宗教社会以解决中国人民的信仰问题,那是不可能的。最根本的是,中国没有宗教的深厚的社会基础,自孔子以后,中国的世俗化倾向压倒了中国的宗教化倾向。

---

① 乐峰:《东正教史》,中国社会科学出版社1999年版,第19—21页。

（六）中国具有政治信仰的文化基础吗？

任何信仰都要有文化基础。宗教信仰要有文化基础，政治信仰更需要有文化基础。中国具有政治信仰的文化基础，那就是中国传统政治文化和马克思主义政治文化。在论述这个问题之前首先要解决一个问题，那就是为什么不能以中国传统文化作为信仰的基础和内容。现在社会上也有这样一种观点，就是要以中国儒家文化作为信仰的基础和内容，这种观点是要不得的。原因在于：第一，从功能上说，儒家文化是一种"实用理性"型的文化。这种文化在宏观上主张维持现状，没有给人们指出发展的方向，是守旧的文化；在中观上主张不以法治为依托的道德立国，是行不通的；在微观上强调的是缺少制度和界限的"和谐"管理，也是空想的。第二，从阶级属性上说，是典型的封建文化，皇权的至高无上是其核心内容。这种文化只有"治道"而无"政道"，无法集中全社会的智慧来治理国家，自然也就无法同资产阶级的文化抗衡。第三，从实践上说，以中国传统文化作为指导思想没有成功的先例。中国人民以马克思主义的政治文化为指导，借鉴中国传统政治文化的合理成分，形成了中国政治信仰的文化基础。中国传统政治文化的基本内容，是以天命观为基础的国家崇拜理念，天命向国家转换的中间环节是皇权，皇帝是无限体，政道就是神道，不容怀疑，所以中国政治文化只有"治道"而无"政道"。这种"治道"关注现实，崇尚道德，特别重视统治的艺术和手段，无法衍生出民主制度。但这种政治文化最关注的现实就是民生，形成了"民为邦本"的传统和朴素的平等观。马克思主义传播到中国以后，成为中国政治信仰的主要思想和文化基础，同时中国先进的知识分子以马克思主义为指导，对中国传统的政治文化进行了根本性的改造，形成了代表最广大人民群众利益的共产主义的世界观。

（七）如何才能保证当代中国的持续发展？

我们通常说的发展，都是指持续的发展，而非一时的发展。一时的发展很容易,但要想长期发展则不是那么容易了。同时发展又是综合的,包括政治、经济、文化、社会的发展。我们如果要在世界上找一个持续发展的国家,那就是美国。有的学者专门研究过美国的发展。应该说美国自建国起一直到今天,发展都是比较稳定的。关于美国发展的原因有三种观点:一是法治和制度化的程度比较高;二是美国经过宗教改革实现了人们的信仰和充分发挥个性的统一;三是美国继承了欧洲文明,其发展是欧洲文明的集中再现。有一点是明确的,那就是基督新教在美国发展得比较快,将宗教的崇高信仰与尊重人的个性有机统一起来,从而推动了美国发展。从一般的意义上说,发展要有动力,这个动力是综合的,包括利益、理想、信仰等因素。在发展的初期,利益是重要的动力,但持续发展的动力,主要还是信仰。只有信仰能够解决为什么要发展的问题。具体到中国,经过四十年的快速发展,现在迫切需要寻求新的发展动力,中国动力自然离不开利益的继续驱动,但更大的动力一定是精神的,其中最主要的就是信仰,因为这样人们可以生活得更加充实和有尊严。

(八)当前中国社会信仰缺失的主要原因是什么?

应该说,从毛泽东到邓小平,从江泽民、胡锦涛到习近平,都是非常重视思想政治建设的,特别是习近平,提出了一系列从严治党的方针和政策。当前中国社会信仰缺失的原因是十分复杂的,既包括人性的弱点,也包括我们社会治理方面的某些失误,更包括观念的转变。社会变化比较快,人们的价值观念有一个调整的过程,这会引起人们对很多问题的重新审视。这里仅举市场经济为例。诚然,社会主义市场经济推动了经济的发展,提高了人们的生活水平,会使人们更加相信社会主义和共产主义,有助于建立正确的政治信仰,同时也必须承认,市场经济同政治信仰的关系有着十分复杂的一面。以毛泽东为代表的无产阶级革命家,他们看到了市场经济的局限性和对政治信仰的侵蚀,主张通过社会主义的计划经济走向富强,但都没有走得通。目前在世界上能够推动经济快速发展的就是市场经济体制。当前还找不出其他途径来推动经济快速发展。但市场经济同政治信仰的关系，还存在着很多认识不清晰的地方，需要我们进一步探讨。比如共产主义和社会主义的价值观主张"勤俭治家"，以前我们常说"新三年，旧三年，缝缝补补又三年"，而市场经济却主张要通过各种途径刺激消费；社会主义和共产主义的价值观主张互相帮助，国家和人民的利益高于一切，而市场经济主张个人奋斗；社会主义和共产主义的价值观主张要关心困难群体，"不让一个阶级兄弟掉队"，而市场经济却主张公平竞争，优胜劣汰。诚然，这其中有很多认识是对市场经济的曲解和误读，这就需要我们进行深入的理论研究，通过建立新的价值体系使之同市场经济逐步融合。

（九）政治信仰的主要特征是什么？

从本质上说，政治信仰是一种世俗的信仰，这种信仰是一个完整的思想体系，这种思想体系是同社会实践紧密相连的。帮助人们建立政治信仰也是一个系统工程，涉及社会的方方面面。如果我们就事论事地解决某些社会问题，也能一时地缓解社会矛盾，但不能从根本上解决问题。我们今天看到很多社会问题，比如安全事故频发、社会治安混乱、社会风气不好、丑陋现象增多，我们立刻就会想到制度不健全、惩治不力等。其实我们仔细分析一下，2015年的天津港特大爆炸事故，有一百多人被判刑和处分，那为什么之后安全事故还会经常出现？其实深层次的原因还是一个责任心的问题，而责任心背后的原因就是信仰。我们想想，20世纪五六十年代，条件那么艰苦，很多安全事故都被阻遏在萌芽当中，主要靠的是强烈的社会责任心和坚定的信仰。我们通过调查发现，现在个别干部存在严重的"破罐破摔"和听天由命的思想，这种思想发展下去是很危险的。这其中的逻辑关系是：信仰缺失首先使人缺少敬畏感，从而什么伤天害理的事情都能做出来；社会上这种伤天害理的事情多了，会使人们缺少安全感；安全感的缺失又使人消极躲避,最终导致缺少责任感,因为责任感是建立在对国家和人民信任的基础之上的,而安全感是产生信任的基本前提。当上述现象成为一种普遍现象的时候,这个国家就要出大问题了。通过信仰体系的建设,能够形成全社会的良好氛围,逐步提高人们的社会责任意识和道德水准。

（十）为什么说政治信仰问题决定着国家的前途和命运？

因为政治信仰是国家和政党的灵魂,是凝聚人民力量的思想武器,是国家和政党存在的精神基础。一个国家和政党如果没有信仰,迟早要四分五裂。很多国家和政党的解体,都是从信仰缺失开始的。苏联解体前,苏联共产党虽标榜信仰共产主义,代表苏联人民的利益,但事实上却成为少数特权阶层的代言人,最终被苏联人民所抛弃;南斯拉夫原来是一个主权国家,也是由于改革失败,信仰缺失,分裂成了几个国家。我们今天的信仰体系建设,是一场输不起的事业。前面我们已经从方方面面论证了这一点,我们没有别的选择,只有通过完善世俗的政治信仰,为社会的发展提供精神支柱,才有光明的未来。

提出上述十个问题并给出简单的分析,主要是想论证中国没有别的选择,只有通过建立和不断完善世俗的信仰,也就是政治信仰,才会有光明的前途。

第二章 关于信仰的文献综述

信仰是人类最基本、最深刻的精神活动,不仅涉及人生的根基,而且是整个人类文明的终极关切。信仰是人文学科无法绕开的一个重要话题。以此为主题,中西方学界积累了大量有价值的研究成果。国外的信仰研究多是指向宗教信仰,本课题关注的是在当代中国政治发展的背景下信仰体系的实践过程,所以本章对西方的信仰研究成果仅做概括性的论述,主要是对国内现有的信仰特别是政治信仰相关研究做一个整体性的概述。

一、信仰研究的基本路径

(一)对信仰概念和定位的论述

信仰的问题十分复杂,它之所为成为国内学界研究的重点,正在于考察信仰不仅是对我国现实社会的反思,而且是从历史发展的角度对中华民族的传统文化积淀进行反观。因此,我国社会发展的不同阶段涌现了大量关于信仰问题的争论和反思。其中,如何理解信仰的内涵并对其准确定位,引起了学界的广泛讨论。这实质上暗含了不同学科对它的关注侧重点不同,各学科根据所提取的核心要素进一步融入相应的体系,在这个基础上不断延伸出对信仰研究的不同路径。

关于信仰的研究最为古老以及研究成果最为丰富的当属宗教学。

宗教学是信仰研究的出发点,一方面,离开了对信仰的研究,宗教学的学科特性也就无从谈起,因此对宗教的核心认识便转化为对信仰的理解。另一方面,其他学科对信仰的研究都以宗教学为起点而不断延伸。以宗教学为中心,派生出很多学科:宗教人类学的创始人是英国的人类学家弗雷泽和社会人类学家马林诺夫斯基,他们论述了宗教的起源,认为"宗教信念是通过一点点地臣服于超自然力量而发展起来的","宗教信仰是适应于个体或社会的某些基本需要而形成的"。①宗教社会学的创始人法国学者涂尔干对宗教下了这样一个定义,宗教是"一种统一的信仰和行为体系,这些信仰和行为与神圣的事物,即被划分出来归入禁忌的东西有关,它把所有信奉者团结到一个称为教会的单一的道德共同体之中"②。涂尔干认为宗教和社会是互动的,社会则起着决定性的作用。同时他特别强调"宗教作为道德社群提供者而存在。这种观点是与当时知识界的普遍认知相左,人们或主张废除宗教或主张将宗教的影响限制在私人领域"③。宗教心理学的代表人物则是美国的心理学家詹姆斯和奥地利心理学家弗洛伊德,他们强调"宗教经验"的作用,认为宗教是"对人之本体的想象",宗教信仰"属于深层的精神或心理活动",具有"潜意识"的特征。宗教文化学的代表人物是德国的哲学家恩斯特·卡西尔等人,他们认为宗教信仰是文化的表现形式。宗教对文化的产生起着能动的作用,文化是宗教信仰的重要基础。实际上,不同的宗教学流派和分支,从不同的立场和角度对特定的"信仰"进行了解读和研究,整体来说,它们都是以信仰为核心来理解和研究宗教的。

国内宗教学的研究中,对信仰问题的探讨也较为丰富。卓新平的《中国人的宗教信仰》比较系统地论述了宗教信仰与政治信仰、文化信

---

① 参见张志刚:《宗教学是什么》,北京大学出版社2002年版,第25、34页。
② 〔法〕涂尔干:《宗教生活的基本形式》,渠东、汲喆译,商务印书馆2011年版,第126页。
③ 范丽珠等:《宗教社会学》,时事出版社2010年版,第59页。

仰、民族信仰的关系,强调"中国人的宗教历史是中国文化非常典型的'厚德载物''海纳百川'的历史"①。张志刚的著作《宗教学是什么》《走向神圣——现代宗教学的问题与方法》中,专门就信仰与宗教的关系进行了探讨。②值得一提的是,国内的宗教信仰研究与宗教学意义上的宗教信仰仍有所差别,诚如李向平所指出的,"中国的宗教和信仰往往不是单纯的宗教和信仰,它们常常被镶嵌在权力与秩序之中而难以得到一种纯粹的呈现形式"③。

诚然,宗教学对信仰的研究为针对人类生存状况的考察提供了很多有意义的启示,升华了对宗教活动中的仪式、教义、体验过程等方面的研究。但不可否认,信仰是比宗教更为根本的东西,从事宗教活动的个人的精神意识是处于一种信仰状态。反过来说,宗教信仰不代表信仰的普遍性,人类精神生活的丰富性并不仅限于宗教学既有的范畴,而是在信仰类型、信仰形式方面不断更新、演化。换言之,宗教学的研究并不等于对信仰的整体进行全面、客观的考察,无法涵盖非宗教信仰的内容和功能。

哲学和宗教学对信仰的研究具有同宗性,但它们各自对信仰的把握有所不同,实质上是它们与人类理性之关系的不同。信仰通过宗教的形式成为一种非理性的宗教信仰,而哲学通过理性考量使信仰有可能建立在科学的基础之上。可以说,哲学对信仰的研究,是把信仰作为一种"活动",动态地进行本体论、认识论和实践论的系统考察,对信仰与宗教、信仰与理性以及信仰在历史和现实中的演化等理论问题进行了探讨。④冯天策对信仰的定位是"为人类在无限的空间和永恒的

---

① 卓新平:《中国人的宗教信仰》,中国社会科学出版社 2015 年版,第 1 页。
② 参见张志刚:《宗教学是什么》,北京大学出版社 2002 年版;张志刚:《走向神圣——现代宗教学的问题与方法》,人民出版社 1995 年版。
③ 李向平:《信仰、革命与权力秩序——中国宗教社会学研究》,上海人民出版社 2006 年版。
④ 关于以上概述,可参见邓晓芒:《信仰三题:概念、历史和现实》,《马克思主义与现实》2015 年第 4 期;吾淳:《理解信仰问题的主要视角》,《世界宗教研究》2007 年第 2 期。

时间中建构精神的家园"①。

此外,宗教社会学的发展也为信仰研究提供了更为广阔的视野,罗德尼·斯达克等的《信仰的法则——解释宗教之人的方面》是这一领域的经典之作。② 国内比较具有代表性的研究者是李向平。他对新中国成立以来各个时期的中国信仰进行了归纳,认为20世纪50年代是"有信仰无宗教",60年代和70年代是"有崇拜无信仰",80年代是信仰危机,90年代是宗教和信仰的结合,21世纪之后则成为"有信仰,不认同"。③ 他还提出了构建信仰社会学的畅想。他的专著《信仰但不认同——当代中国信仰的社会学诠释》《信仰、革命与权力秩序——中国宗教社会学研究》《中国信仰社会学论稿》等从社会学的角度对中国信仰状况做了较为全面的整体性分析。此外,他所主编的《中国信仰研究》(第一、二、三辑)对长三角地区居民的具体信仰状况进行了较为细致的调研,考察了不同信仰之间的关系与社会建构。

随着宗教人类学的发展,信仰问题的研究有了更加广阔的视野。比较有代表性的是,中山大学人类学系宗教人类学研究小组围绕着不同的议题对居民的信仰状况进行了个案研究,并编成了文集《地域社会与信仰习俗——立足田野的人类学研究》。④ 这为信仰问题的研究提供了实证资料。

(二) 对信仰体系内容和形式的论述

学界普遍把信仰体系理解为社会不同信仰的组合,试图对各类信

---

① 参见冯天策:《信仰导论》,广西人民出版社1992年版,第4页;冯天策:《信仰:人类的精神家园》,济南出版社2000年版。

② 〔美〕罗德尼·斯达克、罗杰尔·芬克:《信仰的法则——解释宗教之人的方面》,杨凤岗译,中国人民大学出版社2004年版。

③ 李向平:《中国信仰什么?——当代中国信仰的社会学分析》,载李向平、文军、田兆元主编:《中国信仰研究》第1辑,上海人民出版社2011年版,第192—193页。

④ 参见王建新、刘昭瑞编:《地域社会与信仰习俗——立足田野的人类学研究》,中山大学出版社2007年版。

仰的内容作出界定。从最广泛的层面来看,荆学民认为"信仰是一种人的自我超越,但这种超越不是一般性的超越,而是一种终极性的超越",提出了从原发点到一般超越目标,再到终极超越目标的"信仰强力场的二级结构特性"的观点。① 李向平把信仰划分为两类,即以人为本和以神为本。② 何光沪则把对国人影响最大的非宗教信仰概括为三类:对儒学的态度、对民间迷信的态度、对国家的态度。③ 所以,信仰可以是宗教的,也可以是非宗教的,"信仰包括宗教信仰、政治信仰、群体信仰(或社团信仰)以及文化信仰等"④。也有学者指出,中国人的信仰结构是出自一种"非神圣目的论的世界观模式"⑤,并不是实体指向的,具有一种过程、关系论的趋向。

再如,按信仰对象划分,可分为对马克思主义、对科学、对法律、对国家或民族、对宗教等的信仰;或是依据信仰的特征将其分类,如分为工具理性型或价值理性型。后一类研究通常从社会转型的角度予以切入,主要探讨转型时期不同类型的社会信仰的形态和影响力变迁。还有学者把政治信仰分解为各种社会思潮,包括社会主义、自由主义、集体主义、共产主义等,考察社会成员对不同社会思潮的认同度。⑥

具体到各类信仰形式,除了此前提到的宗教信仰,以民间信仰为主题也形成了丰富的研究成果。就民间信仰研究而言,大多集中于社会学领域。作为与普通百姓的日常生活息息相关的信仰习俗,民间信仰吸引了大批学者,也取得了较为丰富的成果。比较具有代表性的

---

① 荆学民:《现代信仰学导引》,中国传媒大学出版社 2012 年版,第 65 页。
② 李向平:《信仰社会学研究要义——兼论信仰如何成为中国问题》,《江海学刊》2013 年第 5 期。
③ 何光沪:《信仰》,生活·读书·新知三联书店 2017 年版,第 3 页。
④ 卓新平:《神圣与世俗之间》,黑龙江人民出版社 2004 年版,第 17 页。
⑤ 唐逸:《理性与信仰——西方中世纪哲学思想》,广西师范大学出版社 2005 年版,第 401 页。
⑥ 刘国辉:《当代大学生政治信仰状况及其教育对策》,《社科纵横》2012 年第 6 期。

有:《中国北方农村社会的民间信仰》①《中国民间信仰及其现代价值的研究》②《传统复兴与信仰自觉——中国民间信仰的新世纪观察》③《中国传统社会民间信仰之考察》④。近年来,有学者对这一研究领域的基本问题进行了反思,如民间信仰是民俗还是风俗、礼俗,民间信仰是不是迷信,民间信仰是不是宗教,如何对民间信仰进行跨学科研究。⑤ 也有学者指出,现有的史料和田野考察论证了民间信仰的理论价值与现实意义,应该重视宗教信仰与老百姓的日常生活、社会活动的关系。⑥

(三) 对信仰的作用和困境的研究

人们普遍认同信仰的一般作用,但对其在实际中的具体作用的研究则相对薄弱。比较可喜的是,现在很多学者将信仰的作用同当前的社会现实联系起来。史璞认为:"信仰是和谐社会的核心价值。""信仰通过将有限的人生赋予无限的意义使人类这样的弱者在超越现实的'永恒'中获得心理的补偿和慰藉,使其对现实社会的愤恨化解为对不平等的忍耐,从而促进了现实社会和谐的实现。"⑦学术界也关注信仰的困境问题。在世俗化的社会里,人们在批评社会现象或表达不满情绪时,往往从信仰层面入手,将诸多社会问题与信仰相关联。正如徐贲所指出的,"一个缺乏信仰的社会,不是因为缺乏某一种信仰,而

---

① 范丽珠、欧大年(Overmyer):《中国北方农村社会的民间信仰》,上海人民出版社2013年版。
② 范丽珠、陈纳:《中国民间信仰及其现代价值的研究》,载金泽、邱永辉主编:《中国宗教报告(2012)》,社会科学文献出版社2012年版。
③ 陈进国:《传统复兴与信仰自觉——中国民间信仰的新世纪观察》,载金泽、邱永辉主编:《中国宗教报告(2010)》,社会科学文献出版社2010年版。
④ 路遥:《中国传统社会民间信仰之考察》,《文史哲》2010年第4期。
⑤ 李俊领:《近代中国民间信仰研究的理论反思》,《南京社会科学》2015年第1期。
⑥ 张志刚:《"中国民间信仰研究"反思——从田野调查、学术症结到理论重建》,《学术月刊》2016年第11期。
⑦ 印顺、李大华主编:《宗教与现代社会》,人民出版社2014年版,第194页。

是什么信仰也没有,这时候,由于普遍存在的焦虑、不安,特别容易出现对信仰饥不择食和病急乱投医的情况"①。因此,当代社会舆论中常常出现诸如信仰危机论、信仰缺失论以及信仰无用论等信仰困境的表述,它们所反映出来的信仰焦虑症状也渐渐进入学术研究的视野。

李向平所著的《信仰但不认同》便是对这一问题的回应。他区分了两种不同的信仰危机,一种就是我们常说的信仰缺失或理想幻灭景象的无信仰危机,另一种则是有信仰无社会表达形式的危机。对于信仰危机,他认为是中国特有的信仰模式造成的,即精神秩序等同于权力秩序的相互作用的结果。② 万俊人认为,信仰危机是一种"现代性"现象,是一种现代社会普遍存在的基本问题,信仰危机其实质反映了一种内在的文化价值冲突。③ 黄明理和徐明德认为,所谓的信仰危机,主要是人们对某一共同的信仰内容产生普遍怀疑、动摇,甚至最终放弃了这一信仰。信仰危机在主体身上表现为一种价值失落、无所寄托的精神苦恼。信仰危机的实质是某种价值标准的普遍失效,或某种信仰形式的危机,而不是信仰自身的失落。④ 陈世润、虞新胜在《论马克思主义信仰困惑》一文中认为:马克思主义信仰在目前具有理论和现实的双重困惑,一是表现为传统社会主义理论与当今社会现实的不符,二是现实的社会变革使人们愈加困惑。马克思主义信仰的道路指向,出现了信仰和现实之间的二律背反。⑤ 鸣华、秦树在其研究中客观地分析了"信仰危机"产生的客观条件,回顾当代中国社会信仰系统的

---

① 徐贲:《怀疑的时代需要怎样的信仰》,东方出版社2013年版,第4页。
② 李向平:《信仰但不认同——当代中国信仰的社会学诠释》,社会科学文献出版社2010年版。
③ 万俊人:《信仰危机的"现代性"根源及其文化解释》,《清华大学学报(哲学社会科学版)》2001年第1期。
④ 黄明理、徐明德:《当代我国公民信仰的特点与信仰危机辨析》,《江西师范大学学报》2005年第6期。
⑤ 陈世润、虞新胜:《论马克思主义信仰困惑》,《甘肃理论学刊》2004年第4期。

来龙去脉。① 也有学者基于中国社会转型的背景提出了信仰重建的诉求②,认为克服信仰危机需要从理论上充分认识和把握,并突出"个性自由""信仰级态"和"文化中介"的意义③。

此外,青少年是社会前进的中坚力量,他们的信仰现象和状况直接关系到个人的发展和社会的和谐。学术界对青少年群体信仰体系构建问题进行了广泛而深入的研究,围绕着当下青少年信仰问题、特点、基本倾向等主题形成了丰富的研究成果。④

(四)从信仰学角度进行论述

当一个重大问题逐渐演绎出丰厚的成果并自成体系,便有了依此"独立门户"的呼声。早在1927年,政治家吴稚晖在他的文章《一个新信仰的宇宙观及人生观》中就提出,"顶好是立一个信仰学的名词",并把信仰学的内容概括为宗教的信仰和非宗教的信仰两部分。⑤ 刘建军提出了建立信仰学的必要,即一方面跳出宗教的眼界,使信仰的研究有一个更宏大的视野;另一方面,信仰现象很值得研究,信仰学的建立能够为相关研究提供学科的归宿和立足点。⑥

荆学民在其研究中,从四个层面即"本体论""认识论""价值论""科学论"构建了区别于宗教学、逻辑学、美学、伦理学的信仰学体系。⑦ 同时,他也在最近的研究中,进一步从"活动论"的角度构建了信仰学的体系框架,将信仰学的主要内容归纳为信仰主体、信仰客体、

---

① 鸣华、秦树:《信仰危机与现实冲突》,吉林人民出版社1992年版。
② 荆学民:《社会转型与信仰重建》,山西教育出版社1999年版。
③ 施惠玲、荆学民:《中国社会转型期信仰危机的历时过程与克服路径》,《北京交通大学学报(社会科学版)》2010年第3期。
④ 参见刘树宏:《当代大学生信仰教育初探》,黑龙江人民出版社2008年版;檀传宝:《信仰教育与道德教育》,教育科学出版社1999年版;邵龙宝:《全球化背景下大学生信仰教育内容体系构建》,《国家教育行政学院学报》2009年第2期。
⑤ 吴稚晖:《吴稚晖全集·卷一(哲理与文教一)》,九州出版社2013年版,第1页。
⑥ 刘建军:《追问信仰》,河北人民出版社1998年版。
⑦ 荆学民:《人类信仰论》,上海文化出版社1992年版。

信仰需求、信仰属性、信仰关系、信仰效应,以及由此演变的信仰与国家、信仰与社会、信仰与人生等的范畴、原理、规律等。① 黄慧珍基于生存论视域构建了信仰学研究的框架,在《信仰与觉醒》一书中,通过对人的存在方式的整体考察,揭示了信仰发生发展的根源,分析了信仰的类型与演变,阐明了人类信仰生活不断由自发走向自觉的规律。②

纵观以上的研究,可以发现,围绕着信仰议题,现有的研究基础为进一步探索提供了可能,我们更应该立足于现实,把人类信仰置于人类生存、发展的广阔背景中,确保信仰研究做到静态和动态的统一、抽象和具体的统一,充分论证各种信仰形式、信仰类型存在的合理性,对我国当下信仰危机的化解和信仰重建作出理论性的阐释。其中,政治信仰是关乎政治发展、社会稳定和个人自我觉醒的重要方面,是本研究需要重新审视的重要议题。

二、对政治信仰的现有研究

当前国内关于政治信仰问题的研究,主要集中在以下三个层面。

(一)政治信仰概念结构化的研究

对政治信仰的独立性研究并不多见,而且现有研究多是从理论层面作出界定,并未结合中国的信仰实际状况进行具体的分析。

关于政治信仰的概念,不同的学者也从不同的角度给出了不同的定义。卓新平认为,"政治信仰产生于人类社团的政治活动之中,是对其政治目的的坚信及对其政治原则的坚守",并将政治信仰划分为"中国观和天下观、秩序观、责任观三个层面"。③ 陈振明把政治信仰理解为:"人们对理想的政治制度和过程、政治目标或理想的政治境界所持

---

① 荆学民:《现代信仰学导引》,中国传媒大学出版社2012年版。
② 黄慧珍:《信仰与觉醒——生存论视域下的信仰学研究》,人民出版社2007年版。
③ 卓新平:《中国人的宗教信仰》,中国社会科学出版社2015年版,第3页。

有的态度、信念或价值观。"①这一定义把政治信仰体系等同于政治意识形态,认为在具体的政治行为中,政治信仰包括政治理想、政治理论、政治认知、政治情感等内容,这种理解路径与政治文化范式的影响是高度相关的。荆学民给出的定义是:"政治信仰是指特定社会和国家的人们在对某种社会政治体系及其理论学说认同、信服和敬仰的基础上,进而奉为自己言行准则并身体力行的精神体系。"②这几种定义共同勾勒出了政治信仰的基本轮廓。值得进一步探讨的是,如何立足于中国的历史和现实发展,把政治信仰的理论和中国的实践结合起来。

刘江宁在其研究中,介绍了当代中国青少年政治信仰的一般理论分析,对政治信仰的内涵、本质、特征进行了界定和分析。③ 有学者认为,"政治信仰包含五个层面的内容:对政党(尤其是执政党)的合法性信仰、对政府的合法性信仰、对政治领袖的合法性信仰、对意识形态的合法性信仰、对政治制度的合法性信仰。这五个层面自下而上组成政治信仰的内在结构体系"④。再如,有学者指出,完整的政治信仰体系包括这样三个组成部分:政治信仰的目标、政治信仰的理论基础和对实现政治信仰目标的过程的认识。这三部分构成了政治信仰的三个层次,即目标信仰、理论信仰和过程信仰,它们分别反映了政治信仰中的"是什么、为什么、怎么做"的问题。⑤

(二)政治信仰与政治认同关系的研究

关于政治信仰的研究中,一些学者采用政治文化的研究范式,以

---

① 吴大英、杨海蛟主编:《政治意识论》,山西教育出版社2001年版,第313页。
② 荆学民:《当代中国社会信仰论》,人民出版社2008年版,第183页。
③ 刘江宁:《自我、自由与存在——当代中国青少年政治信仰研究》,山东人民出版社2015年版。
④ 王宏强:《政治信仰:概念、结构和过程》,《学术探索》2006年第3期。
⑤ 刘建军等:《信仰的呼唤——社会主义市场经济条件下的信仰问题研究》,人民出版社2011年版,第55页。

量化研究为工具,将政治信仰这一概念具体化、操作化,把政治信仰放到政治文化层面去探讨。他们指出政治信仰是政治文化的一个核心概念,指的是影响个体公民行动准则的政治主张,认为它作为特定人群所崇奉的社会意识,具有一定的排他性,同时也作为一种心理活动和主观态度影响社会个体的行为。① 其中有学者从人们对政治现象的认知、情感和政治行为来考察政治信仰。②

也有学者把政治信仰放到政治认同的层面去探讨,认为政治信仰是对既定的政治形态的价值认同,是对政治的终极关怀,它反映了一种政治理性,也反映了一种政治慰藉。它是特定政治形态的心理基础,这种心理基础是政治稳定和发展的基本要求。③ 由此引申出政治信仰有两种不尽相同的意义:第一,一个人认为自己归属于哪一个政治共同体的辨识活动;第二,一个人对于自己所属的政治共同体的期待,甚至是对自己所希望的政治共同体的选择。④ 政治信仰是"个体在一定的政治环境的影响下,在对政治认知对象的了解和深度认知的基础上所产生的情感共鸣和与其认知相一致的行为倾向的综合的认同体系,它不是由单一的认知构成,它是一个复杂的、多元的心理体系"⑤。

信仰体系与政治文化都有其微观基础,而且都既可自发形成也可通过政治主体的倡导而确立,因此在对信仰体系进行研究时,要充分注意吸收关于政治文化的研究成果。但二者亦有区别,政治文化集中在政治领域或社会生活的政治性方面,信仰体系却并非单纯的"政治

---

① 刘建伟:《90后大学生政治信仰危机的现状、原因及对策》,《阴山学刊》2013年第6期。

② 周少斌:《大学生政治信仰现状分析——以湖南省为例》,《湘潮(下半月)》2015年第5期。

③ 吴鹏:《大学生政治信仰培养途径研究》,《亚太教育》2015年第3期。

④ 曹欢欢、王匡夫、蔡昊:《政治信仰:概念与相关问题》,《思想教育研究》2014年第11期。

⑤ 李蓉蓉:《试论政治信仰》,《理论探索》2004年第4期。

信仰",而是同时涉及社会生活各领域的伦理道德层面。

(三)政治信仰与意识形态关系的研究

有不少学者将马克思主义的实践成果视为公众信仰之核心部分,探讨马克思主义在当代中国的社会化程度和舆论影响力,以及如何进一步加强马克思主义的指导地位①,抑或在这个视角下探讨增进社会成员对马克思主义信仰的认同方法②。有学者认为,共产党作为马克思主义政党不仅是组织体系也是信仰体系,这个党的每一个成员都应当有明确的政治信仰,并探讨了党员政治信仰缺失的原因。③

同时,有一些研究指出,政治信仰属于意识形态范畴,体现的是一个国家或者民族的人们,对某种社会政治理想或者政治体系的认同、信服。由此产生一种政治情感,进而上升为一种精神状态和价值追求,支配着和支持着人们为这种政治理想或政治体系采取行动,维护政治体系或者政治理想的不断完善和发展,捍卫政治理想或者政治体系不被侵犯。④ 他们还探讨了其他社会思潮对主流意识形态的冲击以及由此而来的信仰危机。⑤

也有学者将政治信仰等同于中国特色社会主义信仰,探讨了当代大学生社会主义政治信仰的培育机制的构建。培育机制包括意识形态鉴别机制、社会思潮过滤机制、共产主义运动参与机制、政治利益表达机制、政治行为评判机制、政治文明传递机制、政治信念强化机制、

---

① 李国昌:《坚定党员干部马克思主义信仰的制度供给研究》,《宁夏党校学报》2017年第2期。

② 邹国振、雷艳芝:《大学生马克思主义信仰形成的双重认同机制——双重态度模型理论的视角》,《思想政治教育研究》2014年第6期。

③ 杨莘:《略论"政治信仰缺失"的成因与对策》,《国家治理》2016年第45期。

④ 李继兵、宁德鹏:《关于强化大学生政治信仰教育实效性若干问题研究》,《学术论坛》2012年第11期。

⑤ 骈文娟:《后现代视域下当代大学生政治信仰问题研究》,《学理论》2014年第8期。

政治教育管理导向机制和政治心态调控机制。① 还有学者探讨了后现代主义思潮在中国的特点及其对思想政治教育的影响。② 这一类研究大都把"信仰体系"理解为"价值观"和"价值取向",或者是一组社会道德标准,集中讨论如何通过学校教育和大众宣传,使外在的道德要求内化为公众的自我约束和自我选择。如探讨互联网时代下大学生政治信仰状况和对其的教育策略③,讨论当代大学生政治信仰的现状与培育问题④,探讨红色资源对大学生政治信仰教育培育的作用⑤。

我们要明确的是,主流意识形态是构建信仰体系的重要支撑,但马克思主义是一套科学理论体系,并不是信仰本身。信仰体系不仅包含理性基础,也包含由历史传统和社会结构递延而来的情感性因素。主流意识形态关注的是国家层面的问题,而信仰体系则渗透到社会生活的每一个微观角度乃至人们的内心深处。

此外,核心价值体系这一概念自中共中央提出之后,所形成的研究成果众多,近几年每年仅期刊论文就有上千篇,但研究视角概括起来主要集中在两个方面:一是考察推进社会主义核心价值体系建设的体制和机制问题。但这一类讨论大多停留在思想政治教育层面,如发挥大众传媒的作用,构建主流话语体系,营造合理的社会心理基础,提高社会认同度等。其不足之处即在于,较少结合公众的利益诉求去寻求核心价值体系的实施路径,较少注意到核心价值体系与国家民生政策的内在联系。二是分析社会主义核心价值体系与多元文化的关系。

---

① 陈孔祥、汪婷:《论当代大学生社会主义政治信仰的培育机制》,《齐齐哈尔大学学报(哲学社会科学版)》2015年第10期。

② 周长友:《论后现代思潮的中国式嬗变对政治信仰教育的影响》,《湘潮(下半月)》2014年第11期。

③ 郝立媛:《互联网时代的大学生政治信仰及教育策略研究》,《经济研究导刊》2016年第30期。

④ 衡若冰:《论当代大学生政治信仰的现状与培育》,《西南科技大学学报(哲学社会科学版)》2015年第2期。

⑤ 常佩艳:《论利用红色文化资源培育大学生社会主义核心价值观》,《世纪桥》2015年第9期。

这一类研究注意到了二者之间的紧张关系,提出"让社会主义核心价值观引领社会思潮",分析了这样做的必要性和可能性,但较少提供具体的机制和措施,也没有注意到实现社会多元发展和公民个性解放本身乃是社会主义核心价值体系的内在要求和题中应有之义。

核心价值体系与信仰体系在逻辑上有层次关系,并不是同一层面的概念,在研究上并不能相互替代。前者是后者的中观层面,后者还包括了前者得以衍生出来的更本源的思想要素,即宏观层面的"奋斗目标",以及前者得以实现的工具性价值,即微观层面的"民生理念"。

三、中国经验与信仰研究的反思

综上所述,在信仰研究中,国内外学者依托宗教学、哲学、政治学、社会学等不同学科积累了丰富的研究文献。但就笔者所见,对信仰的内在结构仍然需要深入探讨。具体来看,在既有的研究基础上,本书试图在以下三个方面进一步深化当代中国的政治信仰研究。

(一)提升政治信仰结构的层次化、体系化

政治信仰本身就是一个完整的体系,就其内容结构来说,包括宏观的目标、中观的价值观、微观的民生政策。与之相对应的,实现中国的政治信仰也是一个完整的体系,要处理好内部的关系和外部的关系。在具体的研究中,应关注到信仰体系内容的层次化和体系化。

(二)强化信仰研究的"历史感"

信仰被视为人类现实生活和价值生活的完整性的表征,中国传统政治文化以及当代政治文化赋予了这一概念强烈的本土性含义。当代中国的信仰研究,应该进一步深刻总结中国政治信仰发展历程中的

成功经验和失败教训,凸现时代意义。诚如卓新平所指出的,"一种政治信仰并不是孤立形成的,而往往是综合、继承的结果"①。只有把信仰研究放置到中国历史发展过程中,将历史的演变纳入考察,才能系统梳理出当代中国政治信仰的发展逻辑。

(三) 拓宽信仰研究的政治学视野

从政治学的视角看,信仰的确表现为特定社会和国家的精神体系。但在政治学领域,对信仰特别是政治信仰的研究一直没有引起足够的重视,对当代中国的信仰体系的政治学分析并不多见,未能形成理论研究的热点。在既有的政治学领域中的信仰研究,也多是集中于政治哲学的理论探讨。② 从学科的特性来看,信仰问题是人类"生存论"的问题,需要多学科凭借各自的学科体系对其进行多元化的把握,上文提到的宗教学、心理学、社会学、哲学等学科分别形成了独特且丰厚的研究成果。但具体到一个民族、一个国家,信仰本身的公共性和普遍性就愈加明显,这就需要进一步把信仰置于政治学的学科框架中:一方面着重信仰研究的政治学特色,强化天然的学科优势;另一方面深化政治学体系中的意识形态研究。在具体的研究过程中,应强化问题意识,淡化不同学科之间的界限,整合各学科的优势,系统且深入地关注我国政治信仰体系实现的历程。整体来说,政治学的学科视野再加上历史维度的深化,尤其是结合中国传统政治文化与中国革命、建设和改革历程,把我国政治信仰的历史性要素、现实性要素综合起来进行整体分析,才能更加积极地应对新时期政治信仰体系所面临的各项挑战。

---

① 转引自张志刚、严军主编:《信仰与责任——全球化时代的精神反思》,宗教文化出版社 2011 年版,第 17 页。

② 对信仰问题的政治哲学视角的研究,可参见桑玉成、商红日:《政治价值、意识形态和政治信仰——关于当代中国政治哲学基本问题的断想》,《江苏行政学院学报》2002 年第 4 期;任剑涛:《在世俗之上:"信仰中国"的认知与实践价值》,《学术月刊》2012 年第 5 期。

信仰是人们对于生活和宇宙最高价值的探索所形成的信念。共同的政治信仰是现代社会文化整合的纽带。当代中国政治信仰的建构,关乎全民族的精神面貌和社会发展,这一议题值得我们共同关注。特别是在上述研究基础之上,将政治信仰作为一个完整的体系加以研究,以期推动政治信仰体系的建设,是本书的一个良好愿望。

第三章 政治发展与政治信仰

一、政治与政治发展的含义

讲到政治发展的含义,首先就涉及政治的含义。尽管当今对政治的定义可谓五花八门,但不同定义的价值指向也是很明确的。《中国大百科全书》将政治定义为"上层建筑领域中各种权力主体维护自身利益的特定行为以及由此结成的特定关系"①。西方国家的学者更多的是从公共权力和公共利益的角度来界定政治的。亚里士多德说过:"政治学上的善就是正义,正义以公共利益为依归。"②马克思主义经典作家更多的是从阶级斗争和政治同经济的关系来界定政治的。马克思说:"一切阶级斗争都是政治斗争。"③列宁说:"政治是经济的集中表现。"④中国的革命领袖则是从人民的角度来界定政治的。孙中山说:"政就是众人之事,治就是管理,管理众人的事便是政治。"⑤毛泽东指出:革命就是"为了实现人民的统治"⑥,共产党的唯一任务,就

---

① 《中国大百科全书·政治学》,中国大百科全书出版社1992年版,第481页。
② 〔古希腊〕亚里士多德:《政治学》,吴寿彭译,商务印书馆1996年版,第148页。
③ 《马克思恩格斯选集》第1卷,人民出版社2012年版,第409页。
④ 《列宁选集》第4卷,人民出版社1995年版,第407页。
⑤ 《孙中山选集》,人民出版社1981年版,第692页。
⑥ 《毛泽东文集》第1卷,人民出版社1993年版,第21页。

是"为民族与人民谋利益"①,"一切政治的关键在民众"②。我们是按照毛泽东的定义来认识政治的,认为政治就是实现大多数人的利益,这同亚里士多德的定义有相同之处,更同我们所理解的政治信仰完全吻合。实际上,西方国家的领导人和一些学者,也开始从这方面来思考政治了,美国前总统比尔·克林顿就说过,政治不是为了波澜壮阔的统治,而是为了让大多数的人过上平凡的生活。③

政治发展(political development)是一个比较复杂的概念,从广义上说,是指"不发达政治系统向发达政治系统变迁的过程。一般指传统社会向现代社会发展的过程中在政治领域发生的变化"④。从狭义上来说,特指第二次世界大战以后,新独立的落后国家于工业化进程中在政治领域发生的变化。具体分析,政治发展的概念可界定为一个政治系统在历史演进过程中,其结构渐趋于分化,组织渐趋于制度化,人民的动员参与支持渐趋于增强,社会愈趋于平等,政治系统的执行能力也随之加强,并能渡过转变期的危机,使政治系统之发展过程构成一种连续现象。⑤ 政治发展是现代化过程中的政治变迁,政治现代化包括两大命题:国家能力的增长、政治体系能力的提高和民主化。艾森斯塔德认为,现代化在政治领域表现为社会中心、法律、行政和政治机构的权力的强化以及广大阶层对政治中心的参与、支持和民主化。⑥ 布莱克也指出,国家对民众的直接面对、私人或地方活动领域中国家权力的进入、强大的社会动员能力以及公民对国家的承认、大众的政治参与,这些都是政治现代化的内涵。⑦ 政治现代化表现为:一方

---

① 《毛泽东文集》第2卷,人民出版社1993年版,第395页。
② 《毛泽东文集》第3卷,人民出版社1996年版,第202页。
③ 比尔·克林顿在德国前总理赫尔穆特·科尔的葬礼上的讲话,2017年7月1日。
④ 《中国大百科全书·政治学》,中国大百科全书出版社1992年版,第487页。
⑤ 陈鸿瑜:《政治发展理论》,台湾桂冠图书股份有限公司1987年版,第30页。
⑥ 〔以〕S.N.艾森斯塔德:《现代化:抗拒与变迁》,张旅平等译,中国人民大学出版社1988年版。
⑦ 〔美〕C.E.布莱克:《现代化的动力》,段小光译,四川人民出版社1988年版。

面,国家能力增强。国家能力越强,国家越是能够融入社会,那么国家通过这个社会执行其意愿的能力也就越强。另一方面,民主化的程度提高。社会各集团对政治的参与水平和影响的提高使得社会对国家的控制力上升。二者的辩证发展,最终实现了国家和社会的和谐。因而,国家能力是政治发展内涵的重要方面,也是政治发展的重要衡量指标之一。

白鲁恂(Lucian W. Pye)则认为,政治发展是一个综合变化的过程,其中呈现出三种趋势:个人平等观念(equality)的形成、政治体系能力(capacity)的加强以及制度分化与专门化(differentiation and specialization)程度的提高。[①] 其中,政治体系能力的增强意味着:(1)在政府与社会的关系中,政府事务广泛涵盖社会领域,可以有效影响社会和经济事务;(2)政府有效实施公共政策(effectiveness and efficiency);(3)行政的理性化(rationality)和政策的世俗化。阿尔蒙德也认为,政治经济增长、发展、现代化、进步,不管如何称呼,都包含由四个因素支配的积极和向前发展的运动,即包括四个变量:两个政治变量,两个经济变量。这两个政治变量,一是政府能力(或权力),二是人民参政情况(或民主化)。他指出,"政府的权力和效能,和公众对政府影响的程度,是两个衡量政治发展的标准。一个政治和经济都较发达的国家,其政府能力、人民参政程度、国民生产总值及其分配的平均程度,都是比较高的"。值得注意的是,阿尔蒙德指出了政府能力的优先性,因为"要人民参政首先必须政府具有能力。如果没有办事的方法,参与办事也就毫无意义"。[②] 总之,"一般来说,政治发展都是朝着更大地增加政府的能力方面发展"[③]。因而,从政府政治体系来说,政治

---

① Lucian W. Pye, *Aspects of Political Development*, Boston and Toronto: Little, Brown and Company, 1966, pp. 33-45.

② 〔美〕阿尔蒙德:《发展中的政治经济》,林华、张彤译,载罗荣渠主编:《现代化:理论与历史经验的再探讨》,上海译文出版社 1993 年版,第 361—363 页。

③ 〔美〕杰克·普拉诺等:《政治学分析词典》,胡杰译,中国社会科学出版社 1986 年版,第 62 页。

发展主要表现在政府各种管理和协调能力的提高;政治发展研究主要侧重于国家和政府制度和功能如何得以完善。①

无论在工业化社会或发展中国家,国家(其代表为中央政府)是各国的社会演变、经济发展、政治变革和国家间互动关系的独立和主要的驱动者。"历史反复地表明,良好的政府不是一个奢侈品,而是非常必须的。没有一个有效的政府,经济和社会的可持续发展都是不可能的。"②"有效的政府——而不是小政府——是经济和社会发展的关键。"③从20世纪60年代中期到90年代中期的30年间,有着强大的政府机构能力和良好的公共政策品质的国家,其人均收入年平均增长率达到3%,相反的国家则仅为0.5%。④ 国际经验表明,无论是先实现现代化的国家,还是后实现现代化的国家,无论这些实现现代化的国家是国家职能范围较广的国家还是国家职能范围较窄的国家,大体都具备了较强的集中进行政治控制和协调的能力、管理资源以支持经济增长的能力以及促进社会相互依赖的能力。而且,越是后发展国家,在现代化过程中,国家能力的大小就越加重要。东亚及东南亚地区成功发展社会经济的基本原因之一,就在于它们运用历史文化的传统,摸索出了一条兼顾"两难"的发展道路,即突出政府权威作用与强调市场调节作用并存的发展道路,也即适度政经分离的发展道路。⑤ 从长期的经济增长率来看,在不同的国家里,人均GDP和政府对GDP的贡献比率之间有一个很强的正相关,也即是,比较富的国家一般都是能通过其政府部门产生较高比率财富的国家。⑥ 可见,在国与国之间可

---

① 燕继荣主编:《发展政治学:政治发展研究的概念和理论》,北京大学出版社2006年版,第44页。

② 世界银行:《1997年世界发展报告——变革世界中的政府》,中国财政经济出版社1997年版,"前言"第1页。

③ 同上书,第17—18页。

④ 同上书,第32页。

⑤ 张国庆主编:《公共行政学(第三版)》,北京大学出版社2007年版,第499页。

⑥ 〔美〕弗朗西斯·福山:《国家构建——21世纪的国家治理与世界秩序》,黄胜强、许铭原译,中国社会科学出版社2007年版,第20页。

视的巨大的经济发展水准反差现象的背后,潜在的决定性因素是国家能力。强有力的国家不仅能推动经济的发展,还能保证政治稳定。亨廷顿特别强调,第三世界国家的政治发展(甚至更广泛的社会发展)的关键环节和首要步骤,应当是建立起具有权威的政治结构,保证建立和维持必要的公共秩序。① 同时,作为政治发展目标和重要内容的民主化的进程需要一个有效的政府。民主化的进程取决于政府机构的活力和有效性。② 没有一个有效的政府,就不可能有民主。③ 这是因为,首先,凡是缺乏政府有效性——稳定的民主制度的先决条件——的地方,都不能以民主实践本身作为补充的手段④,而是必须通过特别的努力来加强政府的能力。其次,与其他类型的体制相比,民主体制可能需要一个更有效的政府作为其基础,因为这样的体制往往允许更多的社会力量参与政治竞争。最后,民主化会释放出各种力量,而这些力量往往会对体制本身造成巨大的压力。没有一个有效的政府,就不可能有稳定的民主制度。⑤ 在政治发展研究中,国家能力被认为是发展中国家在政治现代化过程中最稀缺的资源,政府能力的强弱成为测度政治发展的一个重要指标。

很显然,上述观点几乎都是从政治过程的角度来界定政治发展的,在政治过程和实现的手段之上,再加上政治发展的目的,即实现最广大人民的利益,这样政治发展的定义就更加完善了。

---

① 〔美〕塞缪尔·P. 亨廷顿:《变化社会中的政治秩序》,王冠华等译,生活·读书·新知三联书店 1989 年版。

② Guillermo O'Donnell, "Delegative Democracy?", East-South Systems Transformation, University of Chicago, Working Paper No. 21, 1992.

③ Adam Przeworski, and Group on East-South Systems Transformation, *Sustainable Democracy*, Cambridge: Cambridge University Press, 1995.

④ Rupert Emerson, "The Erosion of Democracy", *The Journal of Asian Studies*, Vol. 20, No. 1, 1960, pp. 1—8.

⑤ 王绍光:《安邦之道:国家转型的目标与途径》,生活·读书·新知三联书店 2007 年版,第 76—77 页。

二、政治发展与信仰

在政治发展的研究过程中,人们最初更多的是关注政治结构和政治制度等硬性因素。随着研究的深入,特别是一些发展中国家相继建立了比较完善的政治结构和政治制度,但还是经常发生政治动荡,人们开始更加关注意识形态、信仰、道德等软性因素。也有很多学者研究了美国、丹麦、瑞典等比较成功的国家,认为它们之所以强大和人民生活富裕,原因主要在于这些国家的公民意识、社会教育、基本价值观等软性因素。改革开放以来,中国社会发展的实践也证明了软性因素在社会发展过程中的作用越来越大,因此,在政治发展的研究中,人们越来越关注信仰、道德、价值观、社会风气等因素的作用。

对一个社会而言,信仰是十分必要的。要认识信仰的必要性,首先要对信仰有一个深入的理解。有学者在解释天主教教义时认为:"信仰是使信徒接受启示真理,亦即天主圣言的一种超自然美德。"[①]《不列颠百科全书》对信仰的定义是"在无充分的理智认识足以保证一个命题为真实的情况下,就对它予以接受或同意的一种心理定式(或态度)"[②]。《大美百科全书》则首先将信仰确立为一个"神学名词",在特定情况下"同义于宗教",但是"在某些意义上,信仰可使用于非宗教",并对信仰的不同含义进行了区分,如认为信仰就是普遍规律。最著名的是德国哲学家黑格尔的观点,他认为:"信仰的绝对对象不是什么别的,正是已上升为纯粹意识的普遍性的实在世界。"[③]此外,还有这样一些观点:认为信仰是一种知识,"由信仰而确定的重要真理不能借着推演或归纳来证明";信仰表示一种同意,"洛克曾说

---

① 任延黎主编:《中国天主教基础知识》,宗教文化出版社2005年版,第78页。
② 《不列颠百科全书(国际中文版)》第2卷,中国大百科全书出版社2007年版,第355页。
③ 〔德〕黑格尔:《精神现象学》下卷,贺麟、王玖兴译,商务印书馆1997年版,第75页。

'某人会依命题信用而同意该命题'",托马斯·阿奎那认为"信仰是对神圣真理之智识的同意";信仰表示一种献身,"某人用信仰表示我相信(某人或某事)","在伊斯兰世界中意指降服于安拉旨意";等等。① 在对宗教进行解释时,《大美百科全书》认为它是"信仰和仪式的模式,借此人们企图与他们普通经验的世界(现世)之后来世相通,或者是希望获得有关来世的灵性感受"②。《辞海》对信仰下的定义是"对某种宗教或主义极度信服和尊重,并以之为行动的准则"③。更多的学者是从信仰的作用来界定信仰的,德国学者约瑟夫·拉辛格认为:"信仰代表这样一种决定:在人的存在的核心深处有一点,这个点是不能为可见和可触摸的事物所滋养和维持的;这个点会与那不可见的事物相遇,并且会感受到,那不可见的事物对这个点自身的存在来说是不可缺少的。"因此,"信仰是一种转变",人会发现如果将自己投身于那可见的事物,那他正在追赶一种幻象;"信仰是一种回视,只有那回转身的人才能接受信仰"。"信仰从来都意味着一种飞跃,一种横跨无限鸿沟的飞跃。"④上述经典定义的差异,深刻反映了人们对于信仰的两种不同认识:一种认为信仰为宗教所独有,"信仰,就其本义来说,是专用于神或崇拜对象的宗教术语"⑤。另一种则认为信仰不只是宗教信仰,还有世俗信仰。从发生学的意义上讲,信仰在各个文明的早期都是以宗教的形式存在的,如中国出现较早的对信仰的记述是《法苑珠林》卷九四载"生无信仰心,恒被他笑具"。现代汉语中的信仰概念也来源于西方的基督教文明。但信仰脱胎于宗教之后,能否有其他实现形式,则产生争议。这样,在实践中对信仰的理解,一直存在

---

① 详见《大美百科全书》第10辑,台湾光复书局1990年版,第403、404页。
② 《大美百科全书》第23辑,台湾光复书局1990年版,第215页。
③ 《辞海》下卷,上海辞书出版社2010年版,第4422页。
④ 〔德〕约瑟夫·拉辛格:《基督教导论》,静也译,上海三联书店2002年版,第13—14页。
⑤ 张志刚、严军主编:《信仰与责任——全球化时代的精神反思》,宗教文化出版社2011年版,第13页。

着神圣与世俗两大层面。世俗的信仰在实践中主要表现为政治信仰。在中国语境中,这种争议引发的一大难题就是政治信仰与宗教信仰的关系问题。如果放在同一层面来理解,许多人认为二者势必相互排斥、水火不容。因此有的学者提出:"如果政治信仰与宗教信仰不在同一个层面,两者是平行关系而不是交叉关系,那么则可能使两者并行不悖、和平共存。"① 这种观点旨在消弭政治信仰与宗教信仰的矛盾,是很有意义的。但是,这种观点有模糊处理之嫌。首先,不是每一种政治理念都可以成为信仰。在各种流行的制度、理念中,自由主义、共和主义等更多的是实践层面的理解,缺乏超越精神与长远目标,严格意义上说,迄今为止具有代表性的政治信仰,就是马克思主义。自由主义、共和主义本身不成为信仰,自然不会和宗教信仰发生冲突。其次,就马克思主义而言,它与宗教信仰相容的问题并不是在个体层面是否能相容,而是持不同信仰的群体能否和平共处。这需要的是持不同信仰者的沟通与智慧,而非人为地把它们区分为两个层次。再次,对个体而言,既然信仰是具有神圣性和超越性的,那么从逻辑上说,同一个人不可能同时拥有两种不同的信仰。一个人不可能同时信奉基督教与伊斯兰教,也难以同时信奉共产主义和东正教。因此,必须将一般的对美好生活的追求与政治信仰区分开来。譬如,共产主义追求每个人的自由发展,然而认同"每个人自由发展"的理念仅仅是信仰共产主义的必要条件而非充分条件。资本主义社会同样宣称自由发展,"美国梦"就是一个典型概念,但是其与共产主义的内核显然有巨大差异。而将政治信仰与宗教信仰放在不同层次考虑的观点,则有混淆一般目标与政治信仰的嫌疑。因此,要解决政治信仰与宗教信仰的关系问题,不应将其划分为两个层次,而恰恰应该在同一层面上讨论不同信仰群体的相互尊重与包容问题。

有关信仰的论争广泛且深刻,看似玄幻,却恰恰说明信仰在人类

---

① 卓新平:《"全球化"的宗教与当代中国》,社会科学文献出版社2008年版,第13—14页。

文明发展中的重要作用。博兹曼对此有过精彩的论述,他强调"世界历史正确地证明了下述论点:政治制度是文明表面转瞬即逝的权宜手段,每一个在语言上和道德上统一的社会的命运,都最终依赖于某些基本的建构思想的幸存,历代人围绕着它们结合在一起,它们标志着社会的延续性"①。对于一个文明而言,最重要的建构思想就是宗教信仰,塞缪尔·亨廷顿认为:"宗教是界定文明的一个主要特征,如克里斯托弗·道森所说:'伟大的宗教是伟大的文明赖以存在的基础。'"②韦伯提出的五个世界性主要宗教中,基督教、伊斯兰教、印度教与儒教都与主要的文明结合在一起(另外一个是佛教),也充分说明宗教信仰的重要意义。人们信仰宗教,"其根本原因在于人们对于宗教信仰的长期而又根深蒂固的需要"③。正如恩格斯所说,"创立宗教的人,必须本身感到宗教的需要,并且懂得群众对宗教的需要"④。随着人类文明的不断进步,信仰已经不再局限于宗教和自然,而是日益扩展到政治、社会等其他方面,信仰对于一个文明、一个社会、一个国家所起的重要作用丝毫不曾减少。在美国,有70%的人认为宗教信仰是他们生活中重要的,甚至是非常重要的一部分。⑤ 也有学者认为,目前全世界有85%的人有宗教信仰,其中,信仰普遍宗教的人占世界人口的60%,信仰民族宗教的人占世界人口的25%,无神论者(不是什么都不信,不是没有信仰,只是不相信超自然的力量,而信仰科学的、实证的东西,属于唯物主义的信仰)占世界人口的15%。⑥ 这些都充分说明了信仰具有重要意义。

---

① 转引自〔美〕塞缪尔·亨廷顿:《文明的冲突与世界秩序的重建》,周琪等译,新华出版社1998年版,第26页。

② 同上书,第32页。

③ 童世骏主编:《当代中国人精神生活研究》,经济科学出版社2009年版,第234页。

④ 〔德〕恩格斯:《布鲁诺·鲍威尔和早期基督教》,《马克思恩格斯全集》第19卷,人民出版社2006年版,第329页。

⑤ 张志刚、严军主编:《信仰与责任——全球化时代的精神反思》,宗教文化出版社2011年版,第7页。

⑥ 邓辉编著:《世界文化地理(第二版)》,北京大学出版社2012年版,第180页。

信仰是文化建设的重要组成部分。殷海光先生归纳了四十七种文化的定义,其中有八种定义明确包括信仰,其余包含价值、宗教、道德等,相当于间接包括信仰。而且有的定义明确认为信仰是代代相传的,具有稳定性。① 《不列颠百科全书》对文化下的定义是:"人类知识、信仰和行为的整体。"② 这个定义明确文化是由三部分组成的:一是人的行为;二是知识体系;三是信仰体系。信仰是在人的行为和知识体系基础上概括出来的最具有持久性的意识形态,反过来又支配着人的行为和对知识的理解。同时,从文化和文明的关系角度来看,如果将文明理解为文化的精华和进步的方面③,那么信仰就是文化走向文明的桥梁,通过信仰体系建设可以打造一个健康向上的社会。

信仰是一个社会的精神支柱。有了共同的信仰,人们会展望美好前景,更加明确生活的目的性,进而提升精神生活的质量,使全社会的生活充满活力;有了共同的信仰,人们可以超越单纯的物质享受,实现精神生活和物质生活的和谐,并能以丰富的精神生活指导物质生活,保护自然,适度消费,使社会生活更加丰富;有了共同的信仰,人们之间相互关系改善,相互关爱,友好合作,使社会实现更深层次的和谐;有了共同的信仰,便会增强人民的凝聚力,"有一种牺牲精神",因此,"一国人将来观念的强弱,便是这国家兴亡盛衰的大根源"④。

在实际生活中,信仰的意义更是十分明显的。当代德国思想家蒂利希认为,信仰就是指某种"终极关切",这种终极关切要求接受者完全委身,要用全部人格所付诸的行为,对人的精神生活产生决定性的影响。⑤ (1)信仰是认识世界的重要途径。信仰可以使人们更深刻地认识客观世界,这种深刻性通过信仰和理性的关系表现出来。蒂利希

---

① 殷海光:《中国文化的展望》,上海三联书店2002年版,第32页。
② 《不列颠百科全书(国际中文版)》第5卷,中国大百科全书出版社1999年版,第55页。
③ 程竹汝:《政治文明》,上海人民出版社2004年版,第4页。
④ 梁启超:《饮冰室合集(集外文)》中册,北京大学出版社2005年版,第751页。
⑤ 参见张志刚:《宗教学是什么》,北京大学出版社2002年版,第240页。

认为:一方面,理性是信仰的前提,因为只有有理性的人才能抱有"终极关切",也就是信仰;另一方面,信仰是理性的超越。第一,人的理性是有限的,有限的理性需要通过信仰的强化不断发展。同时人们通过信仰可以挖掘自身无限的潜力,"一切宗教都给人以特别的希望"①。第二,信仰可以弥补理性的不足。理性本身需要严谨的推论,A 到 C 要经过 B,这是没有问题的,问题的关键是过程的干扰因素是无法预测的,这就需要信仰来支持,使程序继续走下去。(2)信仰使人产生敬畏感。敬畏是自律的前提,有了敬畏感,人们会有效约束自身的行为。如果没有敬畏感,也就失去了行为和道德的底线。(3)信仰是信任和合作的基础。信仰具有明确的目标性,这有利于人们统一意志、协调行为、互相信任,向着一个共同的方向前进。(4)信仰是责任的灵魂。人们有了信仰,才能清楚自己所承担的责任,进而产生一种执行力,才会扎扎实实地去工作,不浮躁,始终如一,尽心尽力地去做好每一件事。当前我国责任事故频发,动辄几十人甚至上百人丧生,除了制度不健全等因素之外,深层次的原因就是信仰的缺失导致责任的缺失。因此,信仰是实际生活中不可或缺的。

谈到信仰,不可避免地会涉及宗教的信仰和作用,而说到宗教的信仰和作用,自然就涉及宗教同科学、伦理学的关系问题。宗教是一个十分复杂的社会现象。宗教信仰是如何产生的,更是一个十分复杂的社会问题。英国著名思想家霍布斯将宗教信仰的产生归结为四个方面:一是"人类特有的本性",这种特有的本性"足以使他去穷究本身的好运与厄运的原因";二是人类的恐惧,"神最初是由人类的恐惧创造出来的";三是"对所畏惧的事物的敬拜";四是"将偶然事物当作预兆","习惯于根据过去推测未来"。② 到了今天,最复杂的问题又摆在我们面前:在科学技术飞速发展的背景下,为什么全世界有那么多

---

① 〔美〕乔治·桑塔亚纳:《宗教中的理性》,犹家仲译,北京大学出版社 2008 年版,第 5 页。

② 〔英〕霍布斯:《利维坦》,黎思复、黎廷弼译,商务印书馆 1986 年版,第 79—83 页。

的人相信宗教,而其中为什么会有那么多的科学家。美国卡内基委员会在1969年进行了一次大型问卷调查,对象是6万多名教授——大约占美国大学教授的四分之一。最后得出两点明确的结论:第一,宗教性程度相对来说很高;第二,社会科学家比"硬"科学中的科学家的宗教性明显要低。①

表3.1 宗教性和学术领域,1969年(%)

	信教者	经常参加	从不参加	宗教保守	没有宗教
数学/统计学	60	47	35	40	27
物理科学	55	43	38	34	27
生命科学	55	42	36	36	29
社会科学	45	31	48	19	36
经济学	50	38	42	26	30
政治学	51	32	43	18	30
社会学	49	38	43	16	36
心理学	33	20	62	12	48
人类学	29	15	67	11	57

资料来源:根据卡内基委员会1969年对60 028位美国学者的调查结果计算而来。

其他国家的情况大致相同。在匈牙利,每月教堂出席率从1981年的16%上升到1991年的25%,而上教堂少于一年一次的百分比从62%下降到44%。匈牙利人中说自己是"确定的无神论者"的比例从14%下降到4%。在俄罗斯,53%的受访者在1991年说他们不具宗教性,仅仅五年以后,比例下降到37%。② 由此看来,宗教的作用是多方面的,主要的作用可以从以下几个方面来理解。

---

① 〔美〕罗德尼·斯达克、罗杰尔·芬克:《信仰的法则——解释宗教之人的方面》,杨凤岗译,中国人民大学出版社2004年版,第66页。
② 同上书,第91页。

（1）人类需要敬畏。宗教可以增加人类的敬畏感。有了敬畏感，人们才会更好地约束自己的行为；也可以理解为，宗教是一种无形的监督的力量，这就是我们通常所说的"人在做，天在看"。

（2）人类需要大爱。宗教可以培养人们的美德。"美德可以通过良好的教养来培养；宗教熏陶对修身是非常有用的。他们相信，布道有好处，道义上的劝告可以是有益的。"①宗教的教义一般都"希望将来会实现人类最美好的前景"②，这有利于人类的不断发展。

（3）人类需要探索。宗教在人们探索未知的过程中，可以给人类以启示和信心。科学探讨的是事实，宗教探讨的是价值。价值给人们以启发，同时宗教的礼仪会"给一个社会成员以信心"③。比如在祷告的过程中，人们互相感染会信心大增。

（4）人类需要解释。宗教可以解释很多人类无法说明的问题。人类的理性是有限的，很多东西无法证明，特别是在宏观方面。"宗教教义和科学理论不同，它自称含有永恒的和绝对可靠的真理，而科学家是暂时的，要不断对理论进行修正。"④

（5）人类需要回报。宗教可以给人以心理上的回报。宗教是一种超自然的力量。人们在日常的生活中，有这样一种超自然的信仰，在心理上就能得到安慰。具体说来，"在回报稀少，或者不能直接得到时，人们会形成并接受在遥远的将来或者在某种其他不可验证的环境中获得回报的解释"⑤。

除此之外，很多思想家对宗教在某些方面的重要作用做了深刻的分析。马克斯·韦伯在《新教伦理与资本主义精神》中，论述了新教教

---

① 〔英〕罗素：《宗教与科学》，徐奕春、林国夫译，商务印书馆2010年版，第95页。
② 同上书，第7页。
③ 〔美〕罗德尼·斯达克、罗杰尔·芬克：《信仰的法则——解释宗教之人的方面》，杨凤岗译，中国人民大学出版社2004年版，第133页。
④ 〔英〕罗素：《宗教与科学》，徐奕春、林国夫译，商务印书馆2010年版，第5页。
⑤ 〔美〕罗德尼·斯达克、罗杰尔·芬克：《信仰的法则——解释宗教之人的方面》，杨凤岗译，中国人民大学出版社2004年版，第107页。

义对资本主义精神形成所起的重要作用。费尔巴哈在《基督教的本质》中,论述了基督教在人的修身过程中所起的重要作用。

基于上述分析,我们可以得出初步的结论:有了信仰,政治发展就有了持久的动力,在信仰的统领下,可以凝聚人们的力量,大家团结一致,实现目标的可能性就会大大增加。

三、政治信仰与政治发展

政治信仰是一种世俗的信仰,西方的很多学者是不承认有政治信仰的,因为按照西方国家权威性的定义,政治是运用公共权力处理公共事务、实现公共利益的过程和社会价值的权威性分配[①],而信仰是个人的选择,将公共事务和个人选择联系起来是不适宜的。我们也承认这一点,因此明确规定:政治信仰对中共党员有确定的约束力和强制性,而对一般老百姓不能有严格的约束力和强制性。但更要看到,中国是一个缺少深厚宗教基础的国度,国家需要信仰,或者说是世俗的信仰。中国共产党是执政党,从中共政治信仰派生出来的意识形态、指导方针、基本原则,经过全国人民代表大会的认可,转化成国家的意志,就具有了普遍的约束力,每一个公民都应该遵循。我国宪法规定,社会主义制度是中华人民共和国的根本制度,这也带有一种政治信仰的含义。因此,政治信仰经过必要的中间环节就具有了普遍的约束力。中国和西方在政治信仰问题上产生如此大的分歧,最根本的原因还是中国和西方有着截然不同的社会结构。正因为如此,西方国家的学者是用一种宗教的眼光来看待政治信仰,认为政治信仰就是一种政治主张,否定政治信仰中的永恒的信念。实际上,从目的性来分析,政治信仰同宗教信仰有很多共同之处。政治信仰是一种对经过论证的美好社会的追求。这种信仰将信仰者所有的行为都归结到这一点上。中国的政治信仰来源于人们朴素的社会信仰。中国古人说:"为天地

[①] 参见《中国大百科全书·政治学》,中国大百科全书出版社1992年版,第482页。

立志,为生民立道,为去圣继绝学,为万世开太平。"①这就是追求美好社会的朴素的信仰。以这种朴素的社会信仰为基础,中国人接受了马克思主义之后,便将两者结合起来上升到政治信仰的高度,其中不仅有追求的终极目标,还包括实现这种目标的手段和途径。

具体到中国,中国共产党的政治信仰就是当代中国的政治信仰。政治信仰就是人们对政治主张和学说的仰慕和崇敬。首先,政治信仰不同于一般的宗教信仰。政治信仰和宗教信仰不存在谁高谁低的问题,政治信仰讲的是"在世",而宗教信仰讲的是"出世";政治信仰的着眼点是依靠自身的努力达到目的,而宗教信仰的着眼点是依靠外力达到目的。诚然,政治信仰和宗教信仰也有很多共同的方面,都是对某种学说和思想的崇拜,人们据此约束自身的行为。其次,政治信仰也不同于对一般政治学说的认同。人们认同于某种学说,例如结构主义、行为主义等,这些学说只是对某一时间内、某个中观或微观问题的阐述,无论在高度还是深度上都无法同政治信仰相比。最后,尽管人们对政治信仰的概念有分歧,但总是有一些共同的东西,即同国家认同、政治责任、政治正义联系到一起。

政治信仰既是一个完整的体系,又是一个完整的结构。从内容上分析,这个结构的最高层次是政治目标,这是一切问题的基本出发点和评价标准。这个政治目标就是实现最广大人民群众的根本利益,包括生存条件、政治权利、幸福指数等,这个最高层次要保证每个人的生存和发展;中观层次就是这个政治目标指导下的道德体系,这个道德体系的价值取向和基本原则是由政治目标决定的,包括民主法治、集体主义、互相帮助、关心弱者、爱岗敬业等,这个道德体系对各项具体政策也有指导意义;微观层次就是各种民生政策,包括发展经济、社会救济、促进公平等,这些政策一定要体现政治目标和道德体系的取向。从政治信仰和人们的行为的关系上分析,政治目标规定了全社会的最

---

① 《张载集·张子语录·语录中》。《张载集》,中华书局1978年版,第320页。

基本的行为原则；价值体系使这种原则具体化；民生政策又使这种原则和价值取向更具有实用性。具体对人的行为的影响表现为：政治信仰激发人们的发展动力和社会责任，每个人都要承担一定的社会责任，否则这个社会无法运行。社会责任又外化为信用体系，既然大家承担的责任是一致的，就应该互相信任。在这个信用体系指导下，人们的合作和服务意识才成为可能。这一切的源头，就是政治信仰。

政治信仰对政治发展的影响更是直接的。首先，政治信仰是在政治发展的过程中逐步形成的，是政治发展到一定程度的标志。人们在政治发展的过程中对政治发展的目标和方向有了更清晰的认识，便将这些目标和方向中最精华的内容上升到政治信仰的高度。从一定意义上说，这是政治发展更加成熟和理性的表现。其次，政治信仰是推动政治发展的强大动力。在政治发展的初期，人们一般都将物质利益作为政治发展的动力，但是这种动力是暂时的，当部分物质利益需求得到了满足，这种动力便消失了，而政治信仰是长期的动力，为人们指明了长久的发展方向。最后，政治信仰对政治发展有着具体的指导意义。这是因为政治信仰的内容同政治发展的具体实践是紧密相连的，是在政治发展的过程中不断总结出来的。

第四章 中国为什么需要世俗的信仰？

一、中国和西方社会结构的差异

现在全世界超过60%的人有宗教信仰，30%左右的人没有宗教信仰，没有宗教信仰的这些人主要集中在中国。① 诚然，对"中国人是最不信奉宗教的"这样一个命题，很多学者是不认同的②，但从形式上来看，中国人信奉宗教的是少数。随着中国改革开放的深入，走出国门的人越来越多。中国人在国外办事，有时候要填写表格，其中有一项会询问"宗教信仰"，多数中国人都空着。中国人在休息日一般也不去教堂，对此很多外国人都不理解。为什么中国没有形成宗教社会，原因是相当复杂的。

梁漱溟先生说："宗教问题实为中西文化的分水岭。"③西方是宗教与社会相分离的二元结构。"现代的西洋文明兴起于罗马灭亡时

---

① 盖洛普国际调查联盟2014年对全球65个国家的6万多人进行调查，有63%的人说是信教者，22%的人说不是信教者，11%的人说是坚定的无神论者，4%的人不回答。中国学者根据外国一些机构的统计，认为"现在世界上信仰宗教的人大约有48亿。占世界总人口的80%"（参见王作安：《中国的宗教问题和宗教政策》，宗教文化出版社2010年版，第6页）。

② 参见胡适：《中国的文艺复兴》，邹小站等译，湖南人民出版社1998年版，第110页。

③ 梁漱溟：《中国文化的命运》，中信出版社2010年版，第102页。

期。"①"西罗马帝国的解体和日耳曼国家的建立,给西方教会即天主教提供了一个难得的契机,使其获得相对独立的地位。天主教会在政治上和组织上脱离东方帝国,形成了独立的权力中心,使西方各国'基督教化'并建立起统一的超国家或跨国家的教会组织。这一切都标志着西欧社会实现了国家与教会在组织上的分化和政教二元化权力体系的形成。"②当时宗教在西方获得了一个大的发展,是有其特定的原因的。第一,当时的西罗马帝国的君士坦丁皇帝(306—337 年)"做出了通过与基督教合作而不是镇压基督教来谋求稳定和统一的重大决定。这表示历时数世纪的对宗教的一贯态度和做法已告结束"③。后来东、西罗马帝国的皇帝又联合"颁布米兰敕令(313 年)承认基督徒不再为异教徒,准许基督徒同其他宗教一样享有信仰自由。最后,皇帝狄奥多西(379—395 年在位)使基督教实际上成为国教"④。第二,西罗马"帝国后期阶段,苦难的日常生活使愈来愈多的人转向各种救世宗教以寻求安慰,……对皇帝和官方多神教的崇拜已不再能满足人们精神上的需要"⑤。第三,在"诸新宗教中,基督教最为成功。它提出了'一个上帝'即'全能上帝'的教义,来代替多神教的希腊、罗马诸神和一神教的东方膜拜仪式"⑥。在西方二元社会的发展过程中,宗教起了重要的作用。从罗马末期到公元 10 世纪约七百年的时间,被称为野蛮时代或黑暗时代,"在当时无法无天的社会里,也只有耶稣教懂得天理人心之可贵。假如当时没有这个宗教,恐怕整个欧洲早就变成了禽兽世界了"⑦。

---

① 〔日〕福泽谕吉:《文明论概略》,北京编译社译,商务印书馆 1992 年版,第 121 页。
② 丛日云:《西方政治文化传统》,吉林出版集团有限责任公司 2007 年版,第 478 页。
③ 〔美〕斯塔夫里阿诺斯:《全球通史——从史前史到 21 世纪(第 7 版修订版)》上册,吴象婴等译,北京大学出版社 2006 年版,第 131—132 页。
④ 同上书,第 133 页。
⑤ 同上书,第 132 页。
⑥ 同上。
⑦ 〔日〕福泽谕吉:《文明论概略》,北京编译社译,商务印书馆 1992 年版,第 122 页。

教会与国家的分化和政教二元化权力体系,植根于基督教的信仰。按照基督教的信仰,"人民的身体恰如被分成了两部分,一部分是精神,一部分是肉体。肉体的活动,受王侯世俗政权的统治,精神的活动,听命于罗马教廷。世俗政权统治着有形的物质世界,宗教统治着无形的精神世界"①。出于对人和人身的这种二重性的理解,社会组织也分化为两个,即教会和国家。② 这种二元结构的最大好处就是将理想与现实分开,二者之间有较大的张力,信仰不受现实的干扰,但现实却受信仰的引导。如何既保持信仰的一致性,又充分发挥人的个性和创造性,实现理想和现实之间的平衡,是这种二元结构必须要解决的问题,由此引申出了宗教改革问题。15世纪后半叶,随着新航路的开辟和"地理大发现",资本主义在欧洲开始普遍萌芽和发展,农民、市民和商人开始登上历史舞台,他们首要的攻击目标就是连封建统治者都希望摆脱的教皇和那些高级神职人员。文艺复兴严重动摇了教皇的权威,同时奠定了宗教改革的思想基础。先是1520年前后马丁·路德的德国宗教改革,反对教皇干涉世俗政权,"路德教和天主教的主要区别在于前者拒绝罗马教会的世界性权威,否认罗马教会有独一无二解释《圣经》的权力"③。后来又有加尔文的宗教改革,强调"《圣经》的绝对权威",要求宗教宽容和允许信仰自由。英国和法国的资产阶级革命以后,基督教受到前所未有的挑战。自然神论者力主摒弃一切违反理性的教义。托兰德说:"如果所谓认识即是对于所相信的东西的了解,那么我同意这种看法,信仰就是知识。"④进入19世纪之后,各种学术思潮此起彼伏,不断冲击着基督教的一些基本教义。教会宣传的上帝创造世界和人类的说法受到进化论及其他一些科学成果的挑战;蒙昧的信仰主义在理性之光的照耀下变得苍白无力;民族主义

---

① 〔日〕福泽谕吉:《文明论概略》,北京编译社译,商务印书馆1992年版,第124页。
② 参见丛日云:《西方政治文化传统》,吉林出版集团有限责任公司2007年版,第478页。
③ 朱孝远:《宗教改革与德国近代化道路》,人民出版社2011年版,第47页。
④ 〔英〕约翰·托兰德:《基督教并不神秘》,张继安译,商务印书馆1982年版,第80页。

政治学说的传播动摇了罗马教廷的权威;民主、自由、平等口号的深入人心进一步导致了教会的分化和神学观点的标新立异。这样,内外部的压力迫使教会不断调整,宗教仪式更加灵活,新教中宗派林立。这其中的实质性变化,就是教徒不一定要通过神职人员才能与上帝对话,自己就可以同上帝直接对话,神职人员只起着一种辅导的作用。这样就既保证了宗教信仰的严肃性,又充分尊重个人的独特理解,发挥了人的个性和创造性。

而中国是理想与现实合一的一元社会。中国文化是以非宗教型为特征的。"文化都是以宗教开端,中国亦无例外。"①在孔子的儒家学说兴起之前,可以将周礼视作一种宗教,但是在其深入民间而被广泛社会化及与国家政治紧密相连后,这种礼教就成为一种非宗教的教化工具。中国社会没有形成理想与现实相分离的二元社会,见下图。

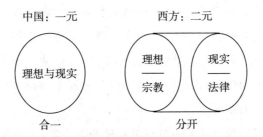

辛亥革命前后在中国生活的外国人深切地感受到了这种差别,他们看到:"远东地区的人们并没有强烈的宗教信仰。中国人就是这方面典型的迦流,偶尔爆发的袭击传教士的情况至少不是排斥异教的狂热表现","仅凭传教士的宣传和劝诫是不可能改变中国人的信仰的","儒家学说才能提高他们的道德水平"。②

---

① 梁漱溟:《中国文化的命运》,中信出版社 2010 年版,第 39 页。
② 〔美〕E. A. 罗斯:《变化中的中国人》,李上译,电子工业出版社 2016 年版,第 148、150、164 页。

二、中国一元社会结构形成的原因

中国当时没有形成类似于西方的宗教社会,原因是很多的。孔子在中国一元社会形成的过程中,起了极其重要的作用。"根据考古发掘资料和传世文献考察,夏、商、周文化发展呈现由以神为本到以人为本的态势。夏文化文献不足徵,姑且不论。殷商时代,据甲骨卜辞和青铜器而言,神巫明显处于文化的中心地位。周文化虽然继承了商文化,但是又有自己的传统特色和创新之处,即更加注重世事。"①总的说来,还是"以神为本","西周春秋典型宗法制度最显著的外在体现形式是庄严隆重的宗庙祭祀制度"②,就是有力的证明。在西周末年,由宗教社会向世俗社会转化,这是当时中国社会的一个基本特点。在周的礼乐制度中,周天子非常重视祭祖、祭天等宗教祭祀,并对祭祀的具体礼仪有着非常严格的规定,这就是类似西方宗教社会的状况。这种严格的宗教祭祀,对规范人的行为起到了重要的作用。当时祭祀的对象是"天"和"圣",特别是对天的崇拜,实际上是一神崇拜的典型表现。到了孔子的年代,孔子在坚信天道的前提下,对从"天"到"圣"的路径进行了新的阐释。

西周早期宗教主要是通过祭祀礼仪或者卜筮、占星术等方式获得"天"的旨意,达到"圣"的境界,而在孔子思想中,"天"和"圣"都不再神秘,特别是"圣",通过"仁"的修炼就可以达到"圣"的境界,这就将圣纳入了人的理性、主体性、道德性的轨道。孔子说:"何事于仁?必也圣乎!尧舜其犹病诸!夫仁者,己欲立而立人,己欲达而达人。能近取譬,可谓仁之方也已。"③在孔子的思想中,仁是一种立足于个人的内在省,在自己与他人的关系之上的道德观念。在孔子看来,仁

---

① 吴小如主编:《中国文化史纲要》,北京大学出版社 2001 年版,第 20 页。
② 同上书,第 39 页。
③ 《论语・雍也》。参见朱熹集注:《四书集注》,岳麓书社 1985 年版,第 118 页。

是一种更高层次的道德观念,是世俗的人们应当追求的一种高尚的东西,在"仁"的指引下,个人可以内在自省,个人与他人可以和谐相处。孔子以仁对圣的转化,将其与早期宗教特权相剥离,赋予了"圣"一种新的含义,同时提供了经过自身修习达到知天命的途径。这个途径一打通,道德代替宗教的大门也就打开了。儒家捷足先登,占据了宗教的位置,起到了宗教的作用,也就堵塞了中国社会向宗教社会发展的道路。孔子的思想对后来社会的影响是相当大的,西方学者也给予了高度的评价:"儒家这种基于理性基础、根植于人心的道德秩序设想,也就是让人出于心灵之需要而去行善的思想,属于人类最高尚的思想形式之一。"①在后来的政治实践中,"中国土地辽广,统治的方法,亟待研究,比不得欧西地小国多,没感着困难。印度土地也大,但内部实分着许多小邦,所以他们的宗教易于发达。中国人多以全力着眼政治,所以对宗教很冷淡"②。

孔子能实现这种转化,也与西周的政治思想有关。西周,甚至西周之前,世俗的东西是很发达的:

第一,其政治思想主要体现为"敬天保民"的思想。"周朝统治者鉴于商朝灭亡的教训,虽然在思想上继承商代的天帝观念,但认为天命靡常(《诗经·大雅·文王》),如果违背天的意志,即使是皇天上帝,也会被它的元子(如殷)抛弃(《尚书·召诰》)。他们认为民心向背不可忽视,天命和民众的利益是息息相关的,天的意志往往通过民众表现出来。"③《尚书》保存了不少西周初年的政治文诰,每篇都说到如何治民。其中《无逸》说治民要"先知稼穑之艰难";《立政》说"继自今文子文孙,其勿误于庶狱庶慎"。文王受天命称王,因为他实行裕民

---

① 〔德〕康拉德·赛茨:《中国:一个世界强国的复兴》,许文敏、李卡宁译,国际文化出版公司 2007 年版,第 26 页。
② 章太炎讲演、曹聚仁整理、汤志钧导读:《国学概论》,上海古籍出版社 1997 年版,第 4 页。
③ 阴法鲁、许树安主编:《中国古代文化史》(3),北京大学出版社 1991 年版,第 368 页。

政治,所以得到了上天的眷顾。① 因此,周统治者提出顺天和敬德保民的思想,主张对人民实行比较宽容的统治政策。从西周传下来的文献里,敬天保民的思想表现得十分充分,其内容主要是说:"民是天生下来的,皇天上帝是烝民的宗主,天选择敬天有德的国君做天的元子,付给他中国人民和疆土,代天保民,元子如果不能称职,皇天上帝就会改选别人。"②其中有一点是十分重要的,就是"敬天"和"有德"并重,这也就为从宗教走向世俗提供了思想基础。

第二,中国文化的源头就缺少神系崇拜的基因。有学者研究证明:"中国古代神话故事性因素的薄弱,直接妨碍了体系神话的发达。宗教上的至上神的观念,逐步转变为体系神话上的主神形象——这一普遍进程,在中国却受到了挫折。"③

第三,中国缺少纯粹的宗教经典,而世俗的经典却很发达。"其他古代民族,都有自己较为纯粹的宗教经典、神话作品,还创造了鸿篇巨制的史诗。而在中国浩瀚的古代经典与文献中,却全然不见这类圣书。古代中国有自己的经典著作,但它们(如《周易》《尚书》《诗经》《礼记》《春秋》等五经和已佚的《乐经》)很少有宗教意味和神话色彩,其支配精神是伦理的、人文的、现世的。这种中国式的圣书,虽然不乏幻想色彩,事实上却抹杀了神的存在,这在古代世界里是异乎寻常、独一无二的。"④

诚然,也有学者认为,道德教化在西周的礼乐文化中占有十分重要的地位,整个礼乐文化主要就是"亲亲、尊尊、长长、男女有别"四项基本原则。他们认为,儒家文化和夏商周的文化有着继承关系:"儒家思想之发生及其所以可能在汉代以后居于中国文化的主流或主导地

---

① 范文澜:《中国通史》第1册,人民出版社1994年版,第97页。
② 同上。
③ 谢选骏:《神话与民族精神——几个文化圈的比较》,山东文艺出版社1986年版,第167页。
④ 同上书,第193页。

位,除了社会—政治结构的原因之外,一个重要的原因就是,儒家思想本身是三代以来中国文化的产物。这里所说的产物不是仅仅从历史的结果与历史过程中间的现象来说,而是指儒家思想是接续着三代文化的传统的,儒家思想的一些要素在三代的发展中已逐渐形成,并在西周成形地发展为整个文化的有规范意义的取向。儒家和孔子的思想由以发展的大量思想资料在西周至春秋已充分发展出来,西周的思想又以夏商文化历史发展的过程为背景和基础。西周时代是中国文化的文化模式与文化取向开始确定和成形的时期,孔子以前的儒家思想要素,正是参与了这一过程的建构。因此,离开了三代以来的中国文化发展去孤立考察儒家的源流,就难以真正解决儒家思想起源这一思想史的问题。"①上述论述无疑有着深刻的学术性,但这不否认西周社会有两种发展趋向,一种是世俗的,一种是宗教的,由于孔子的作用,结果走向了世俗。

周孔礼教与西方宗教最大的区别就在于以理性信赖人类自己,遵循的是一种内在的标准。虽然宗教和道德都是让人向善,但宗教是假借外力达成,而中国却是以道德代宗教,希冀借自己的自省和理性形成良好的家庭、社会乃至国家的善的秩序来达成。② 总的来说,以儒学为精神内核的中国政治文化,是以周孔礼教来培养教化人,以伦理道德代替宗教来组织管理社会。以儒学为主干的中国文化并未否定神(上帝鬼神)的存在,只是认为不能论证它而把它置于渗透理性的情感状况中:"祭如在,祭神如神在。子曰:'吾不与祭,如不祭。'"③

孔子之后,中国依循世俗的路径向前发展。下面选取几个关键点,从中可以清晰地看到这种发展的基本线索:(1)自然宗教不断发

---

① 陈来:《古代宗教与伦理》,台湾允晨文化实业股份有限公司2005年版,第356页。
② 梁漱溟:《中国文化的命运》,中信出版社2010年版,第44、46、49页。
③ 《论语·八佾》。参见朱熹集注:《四书集注》,岳麓书社1958年版,第89页。

展。中国在"佛教传入以前还没有定型的宗教"①,但自然宗教相对发达,"自先秦以来即有阴阳、方术之学,神灵、报应之说;秦汉之际,更是神仙方术大兴"②。(2)西汉董仲舒的天人合一。到了西汉,董仲舒提出了"天人相合"和"天人感应"的思想。董仲舒认为"天人之际,合而为一",强调人和自然的整体性。"天人感应"则"提出了人和自然界之间是有相互影响、互为感应的关系"③。不仅如此,董仲舒还认为:天与民同心,天命是民心的反映。④ 天命同民心的结合,这实际上是发展了孔子的思想。更为重要的是,西汉时期"儒家学说国家化的第一次辉煌时期便由此开始了","儒家思想发展成为国家宗教"⑤。尽管胡适先生强调儒家学说的宗教性,但他也承认,到了西汉时期,"中国的宗教生活也经历了一个重要转变","披着儒学外衣的汉帝国的国家宗教就这样建立起来了"。⑥ (3)宋明理学论证了世俗化的可能性和基本途径。朱熹认为:"理"产生于天地万物之先,"若无此理,便亦无天地"。理是永恒的。尽管天地万物总的来说都是一个理,但理又分别体现在每个人或物上。⑦ 天理和天命不同,天理是主宰一切的,又是可知的。依据"理一分殊"的理论,人们今日格一物,明日格一物,一旦豁然贯通,便可以"致知"和"穷理"。⑧ "新兴的理学吸收了佛、道二教教学的有价值的内容,熔铸而为新的理论体系。作为其核心内容的性理学说把人在宇宙中实现其终极理想的基础安立于人自身。即是说,人不需要仰赖他力救济,人自身具有实现道德理想的人格和能力。这

---

① 孙昌武:《中国文学中的维摩与观音》,天津教育出版社2005年版,第3页。
② 同上书,第60页。
③ 江荣海主编:《中国政治思想史九讲》,北京大学出版社2010年版,第16页。
④ 范文澜:《中国通史》第2册,人民出版社1994年版,第155页。
⑤ 〔德〕康拉德·赛茨:《中国:一个世界强国的复兴》,许文敏、李卡宁译,国际文化出版公司2007年版,第26页。
⑥ 胡适:《中国的文艺复兴》,邹小站等译,湖南人民出版社1998年版,第125、128页。
⑦ 蔡美彪等:《中国通史》第7册,人民出版社1994年版,第431页。
⑧ 同上书,第433页。

使得宗教救济失去了存在的依据。理学不仅以反宗教的面目出现,而且更彻底地发扬了中国人的重理性的精神。"①不仅如此,宋明理学还提出了"格物致知"的命题,认为"'格物致知'是一个知识积累的过程。格物穷理要一件一件地格,积习多了,到了一定程度,就会豁然贯通,突然觉悟"②。这实际上论证了世俗化的可能性。"东晋至两宋时期的近千余年间,是中国佛教的发展、繁荣期","到了两宋之际,随着理学兴起,佛教衰微"。③ 这种现象充分说明了中国世俗力量的强大。(4)明清之际世俗化进度加快,社会批判思想占据重要地位。王阳明提出"致良知""心外无理",将理和心统一起来,更加世俗化,这是社会批判的前提。以李贽、黄宗羲、顾炎武、王夫之、唐甄等为代表的政治思想界的启蒙学者,"他们在著述中反对专制制度,倡导自治和自由精神,认同人民利益"④,比如黄宗羲提出"通过相权,限制君权"。他说:"古者以天下为主,君为客,今者以君为主,天下为客。"⑤这些使中国的世俗化进一步转向政治化。(5)近现代孙中山的三民主义,使世俗化走向政治化,政治信仰成为世俗化的重要结果。1903 年秋,孙中山在《东京军事训练班誓词》中首次完整地提出了三民主义思想:"驱逐鞑虏,恢复中华,创立民国,平均地权"。1905 年 10 月公开的《〈民报〉发刊词》进一步将其主张归纳为民族、民权、民生"三大主义"。次年孙中山发表了《在东京〈民报〉创刊周年庆祝大会的演说》,系统地阐明了三民主义学说。其中"建立民国"成为目标和理想。1906 年,孙中山在《中国同盟会革命方略》中对将要建立的民国做了阐述:(一)奉行精神和原则即自由、平等、博爱;(二)革命的手段和目标,即"由平民革命以建国民政府,大总统由国民公举";(三)人民享有充分

---

① 孙昌武:《中国文学中的维摩与观音》,天津教育出版社 2005 年版,第 339 页。
② 同上。
③ 同上。
④ 同上书,第 272 页。
⑤ 蔡美彪等:《中国通史》第 10 册,人民出版社 1994 年版,479 页。

的民主和平等;(四)永远杜绝封建专制政体。①

　　章太炎也提到,"中国自古薄于宗教思想","中国人多以全力着眼政治,所以对宗教很冷淡"。② 严格说来,在中国长久以来被广为传授的儒学不是宗教,儒学宣扬"入世",不是"出世",不是说上天的意旨如何,而是强调如何体现上天的意旨,或者说体现天道。所以,中国人的信仰不是一元的,而是多元的。同时,中国人的信仰又是实用的,即使是对敬畏的上天,也是目的实现了,就说"苍天有眼",目的没有达到,就说"老天瞎了眼",不存在不受条件制约的信仰支柱。

　　基于上述分析,中国没有形成现实与宗教相分离的二元社会。首先,中国没有形成普遍的宗教社会原因有二:一是现实问题紧迫,压倒了对宗教的追求;二是儒家捷足先登,程度不同地起到了宗教的作用。"儒家文化以理性的态度对待社会人生,专注于现实的政治、伦理、道德,相信人类理性足以担当起人的幸福,相信对于道德的追求能够实现人生的超越,因此,儒家学说文化不追求彼岸的幸福。"③其次,儒家学说之所以未成为普通的宗教形式,也有两个原因:一是儒家不是说上帝的意旨怎样,而是说如何体现上帝的意旨,或者说体现天道,关键在怎样"体现",最重要的是要通过"道德"展现;二是儒家是一种向下的道德说教,不是朝上的,不择求形而上的,而是形而下的。儒家文化的实用性和平民性限制了其向纯宗教方向发展。这种社会结构意味着以世俗的信仰指导人们的行为是一种必然的趋势。

三、中国独特社会结构的深远影响

　　基于上述原因,中国目前真正信仰宗教的人还是比较少的。据统

---

① 《孙中山全集》第一卷,中华书局 1981 年版,第 224、288—289、323—331、296—298 页。

② 章太炎讲演、曹聚仁整理、汤志钧导读:《国学概论》,上海古籍出版社 1997 年版,第 4 页。

③ 郑茜:《中国民族与宗教》,五洲传播出版社 2010 年版,第 125 页。

计,中国基督教信徒人数为2 305万,其中受洗者为1 556万人①;信仰伊斯兰教的为2 100万人;天主教徒550万人②;正式皈依的佛教信徒2 000万人左右③。再加上信仰道教和其他宗教的人,人数大概占总人口的5%。除此之外,中国的宗教信仰还有两个基本的特点:

第一,有宗教倾向的人比较多。2010年,美国普渡大学中国宗教与社会研究中心公布了他们与零点研究咨询集团合作进行的"中国人精神生活调查"的报告。报告指出,85%的中国人有某种宗教信仰或某些宗教活动的实践,报告还认为18%的中国人自我认同为佛教信仰者。④

第二,中国民间宗教发展得比较快。据2013年底的统计,按主建筑20平方米界定的话,浙江全省民间信仰庙宇总计33 678处。⑤ 同样是美国普渡大学的调查,中国人中,27.2%的人相信命运的存在,19%的人相信佛主的存在,6.6%的人相信神的存在,7%的人相信超自然的存在,7.4%相信鬼的存在,13%的人相信灵魂的存在,17%的人相信祖先神灵的存在。⑥ 诚然,这些数据只能供我们参考,但在许多农村供奉小庙的现象还是很普遍的,这从一个方面提醒我们构建世俗的政治信仰的紧迫性。

特别应该强调的,中国这种理想与现实合一的一元社会结构其影响是相当深远的。

---

① 金泽、邱永辉主编:《中国宗教报告(2010)》,社会科学文献出版社2010年版,第10页。
② 金泽、邱永辉主编:《中国宗教报告(2008)》,社会科学文献出版社2008年版,第73页。
③ 金泽、邱永辉主编:《中国宗教报告(2011)》,社会科学文献出版社2011年版,第21页。
④ 金泽、邱永辉主编:《中国宗教报告(2012)》,社会科学文献出版社2012年版,第163页。
⑤ 邱永辉主编:《中国宗教报告(2015)》,社会科学文献出版社2015年版,第197页。
⑥ 金泽、邱永辉主编:《中国宗教报告(2012)》,社会科学文献出版社2012年版,第163页。

第一,中国的家庭和学校要承担道德教育的功能和义务。由于我们国家"以道德代替宗教",首先是家庭要对其成员进行道德教育。钱穆先生对此有过精彩的论述:"西方人必须有教堂,教堂为训练人心与上帝接触相通之场所。中国人不必有教堂,而亦必须有一训练人心使其与大群接触相通之场所。此场所便是家庭。中国人乃以家庭培养其良心,如父慈子孝兄友弟恭是也。故中国人的家庭,实即中国人的教堂。"①其次是学校要开设专门的课程和有专人从事道德教育。这就对教育的主体提出了很高的要求,一旦教育的主体出了问题,会直接影响到教育的效果,以前流行的什么"满嘴仁义道德,实则男盗女娼",就反映了这种现象。而西方国家的道德教育分为主辅两个渠道:主渠道是宗教,辅渠道是在传授科学知识的过程中进行道德教育。

第二,中国的社会科学一定要研究意识形态,而且要以意识形态为指导。具体说来,就是要以马克思主义为指导。有些人对此不理解,认为中国的社会科学离科学很远:西方的社会科学研究的是数据、事实,是实证,因而是科学;而中国的社会科学研究的是意识形态,是思辨,不是科学。这种说法可以说是片面的。社会科学是要研究人的,而人是有信仰的,很多中国人具有世俗的政治信仰,所以说中国的社会科学一定要研究意识形态。从秦始皇统一中国,特别是西汉"独尊儒术"以来,始终是世俗的信仰占统治地位。近代以来从三民主义到社会主义和共产主义,这种状况一直没有改变。这是中国的社会结构所决定的。正确的选择应该是:既要鼓励人们从事实证研究,也要支持人们从事思辨研究,特别是要以马克思主义为指导。这种指导是宏观的、原则性的,有利于社会科学向前发展。

第三,这是造成中国知识分子内心矛盾的重要原因。国家需要统一的信仰,这是国家存在的精神支柱,而知识分子需要独立和自由的思考。其实这个世俗的信仰对知识分子认识世界是有好处的,但并不

---

① 钱穆:《孔子与心教》,载钱穆:《灵魂与心》,广西师范大学出版社2004年版,第19—20页。

是所有的知识分子都认同这个世俗的信仰,这就导致他们在统一的信仰与独立思考之间摇摆,有人表述为"游弋于官学和私学之间"。近代以来,中国知识分子的心路历程,就是一个选择与分化的过程。解决这个问题,一方面,一定要增强政治信仰的包容性,在坚持政治信仰的同时允许知识分子更好地独立思考;另一方面,知识分子一定要深入实际生活,了解社会,知道老百姓的真实想法。两方面的有机结合是解决知识分子内心矛盾的正确途径。

第四,也是最重要的,中国开辟了一条独特的信仰发展道路。"中国显示,一个国家的国民不需要教会,照样能够文明而礼貌地生活。……正像启蒙主义者所宣传的那样,中国人信天以及他们的理性伦理道德显示了通向自然神论之路。这种自然宗教不需要《圣经》,因为所有的启示都隐含在自然之中。"[①]

[①] 〔德〕康拉德·赛茨:《中国:一个世界强国的复兴》,许文敏、李卡宁译,国际文化出版公司2007年版,第47页。

第五章　我们需要什么样的世俗信仰？

信仰要以文化作为重要的基础。政治信仰要以政治文化作为重要的基础。中国社会同西方社会相比，除了前面论述的在宗教问题上的差异之外，还有两个明显的区别，即实用理性和平民性。此外，中国人信仰的心理结构对世俗信仰的内容也有深刻的影响。

一、"实用理性型"文化对世俗信仰内容的影响

中国传统文化是形而下的，"实用理性"是其核心的概念。王阳明说得十分明确："学问的根本在日用间。"①中国文化太偏重现实，认为实用政治斗争取决于人、事、天三方面的和谐。因此，道德是最重要的，并且特别重视政治的艺术和手段。这也导致了分歧：在西方，人们一般是在宗教信仰的意义上说"信仰"；在中国，人们大多数是在伦理和道德的意义上说"信仰"。这两个意义上的信仰虽然不同，但不矛盾。这种"实用理性"，也成为阻断中国文化走向宗教信仰的重要原因。

著名德国哲学家黑格尔将宗教分为三个层次：第一是自然宗教，包括植物和动物崇拜，由此，"一个宗教便与另一个宗教可以区别开"；第二是艺术宗教，"它是伦理的或者真实的精神"，引导人们"确信所

---

① 王阳明：《传习录》，岳麓书社2004年版，第371页。

包含的那一套权利和义务"①;第三是天启宗教,这种天启宗教"就是最高的东西,那完全出现在表面上的启示,其中正包含着最深刻的东西"②。后来人们根据黑格尔的论述,又将一般意义上的宗教信仰规范地分为三个层次:第一是自然宗教,就是迷信、巫术等。其基本原则就是从纯自然的存在和现象中寻找寄托。第二是实用宗教。因为有需要、有效,这才以宗教作为教化和驭民的工具,相当于黑格尔所说的"伦理原则"及柏拉图所说的"高贵的谎言"。"神道说教"就是一种在中国千百年来行之有效的实用宗教,说教者要大家相信一个神道,自己可以不信,但是一定要大家信。第三是"启示宗教",又称"自由宗教",即预设一种最抽象的道理启发人的思想。"宗教的概念应该借助于理性宗教来发展","上帝绝不可能将自身展现在某物之中,它只会将自身启示给某物,将自身展现在与某物的关系中"。③ 中国缺少"启示宗教",这与中国特定的传统和自由精神缺失有极大的关系,更与中国实用宗教的发达有直接关系。由于中国实用宗教太发达,压倒了对启示宗教的探索。

实用宗教在中国太发达了,促使中国人形成独特的信仰,并对他们的心灵和思维方式产生了持久的影响。"祭如在,祭神如神在",就是说你祭祀神灵的时候,要好像那个神在那里一样去祭祀。至于是不是有神,你不一定要相信。这种"实用理性"重视现实,阻碍人们追求启示宗教。

在西方,启示宗教是非常发达的。启示宗教自然涉及信仰和理性的关系问题。在这方面,阿奎那和康德都有突出建树。阿奎那围绕基督教的知识地位和认知合理性构建了自然神学思想。阿奎那认为,理

---

① 〔德〕黑格尔:《精神现象学》下卷,贺麟、王玖兴译,商务印书馆1997年版,第196—197页。

② 同上书,第237页。

③ 〔德〕赫尔曼·柯恩:《理性宗教》,孙增霖译,山东大学出版社2013年版,第4、67页。

性是我们进行三种活动的力量:把握事物本质、做出理性判断、进行推论。我们能理论地和实践地使用理性,但事实上我们很少能把握事物的本质,这些局限在特定情况下会给我们带来很大困难。而上帝就是理性和本质的代表,"上帝是善,并是他自身的善;他是万善之善,他是智慧的,而他的智慧的行动是他的本质"。"认识上帝的途径有三:通过理性,启示,和通过一些事前只有启示才能认识的事物的直觉。"① 具体的过程包括沉思、理解、信仰等。即使是这样,关于上帝(上帝是永恒的存在和善)的知识也是很难领会的。那么,我们为什么需要知道上帝的知识呢?阿奎那认为,这是为了我们的"实现"和"救赎"。"实现",是指我们让潜在可能性变为现实,"最后和完全的幸福只能在对神圣本质的直观中找到";"救赎",是指将我们从坏的环境中解脱出来,用上帝的知识实现自我修复。而信仰则是人弥补理性的不足、获得全部的真理、完成自我救赎与实现的必要条件。② 这样,阿奎那就发展出了两种形式的神学:用自然理性能够得出合理的解释的自然神学,以及"为了人的得救,除了由人性所探讨的哲学学科之外,还需要某种根据天主启示的教学或学问"③,即启示神学。同时,他还提出"信仰所宣示的不能与理性或人民知识相悖"④。阿奎那试图以此调和理性与信仰的关系,解决基督教的认知合理性问题。

著名哲学家康德也对理性与信仰的问题进行了深入的探讨。康德将理性区分为理论理性和实践理性两种,理论理性强调理性的认识功能,实践理性则强调理性的意志功能。康德认为,理论理性绝不能脱离经验的范畴,"一切在思辨运用中的理性凭借这些要素都永远也

---

① 〔英〕罗素:《西方哲学史》上卷,何兆武、李约瑟译,商务印书馆1982年版,第554、559页。
② 〔美〕凯利·克拉克、吴天岳、徐向东主编:《托马斯·阿奎那读本》,北京大学出版社2011年版,第30—40页。
③ 〔意〕多玛斯·阿奎那:《神学大全》第1卷,台湾碧岳学社、中华道明会2008年版,第1页。
④ 《大美百科全书》第10辑,台湾光复书局1990年版,第403—404页。

不可能超出可能经验的领域之外","在这边界之外对我们来说除了空的空间外一无所有"。① 而限制理论理性在知识范围中的运用,则"给信仰留下地盘"②。对于实践理性,康德认为,只有自由的人的自主自觉行善,才是"(纯粹)实践理性"。出于经验或某种目的而不是善良自身的行为,即使其结果是善的,也没有任何道德价值。那如何实现实践理性呢？首先要靠道德自律(也即康德所说的绝对命令或善良意志的自律)。但道德自律只提供了区分道德与不道德行为的标准,不能进一步规制人们的行为,仅靠自律难以实现道德的最高理想——至善。因此,就需要一些"公设"③,"使人确信能够达到至善,从而激励道德勇气和信心,培养向善的道德情感和习惯"④。第一个公设是自由,这是实现实践理性的先决条件。第二个公设是灵魂不朽,因为"对于一个理性的却有限的存在者来说","唯有在一个趋于无穷的进步中才能够达到与德性法则的完全切合"。⑤ 第三个公设是上帝存在,因为人们是普遍追求幸福的,只有幸福与追求德性相契合时,至善才成为可能。而若要使幸福与追求德性相契合,就必须设定上帝的存在,由上帝这个"无上的自然原因",在"合乎道德意向的因果性的范围内"⑥,实现因果,惩恶扬善。这样,康德重现了宗教的伦理学意义,将宗教理性化、道德化。

从阿奎那和康德的观点来分析,信仰与理性的关系是一套信仰体系必须解释的问题。而在人类科学技术高度发达、文化建设日新月异的条件下,想要重构信仰体系,一定要符合人们的理性认知,在认知合乎理性的基础上,对人们的理性和精神生活进行引导。而中

---

① 〔德〕康德:《纯粹理性批判》,邓晓芒译,人民出版社2004年版,第545页。
② 赵敦华:《西方哲学简史》,北京大学出版社2001年版,第322页。
③ 康德认为公设是"一种理论的但在其本身不可证明的命题,它不可分离地附属于无条件的先天实践法则"。
④ 赵敦华:《西方哲学简史》,北京大学出版社2001年版,第325页。
⑤ 〔德〕康德:《实践理性批判》,韩水法译,商务印书馆1999年版,第134页。
⑥ 同上书,第137页。

国传统文化,特别是传统政治文化,"重农、重民、重家、重一、重和、重德、重实"①。一句话,重视实用价值,"中国传统政治思想家们在分析、说明政治现象时并不注重其结论的逻辑性、系统性,而着重其实际效用"②。

二、平民性质的文化对世俗信仰内容的影响

中国传统文化是平民性质的文化。中西文化的一个重要差别,就在于贵族文化和平民文化。西方文化有着贵族的传统,或曰贵族文化。贵族文化是十分复杂的,既是一种生活方式,也是一种心理价值取向。贵族属于上流社会,身份特殊,经常在一起高谈阔论,衣食有保障,享受最好的教育。贵族文化的特点鲜明地反映在教育上:他们秉承的是"蓝血从小养成"③的理念,私立学校是贵族文化的产物。2000年前后,全英国有私立学校2 500所左右,学生62万,仅占英国整体学龄人口的7%,但私立学校的学生占16岁初中考试优秀者的25%,高中考试获得"3A"成绩的学生中,私立学校的学生则占1/3以上。2007年,英国适龄人口受高等教育率约为50%,私立学校毕业生的大学升学率却高达92%。④ 贵族文化也导致贵族崇拜。法国历史遗留的贵族约有3 600个家庭,不超过40万人,但竟然有15 000人通过编造姓名和家谱假冒贵族头衔。

(一) 贵族文化

贵族文化,通俗地讲,就是集中一部分资源,保证一小部分人成为

---

① 徐大同:《中国传统政治文化讲录》,江苏人民出版社2015年版,第25页。
② 同上书,第35页。
③ 蓝血(Blue Blood)是一种社会地位的象征,人们常用蓝血代表欧洲贵族和出身名门者。
④ 信力建:《私立教育,国之利器》,http://www.aisixiang.com/data/17522.html,访问日期:2015年4月17日。

社会的精英，培育他们良好的生活习惯和责任意识，为全社会做榜样，以此推动社会文化的发展。贵族文化有以下几个内涵：

1. 崇高理性的精神追求

这一点集中体现在马可·奥勒留写的《沉思录》中，其要点有：我们每天都要准备遇到各种各样不好的人，但由于他们是我们的同类，我们都要善待他们；不要以恶报恶，而要忍耐和宽容，人天生就要忍受一切，这就是义务，我们只要能完成自己的义务就够了；不干涉他人事务和不轻信流言诽谤；不要去注意别人心里在想什么，一个人就很少会被看成是不幸福的；让理性统率自己，一个人不应当听从所有人的意见，而只是听从那些明白地按照本性生活的人的意见，最长久的名声也是短暂的；使你的智慧仅仅用于正直的行动；理性的动物是互相依存的，忍受亦是正义的一部分。

2. 高度的责任感

贵族处于一种特殊的地位，加上文化的熏陶，生成一种对国家和国民尽责的情感，这其中自然也包括要维持优厚的生活。德国的贵族从小就被灌输"德国高于一切"的思想。国家崇拜成为贵族文化的重要组成部分。

3. 精英式的培养方式

这种贵族教育把广大人民排斥在受教育的范围之外，但这种教育也有两个优点：一是在国家经济落后、实力有限的条件下，可以集中力量，培养出一批优秀的科学人才。18世纪下半叶，俄国平均每年给一所贵族学校的经费达10万卢布，而给一个省的养老院的经费只有1万卢布。19世纪初，沙皇推行贵族教育制度，禁止农奴的孩子进入中学和大学。但从这时起，俄国的科学突飞猛进，一批杰出的科学家、艺术家脱颖而出，普希金、果戈理等都是贵族学校培养出来的。二是可以保持科学精神的延续和推动科学的发展。

4. 独特的生活方式

西方国家普遍有贵族活动的各式各样的俱乐部：教授俱乐部、企业家俱乐部等。贵族文化最主要的优势就是传播文明,使社会更加理性,使人人都向贵族看齐,把人人都变成贵族。

贵族文化的核心就是贵族精神。有学者认为贵族精神的内核主要有:(1)自尊精神,将荣誉看得至高无上;(2)原则精神,即遵守游戏规则;(3)低调,认识到自身存在局限性;(4)淡泊名利,不在世俗世界里争夺名利。一些学者还认为,"五四"时期提出"推倒贵族文学,建立平民文学"的口号是有问题的。中国应保留贵族精神,打倒的应是流氓精神。实际上,拿西方的标准套用到中国是不对的,中国历史上是否形成了类似于西方的"贵族精神",是大可研究的。①

西方国家这种贵族文化有其重要的作用:(1)有利于文化的延续。贵族式的教育和贵族式的研究体制,使国家集中力量保证科学家的工作顺利进行,以减少社会对科学和教育的冲击,阻止教育和学术过度追求功名利禄。(2)有利于调节社会内部关系,为社会做出榜样。到西方剧院看戏,包厢和前几排座位都是给贵族,再往后是次贵族,最后面的是平民,贵族的气质、打扮、举止、言谈为社会做出表率。(3)有利于培养大科学家和大思想家。贵族文化的重要组成部分是闲暇文化。这种闲暇文化同工作世界是对立的,为哲学、宗教的发展提供了广阔的空间。对哲学、宗教的思考,是大科学家、大思想家成长的基本条件,因为衣食足后才会考虑"终极关怀"。

(二) 平民文化

中国是平民的社会,少有贵族的传统。平民社会形成的原因很复杂,但以下几点是很明确的:第一,商鞅变法的影响。商鞅变法的重要特征就是变贵族为地主。"无军功的宗室(贵族领主),一概废除他们的名位,按军功从新规定尊卑爵秩等级,各依等级占有田宅臣妾(奴隶)。这是变法中最重要的一个措施,许多无军功的贵族领主因此失

---

① 刘再复:《共鉴"五四"》,三联书店(香港)有限公司2009年版,第21页。

去了特权,变为民户中的富户。"①即使有军功的宗室,也受到严格的限制,失去了很多特权,"领主制度的秦国从此变为地主制度的秦国"②。第二,主要来自继承制。商鞅变法明确规定:"户主如有两个儿子,儿子到一定的年龄,必须分家各自独立谋生,否则加倍出赋税。"③在以后的历史发展过程中,中国没有长子继承制,而是平均分配财产。这样就不可能出现贵族社会需要的财富集中的局面,加上长期的贫困,培养不起来贵族式的生活方式。第三,也与中国早期王朝的特点有关。秦朝统一了中国,但时间比较短,西汉的影响相对大一些,西汉的开国皇帝刘邦就是平民出身,很多政策都体现了平民化的特征。基于上述原因,在中国特定社会和生活方式之基础上生成的中国传统文化,主要是儒家文化:一是强调"民本"。民本思想更主要的是"民享",这种"民享"是基于官员道义上的"尽责"的责任意识,而不是像西方靠制度的约束。二是均贫富。董仲舒说:"大富则骄,大贫则忧,……使富足者足以示贵而不至于骄,贫者足以养生而不至于忧,以此为度而调均之,是以财不匮而上下相安,故易治也。"④以上两点也可以看成是平民文化的重要内容。此外,平民文化强调守法意识、尊敬长者、互相帮助等等。

平民文化最本质的特征就是"民本"思想基础上的关注百姓,而且强调官员也是百姓的一员。提倡做官的要同百姓打成一片,为百姓做实事。正如老子所概括的"以百姓心为心"⑤。中国共产党正是继承了中国平民文化的精华,在马克思主义的指导下,形成了"全心全意为人民服务"的宗旨。平民文化的另一个优点在于关注民生,即关心人民大众的疾苦,认为人民大众的安居乐业是官员的基本职责。这种关

① 范文澜:《中国通史》第 1 册,人民出版社 1994 年版,第 190 页。
② 同上书,第 191 页。
③ 同上书,第 189 页。
④ 董仲舒:《春秋繁露》,中华书局 1975 年版,第 281—282 页。
⑤ 叶自成编译:《老子》,上海财经大学出版社 2017 年版,第 75 页。

注民生的文化的一个重要方面,是通过均贫富以达到社会和谐。中国传统文化长期延续,与平民文化有着直接的关系。

但这种平民文化有其明显的局限性,主要表现在以下几个方面:

(1) 平民文化本质上是"功利"的。民众要为温饱而到处奔波,缺少对世界深层次的理性思考,大思想家便无法产生。毛泽东在延安时曾问胡乔木:中国革命这么丰富,为什么产生不了大思想家?诚然,其中的原因很复杂,但缺少贵族文化无疑是重要的原因。

(2) 社会责任感不容易建立并保持。不可否认,社会责任感是建立在信仰和追求的基础上的,平民文化也可以走向社会责任感,但如何使社会责任感不断强化和发展,更需要理性思考和文化基础,在这一点上,贵族文化的优势是很明显的。我们经常说目前的社会很浮躁,有资料统计,专家的社会责任感也在滑坡。2008年第一季度,《人民论坛》杂志社组织的一项调查显示,89.18%的受调查者认为专家的社会责任感总体是在滑坡;89.8%的受调查者认为,近几年来专家学者已有相当一部分或整体上失去了社会责任感。

(3) 平民文化极容易走到"反文化"的地方去。平民文化是社会底层的文化,反映了社会底层的人的活动方式。这种文化有一种天然的仇视"文化"的心理。因为在他们看来,他们之所以受穷,还是"贵族文化"造成的。关键是不要让平民文化走向"反文化",而是要让广大的平民逐步成为"精神的贵族"。

这种区别说明了:首先,我们要有世俗的信仰。这个信仰一定要有理想,如果没有理想就不能称其为信仰了。但同时要有实用的价值,既要满足人们的精神需要,也要满足人们的物质需要。其次,这个信仰一定要反映最广大人民群众的利益,特别是广大平民的利益。

三、中国人信仰的心理结构与世俗信仰的内容

如果我们从中国人传统的信仰结构中,可以推导出中国的世俗

信仰应该具备哪些要素,那么基于中国的特定文化,中国人传统的信仰结构是什么样的呢?换言之,中国人内心深处到底信什么?搞清楚这个问题对于深刻理解我们今天的政治信仰有着重要的现实意义。

(一)中国人信仰的心理结构十分复杂

首先,这种信仰的心理结构具有明显的实用性特点。在原始社会和奴隶社会时期,中国社会崇拜的状况同西方社会是没有本质差别的,"人类所崇拜的灵界,其实是虚无缥缈的,都是人所想象造作出来的。所谓灵界,其实还是人间世界的反映"①。当时部族的神,只是保护一个部族的,甚至可能同其他部族崇拜的对象发生矛盾。"到封建时代,各个神灵之间,就要有一个联系。既要相互联系,其间自然要生出一个尊卑等级来。在此时代,宗教家所要做的工作就是:(一)把神分类。(二)确定每一类之中,及各类之间尊卑等级的关系。我们在古书上看得见的,便是《周官》大宗伯所分的(一)天神,(二)地祇,(三)人鬼,(四)物魅四类。四类相互之间,自然天神最尊,地祇次之,人鬼次之,物魅最下。""人鬼:最重要的,是自己的祖宗。其余一切有功劳、有德行的人,也都包括在内。"②但是自孔子以后,中国人的信仰越来越世俗化,普遍性宗教离一般人渐渐远了,"人,总是讲究实际的。所敬畏的,只会是和自己切近而有关系的神"③。由于中国是典型的农业社会,要靠土地和天气吃饭,农业崇拜便发展起来。自己的土地是祖先传下来的,便有了祖先崇拜。此外,"中国古代,最隆重的是社祭。而这所谓社,则只是一地方的土神"④。其次,这种信仰的心理结构又具有明显的地域特点。由于中国幅员辽阔,各个地方的差异性又很明

---

① 吕思勉:《中国通史》,当代世界出版社2009年版,第239页。
② 同上书,第240页。
③ 同上书,第241页。
④ 同上。

显,其信仰的心理结构的差别也是很大的,这从中国人崇拜的神系就能鲜明地反映出来:山西一带信奉关公,福建沿海信奉妈祖①,几乎每个少数民族都有自己崇拜的神。最后还要说明的是,不同层次的人的信仰心理结构的差异很大,我们只能从主流文化的角度来分析。上述分析的,更多的是形式上的。从内容上分析,这个问题可以从中国文化的经典文本、著名人物的传世家训、古典文学作品及乡村文学三个方面入手。

(二) 中国文化的经典文本

首先,就是"天命"。对"天命"进行系统阐释的是孔子,但"天命"思想是有争议的。有人认为,孔子的"命"或"天命",是指以上帝为核心的诸神的旨意。也有人认为是自然规律、社会规律或必然性的代称。② 实际上,孔子是不信天命的人,他强调的是"知命"。孔子说,"不知命,无以为君子也"③,"五十而知天命"④。很显然,这个"天命"包括影响人的行为的外部力量,也包括人自身的努力。一句话,孔子是特别强调人的后天努力的,孔子的"天命"包含相信人自身的努力。但王阳明的解释是非常明确的,"天即良知也"⑤,"为学之要,只在着实操存,密切体认,自己身上理会"⑥,很显然,天就是人的内心世界、人的后天努力。

其次,就是"民本"。早在儒家经典《尚书》中就已经有民本思想。《尚书·五子之歌》说:"民可近,不可下,民惟邦本,本固邦宁。"⑦鲁大

---

① 刘大可:《传统与变迁:福建民众的信仰世界》,社会科学文献出版社 2011 年版,第 129 页。
② 江荣海:《中国政治思想史九讲》,北京大学出版社 2010 年版,第 10 页。
③ 《论语·尧曰》。《论语》,中华书局 2006 年版,第 308 页。
④ 《论语·为政》。同上书,第 13 页。
⑤ 王阳明:《传习录》,岳麓书社 2004 年版,第 371 页。
⑥ 同上书,第 367 页。
⑦ 江荣海:《中国政治思想史九讲》,北京大学出版社 2010 年版,第 51 页。

夫引《尚书·大誓》说:"民之所欲,天必从之。"①孟子发展了民本思想,提出了"民贵君轻"的理论,孟子说:"民为贵,社稷次之,君为轻。"②荀子也提倡民本思想,他要求统治者实行爱民、利民的政策。③从信仰的角度来说,"民本"思想很大程度上是指要以老百姓的意愿和要求为出发点。

最后,是"心说"。孔子和孟子都对"心说"有过精彩的论述。孔子说:"兴灭国,继绝世,举逸民,天下之民归心焉。"④孟子说得就更明确:"先王有不忍人之心,斯有不忍人之政矣。以不忍人之心,行不忍人之政,治天下可运之掌上。""由是观之,无恻隐之心,非人也;无羞恶之心,非人也;无辞让之心,非人也;无是非之心,非人也。恻隐之心,仁之端也;羞恶之心,义之端也;辞让之心,礼之端也;是非之心,智之端也。"⑤到了宋明时期,宋明理学进一步发展了心说,陆九渊认为:"仁,即此心也,此理也。""宇宙便是吾心,吾心即是宇宙。"⑥所以,"中国文化则是没有'超越界'的,而天理也只不过是心,因此,中国人的良心也必然导向世俗关系"⑦。这样,通过内心的修养,可以达到理的境界。

从经典文本来分析,对"天命""民本""心说"的崇拜,构成了中国人的信仰结构。中国人经常说的"命里注定""你对得起老百姓吗?""你有良心吗?",这些通俗的语言就是对这种信仰结构的朴素描述。在这个结构中,"天命"是基础,包括自然的条件和后天的努力;"民本"是中间环节,反映着价值取向;而"心说"是最高境界,是自我内心的修炼。这种结构是以自然和自我的二元区分为起点,走向世俗和自我的一个过程。这种传统心理结构告诉我们,我们的信仰,一定要反

---

① 杨伯峻编著:《春秋左传注(修订本)》,中华书局1990年版,第1184页。
② 《孟子·尽心下》。《孟子》,中华书局2006年版,第324页。
③ 《荀子·王制》。《荀子》,中华书局2007年版,第71—107页。
④ 《论语·尧曰》。《论语》,中华书局2006年版,第304页。
⑤ 《孟子·公孙丑上》。《孟子》,中华书局2006年版,第69页。
⑥ 江荣海:《中国政治思想史九讲》,北京大学出版社2010年版,第242页。
⑦ [美]孙隆基:《中国文化的深层结构》,广西师范大学出版社2004年版,第169页。

映老百姓的利益,一定要有深刻的自我反省,一定要有严格的自律机制。

(三) 著名人物的传世家训

再看传世家训。《颜氏家训》在中国古代家训作品中有着开拓性的意义,《古今事物考》称赞它"古今家训,以此为祖"。《颜氏家训》说:"君子当守道崇德,蓄价待时,爵禄不登,信由天命。"①这里说的"信"有两个内容:一是道义;二是天命。君子应当坚守道义,至于才能和声誉、爵位和俸禄,都由天来决定吧,不要刻意去追求。李世民写给继位者的《帝范》,也是家训的典范,通篇讲述四个主题:一是倾听百姓的呼声。"言之而是,虽在仆隶刍荛,犹不可弃;言之而非,虽在王侯卿相,未必可容。"二是正心。"砥躬励行,莫尚于忠言;败德败正,莫逾于谗佞。"三是养德。"夫君者,俭以养性,静以修身。"四是节俭。"夫圣代之君,存乎节俭。富贵广大,守之以约。"②

司马光的《家范》通篇贯穿"正道":"教之以义方,弗纳于邪。"③陆九韶的《居家正本制用篇》说:"今行孝悌,本仁义,则为贤为知。贤知之人,众所尊仰。"④仁义是处世的根本,这里的仁义,讲的是"箪瓢为奉,陋巷为居",即是追求节俭和智慧。朱熹的《朱子家训》,更加强调个人的修养,其核心内容就是"君仁臣忠,父慈子孝,兄友弟恭,夫和妇柔"。其家训中有名言"勿以善小而不为,勿以恶小而为之",善恶的标准就是"自省"。袁采的《世范》强调"理"的重要性,认为,"凡人行己,公平正直"⑤。杨继盛的《谕应尾应箕两儿》,是他在狱中所著遗嘱,也通篇强调理的重要:"心里若存天理,存公道,行出来,便都是好

---

① 田田、成蹊编译:《传世家训》,党建读物出版社 2016 年版,第 13 页。
② 同上书,第 28—31 页。
③ 同上书,第 37 页。
④ 同上书,第 49 页。
⑤ 同上书,第 83 页。

事,便是君子这边的人。"①"方行一事则思之,以为此事合天理不合天理。若是合天理,便行。若是不合天理,便止而勿行。"②那这个天理是什么呢?可以说是向善之心、自我约束、诚实待人、勤俭持家等等。康熙皇帝的《庭训格言》强调以下几个方面:一是读书的重要,读书"由一日之近,可以尽千古之远"。二是细微之处的重要,"人心一念之微,不在天理,便在人欲"。三是慎独,"《大学》《中庸》俱以慎独为训,则为圣贤第一要节"。四是"民生本务在勤,勤则不匮"。③ 五是养心,"凡人平日必当涵养此心","人之一生虽云命定,然而命由心造,福自己求"④。康熙所说的命,也是要求"知命",这一点同孔子是一致的。六是善道,"凡人最要者,惟力行善道"。这个"善道"就是"能尽五伦而一心笃于行善,则天必眷佑,报之以祥"⑤。曾国藩的《曾文正公家训》是"家训"中的精品,其核心内容在于:"凡富贵功名,皆有命定,半由人力,半由天事。惟学作圣贤,全由自己作主,不与天命相干涉。"⑥曾国藩崇拜天命,但更看重个人的努力,可见从孔子到曾国藩,知天命的思路是一脉相承的。

实际上,中国的传统家训也没有跳出"天命""民本""心说"的范畴,只不过将这些内容发展成了"天理"说,中国传统家训提出了"道义""正道""天理"等很多概念,强调人们要遵循"天理",这个"天理"是世俗的,人们通过努力可以顺应它,这些努力包括读书、慎独、勤俭、行善、养心等。

(四)古典文学作品及乡村文学

再看中国古典小说。《水浒传》里梁山好汉的口号就是"替天行

---

① 田田、成蹊编译:《传世家训》,党建读物出版社2016年版,第91页。
② 同上书,第93页。
③ 同上书,第135页。
④ 同上书,第140页。
⑤ 同上书,第141页。
⑥ 同上书,第306页。

道",问题的关键是"天"的含义。中国文化中的"天道"也可以理解为"皇道",皇帝是上天派下来实行统治的"天子"。但梁山好汉却不这么认为,"梁山泊虽然标榜'替天行道',但是他们的行为又常与天道背驰"①,因为他们对皇帝也不买账。也有人理解"天道"就是百姓,但梁山好汉在江州劫法场的时候,"不问军官百姓,杀得尸横遍地,血流成渠"②。从梁山好汉上梁山的因由,还有李逵多次劝宋江造反的话语里可以看出,梁山好汉的"天道"就是公平,他们对皇权官僚统治不满,他们追求的是大碗喝酒、大块吃肉、有福同享、有难同当的平均主义社会,是义字当头的社会。可是这样的社会是无法实现的。

《西游记》也涉及信仰问题。孙悟空大闹天宫,太白金星采取姑息政策,将孙悟空"宣来上界",可是孙悟空嫌官小,反下天宫,自称齐天大圣。"玉帝对孙行者极尽待客之能事,是谓姑息极矣。而皆不能买其欢心,反而引起孙行者的蔑视,卒至大乱天宫。"③后来还是玉帝请如来救驾,依靠佛法,迫使孙行者归附佛门,走上西天取经之路。这个过程中有一个非常重要的现象:"玉帝为道教的元首,如来乃佛教的领袖。孙行者大乱天宫,文武仙卿莫能抵御。玉帝急请佛老救驾,如来略施法力,孙行者就压在五行山石匣之中(第七回)。道教产生于中国,佛教发祥于天竺,外国宗教比中国宗教法力更见伟大,这种观念如何发生呢?"④从宗教的起源来看,人们在无法认识某种现象时,便产生一种神秘的心理,这种心理便是宗教产生的重要原因。中国人无法回避这种神秘的心理,但由于世俗的文化太发达,而本土的宗教,例如道教,同人们日常生活联系太密切,道教的很多重要人物的生活同凡人的也没有太大差别,神秘感就消失了。正是在这种背景下,佛教传入了中国。当时人们生活中有很多疾苦,皇帝和官吏都不能拯救

---

① 萨孟武:《水浒传与中国社会》,北京出版社 2005 年版,第 24 页。
② 参见施耐庵、罗贯中:《水浒全传》上册,上海人民出版社 1975 年版,第 501 页。
③ 萨孟武:《西游记与中国古代政治》,广西师范大学出版社 2005 年版,第 43 页。
④ 同上书,第 51 页。

他们,他们对道教等本土宗教又太熟悉,佛教正是在这种社会心理之中流行起来。这种现象就告诉我们:一是人们需要信仰;二是这种信仰一定有某种神秘感,换言之,要在人们的日常生活之上,给人们指出前进的方向;三是这种信仰一定要公平,这种公平也是平民想象中的公平。

《红楼梦》中的大家庭是典型的多神教的世界。宝玉、惜春、紫鹃等均出家归附佛门,贾母经常供奉"大光明普照菩萨"。贾敬想做神仙,在元喜观内每日炼丹,这大概属于道教的范围。贾府小孩出痘疹,则供奉痘疹娘娘。① 每年交芒种节时,又设摆各色礼物祭祀花神。② 这些侧面反映出中国实用宗教的发达:实用宗教同世俗的信仰极其接近,也是中国走向世俗信仰的重要契机。

还有《三国演义》。《三国演义》的主旨就是政治上向往"仁政"。"自从孟子精心设计出一套民为邦本、仁政主道的社会政治蓝图之后,中国历代的知识分子一直为之奋斗不息,也为广大的百姓向往不已。"③该书将刘备设计成"仁君"的典范,所到之处"与民秋毫无犯","百姓丰足"。要实现这种以民为本的"仁政",就要有相应的价值观,该书从桃园三结义开始,通篇灌输的价值观就是"义",关羽成为"忠义"的典型代表。"义"的基本含义就是对人要讲究诚信,为朋友可以"两肋插刀",不能同年同月同日生,但愿同年同月同日死。该书对刘备的诚、诸葛亮的忠、关羽的义、张飞的正、曹操的奸都有深刻的描写。在市场经济相对不发达的中国古代社会,这种理念或许能够做到;但随着市场经济的发展,利益的诱惑力越来越大,冲垮了这种传统的"忠义"观。但是必须承认,这种"忠义"观对中国人信仰的影响是相当大的。

至于"三言二拍"(其中"三言"是冯梦龙编撰的《喻世明言》《警世

---

① 《红楼梦》第二十一回。
② 《红楼梦》第二十七回。
③ 袁行霈主编:《中国文学史》第 4 卷,高等教育出版社 1999 年版,第 27 页。

通言》《醒世恒言》的总称,"二拍"是凌濛初编著的《初刻拍案惊奇》《二刻拍案惊奇》的总称),描写了明末随着商业和手工业的发展,市井社会的人情复杂。作品通过对爱情及婚姻自主和"清官"的描绘,大声呼唤社会平等,也揭露了官场的腐败和社会黑暗,既有对忠孝节义、因果报应的肯定,也有劝善惩恶的暗示。作品展现了人欲和理性的回归,其信仰的内容是多元的,但更多的是对人的价值的崇拜。清初蒲松龄创作《聊斋志异》,通过对阴间和狐鬼世界的建构,抒发情怀,寄托忧愤。他对"冥间及鬼怪的描写,没有屈从渗透进民间信仰的本有的观念和国家模式,而是随意涂抹"①。"人鬼遇合是子虚乌有,而吐诉的却是真实的血泪,幽婚式的故事里装入的是现实政治的主题。"②而对狐鬼花妖精怪形象的刻画,也是用来观照人生的,以弥补现实的缺憾,以呈现作者心中的理想社会。《儒林外史》是清代另一部影响较大的文学作品,作者吴敬梓通过对科举制度的批判,描写了一批真儒名贤,"体现了作者改造社会的理想。作者理想的人物是既有传统儒家道德的遵守,又有六朝名士风度的文化,追求道德和才华互补兼济的人生境界"③。总之,是以"经世致用"的学问取代僵化无用的科举时文,达到崇拜完善的人格。

此外,中国的乡村文学也能反映老百姓的心理崇拜。乡土文学《豆棚闲话》第十一则记载了明末农民起义时流行于乡下的一首《边调曲儿》,表达了农民的慷慨呼唤:"老天爷,你年纪大,耳又聋来眼又花。你看不见人,听不见话,杀人放火的享着荣华,吃素看经的活活饿杀。老天爷,你不会做天,你塌了吧,你不会做天,你塌了吧。"④

显然,从中国文学作品来分析,中国人的信仰同样没有超出"天命""民本""心说"的范畴,只不过更强调这种信仰是世俗的,也是多

---

① 袁行霈主编:《中国文学史》第4卷,高等教育出版社1999年版,第318页。
② 同上。
③ 同上书,第345页。
④ 同上书,第94页。

元的。从具体的内容来分析,"仁政""忠义""天道"是信仰的重要内容,但这些内容背后有更深层次的东西,就是公平。诚然,这个公平具体是什么,可能他们也说不清楚,但是当他们以自己的经验来判断而认为这个社会不公平的时候,就是老天爷他们也不相信,也要起来造反。

到了近现代,这种"天命""民本""心说"的心理崇拜结构一直延续下来。1927年冬毛泽东在井冈山搞调查研究,当他问贫苦农民:"你们长年累月忙个不停,到头来还是两手空空,没吃没喝,而地主老财终日不劳动,却朝鱼晚肉,穿红着绿呢。"贫苦农民的回答几乎是一致的:都怪自己命苦哩。[①]

在这里,还要分析一下中国文化发展过程中的另一表现形式——关公文化。关公文化是指"以历史人物关羽为原型,以忠、义、仁、勇等伦理观念为核心,以民俗、宗教、艺术、制度等形式为表现的传统文化体系,其本质是一种影响深远的英雄主义文化"[②]。之所以要分析关公文化,是因为其影响是非常大的,"在历史上很长时间里,文圣孔子和武圣关公往往被人们并称"。"文圣是理论的化身,武圣是行动的榜样;文圣是伦理道德的倡言者,武圣是伦理道德的践履者。一文一武,一静一动,恰好互相参证。"[③]关公文化的核心精神:一是忠,无二之忠;二是义,不可背之;三是仁,善待百姓,《三国志》载"羽善待卒伍而骄于士大夫";四是勇,不怕死。关公文化强调精神作用的同时,更加注重社会实践、内心修炼、忠勇统一,关注平民百姓和兵士,同样体现了"天命""民本""心说"的基本精神。

基于上述分析,信仰要以文化为基础。中国传统文化的实用和平民的倾向,决定了中国人的世俗信仰一定要关注广大百姓的实际生活。中国广大百姓的信仰心理结构更加将这个实际生活具体化,"天

[①] 徐向前、粟裕等:《星火燎原》第11集,解放军出版社2009年版,第147页。
[②] 王志远、康宇:《关公文化学》,中国社会科学出版社2015年版,第14页。
[③] 同上书,第15页。

命""民本""心说"就是具体化的表现。更进一步分析,老百姓心目当中的"天命"等的具体内容,就是一定要公平,这个公平包括诚信、向善、勤俭、尽孝、有序等。这种公平的社会通过每个人的自律、慎独和养心是可以实现的。

上述内容就是中国人信仰的基因。后来马克思主义传入中国,中国先进的知识分子以马克思主义为指导,将上述基因加以改造,提升为中国人民政治信仰的重要组成部分。

第六章　政治信仰与 20 世纪中国政治发展

中国人民是带着历史的耻辱进入 20 世纪的。1900 年义和团运动期间,"八国联军"打进北京,清朝政府闻风而逃。西方列强的侵略最终以中国签订丧权辱国的《辛丑条约》为暂时的结局,清王朝勉强维持住了统治。从此以后,中国处于内忧外患、风雨飘摇之中。中国的先进知识分子,开始深切地感受到中国的危机,开启了全面探索中国的发展方向、树立中国人民新的政治信仰的过程。进入 20 世纪之后,中国经历了五次大的转折,这实际上是政治信仰的选择过程。也正是经历了这五次大抉择,中国人民对社会主义和共产主义的信仰更加明确和坚定。

一、西方政治发展模式的尝试与受挫

第一次选择就是清末新政和辛亥革命,这实际上是将西方的发展道路作为中国的政治信仰。20 世纪前后,西方各种社会思潮大量输入中国,中国先进的知识分子看到了西方的强大,很自然地将西方的政治发展模式作为追求的目标。其间尽管孙中山对西方的模式进行了必要的改造,比如提出了"平均地权""节制资本""五权宪法"等思想和口号,但总的来说没有跳出西方的政治发展模式的框架。由于众多复杂的原因,孙中山的政治发展目标屡次受挫,因此孙中山明确提出了"以俄为师"的口号。西方的政治发展道路走不通,有众多的原因,但其中最根本的是中国不具备走资本主义道路的社会基础。具体是指:没有一个强大的资产阶级;不具备资本主义早期原始积累的社会环境;中国传统文化同西方文化格格不入;等等。辛亥革命以后的复辟回潮,一直到蒋介石取得统治地位,中国几乎没有间断过内战和遭受侵略,一直饱受政治动荡之苦,这个过程就是最好的证明。

近代以来中国人对西方政治发展模式的认识,依赖一种公式化的视角,即形式与效能的视角。中国人在审视西方政治制度时,往往不自觉地忽视了西方政治制度的社会基础,仅仅从西方政治制度的政治作用与效能来理解这种制度的积极意义。从清末立宪派主张通过立宪来达到"上下一心""集思广益""先设议院以固民心",到民国初年有人主张通过建立亚洲第一个民主政体来富国强兵,均体现了这种思路。我们可以把这种思维方式称为"制度决定论"。更具体地说,其论式为,由于制度 A(民主政治)产生效能 B(国家富强与政治凝聚力),为了求得效能 B,就要实行制度 A。然而,正如前面所分析的,在西方,这种 A 与 B 之间的因果关系得以成立,有一系列社会性的支持条件作为基础,如市场经济下的社会分化、市民社会、不同的利益集团基础上的政党、法制游戏规则下的竞争、公民的契约与妥协心理等,这些才是支撑民主政治有效运行的重要因素。而中国恰恰缺乏这些因素。因此,这种政治制度并不能产生人们所希望得到的效能。相反,正如人们所看到的,自民国初年以来,旧的专制游戏规则被人为取缔,新的民主游戏规则又无法有效运作,这种"旧者已亡,新者未立"的政治失范现象的出现也就势成必然。

诚然,一些有识之士也看到了中国民主政治缺乏社会基础,力求培育这种社会基础。1927 年 4 月蒋介石南京国民政府成立后,胡适等人组织了"人权派",宣传资产阶级民主政治;抗战时期资产阶级民主人士多次发起宪政运动;抗战胜利之后一些民主党派要求在中国建立资产阶级的共和国。这些民主人士也有一个重要的观点,认为社会基础是逐步建立起来的,人们只有经过民主政治的实践和训练,才能逐步提高自身的素质,民主政治的社会基础才能不断建立和巩固。实际上这只是一厢情愿。因为中国共产党领导的新民主主义革命已经全面展开,广大的人民群众投身到这个革命的洪流中,而大地主、大资产阶级利用手中掌握的资源全力围剿革命运动,双方对垒泾渭分明,将建立资产阶级民主政治的主张淹没在斗争之中。正如毛泽东所指出的:外国的旧式的资产阶级的民主政治"我们万万不能要",我们需要的是新民主主义宪政,"就是几个革命阶级联合起来对于汉奸反动派的专政"①。在这种大的背景之下,这种培养资产阶级民主政治的社会基础的运动是不会有多大的影响和效果的。

西方政治发展的模式在中国行不通,并不否定西方政治发展过程中形成的政治文明对我们来说有借鉴意义。西方政治文明中的法治思想和平等意识具有普遍的借鉴意义,而西方的议会政治和政党政治只具有局部的借鉴意义,西方政治制度中的委员会制和选举制度具有技术上的借鉴意义。对西方政治发展过程中形成的政治文明,我们应该认真对待。当然,有两种倾向都是应该防止的:一是抛弃自己原有政治体系的精华,全盘移植西方的政治制度;二是故步自封,拒绝接受西方政治文明的优秀成果。当我们今天回首西方政治文明发展过程的时候,有一点是要认真思考的,那就是他们对自己的政治制度和经济制度,包括政治体系和经济关系不断进行调整。马克思、恩格斯在《共产党宣言》中批判的资本主义诸多弊端,包括雇用童工、通过延长工作时间获取剩余价值等,都在发展中得到了解决。起码在 20 世纪以后,资本主义经历了两次大规模的调

---

① 《毛泽东选集》第 2 卷,人民出版社 1991 年版,第 733 页。

整。第一次是在生产领域,1929—1933年的经济危机之后,"自由市场经济的作用受到普遍的质疑,因为世界经济危机表明了自由市场经济的局限性,从此西方国家对经济的干预便有了合理性。第二次世界大战结束以后,西欧国家的议会先后用法律的形式使得政府的经济干预具有合法性"①。第二次是在分配领域,2008年的全球金融危机之后,欧洲发达国家"扩大有利于低收入家庭的福利保障,在教育、医疗卫生、就业、老年福利方面进行改革,以缩小社会的收入差距"②。反而是一些社会主义国家在发展过程中,先是拒绝接受西方的优秀成果,对自己政治体系的弊端拒不改革,如苏联;后来又全面照搬和移植西方的政治制度,如在苏联解体之后,原东欧国家几乎都采用了西方的政治制度。这些都是不可取的。中国是一个人口众多、历史悠久的大国,政治制度的选择是一个谨慎又谨慎的过程,确立正确的思想方法是最重要的。借鉴人类文明的一切优秀成果,坚定地走中国特色社会主义道路,这就是正确的选择。

时至今日,西方的政治文明仍然显示出强大的生命力。中国不能走西方的发展道路,不能简单地认为"社会主义制度比资本主义制度更先进,这不是完满的科学的答复",要重点论证的是中国的历史和国情决定了中国不具备走资本主义道路的条件,这才是问题的关键。由此出发,对于资本主义发展过程中表现出来的合理的重要原则,我们应该认真谨慎借鉴。这些原则有:发扬民主的原则;依法治国的原则;不断纠错的原则;合理让步的原则;谨慎从政的原则。如果我们在坚持社会主义的基础之上,认真借鉴这些原则,我们的政治信仰一定会更具有生命力。

---

① 厉以宁:《厉以宁论文选(2008—2010)》,中国大百科全书出版社2011年版,第132页。

② 同上书,第134页。

二、封建买办集权主义政治发展模式的恶果

第二次选择就是 1927 年的国共分裂,蒋介石集团占据了统治地位,大革命遭受严重的挫折,中国的社会主义发展方向受到了普遍的怀疑。关于蒋介石的阶级属性,共产国际开始认为蒋介石是民族资产阶级的代表,中国共产党的右倾代表人物也认为蒋介石的胜利是中国资产阶级的胜利,中国要发展一段资本主义然后再进行社会主义革命。[①] 蒋介石当时也确实采取了一些积极的政策,比如废除不平等条约、裁撤厘金、颁布新的土地法、鼓励工商业等。但为什么各地的反抗运动风起云涌?问题出在哪里?表面上看,蒋介石为了打击其他军阀和共产党的革命,需要大量经费,因此依靠江浙财团,忽略了农民,对基层的统治也严重失控。而实际上,从蒋介石的本质来看,他还是想维持现状。在当时,维持现状就是要维持封建阶级和买办阶级的统治。这种维持现有统治的局面不可能长久,只不过由于抗日战争的全面爆发,蒋介石的这种统治又延续了十多年时间。诚然,蒋介石败退台湾以后,在台湾采取了一些积极的政策。有人以此推论,如果蒋介石在大陆继续统治下去,也会将大陆建设好。果真是这样吗?

随着对外开放政策的实施,有关台湾状况的信息被大量输入。基于台湾经济近些年的不断发展,一些人,特别是一些青年学生,对台湾当局采取的某些基本政策赞誉有加,而对中国共产党领导中国人民走过的光辉道路和实施过的基本政策表示怀疑。其中有人对台湾在 20 世纪 50 年代初期实行的土地改革政策推崇备至,并据此否定中国共产党在民主革命时期的土地政策,认为能真正促进农村生产力发展的是台湾的土改政策。实际上,如果我们对台湾的土地改革做深入的分析,阐述大陆和台湾面临的不同客观条件,这个问

---

① 中共中央党史研究室第一研究部编:《共产国际、联共(布)与中国革命文献资料选辑(6)》,北京图书馆出版社 1998 年版,第 80 页。

题就很清楚了。

(一) 台湾土地改革的过程

台湾的土地改革(以下称"土改"),是在美蒋"中国农村复兴联合委员会"的组织与支持下,由各种官办的土地改革机构根据台湾当局通过的一系列法令来推行的,由当时的台湾省主席陈诚具体负责领导。这个"土改"从1949年开始到1953年基本结束,其间分为三个阶段进行。

1. 第一阶段:实行耕地"三七五"减租

在"土改"过程中,台湾当局亦感到,在实行了数千年的租佃制度的情况下,要实现"耕者有其田"这一目标,只能循序渐进,为此,他们把耕地"三七五"减租作为"走向耕者有其田"的第一步工作。所谓"三七五"减租,就是佃户按当地普遍的收获量,扣除肥料等耕作费用即25%,剩余的75%与地主平分,双方各得37.5%,所以叫"三七五"减租。

"三七五"减租从1949年1月开始准备,4月开始推行,至1951年6月告一段落。在减租的过程中,首先是制定办法和条例。1949年4月14日"台湾省私有耕地租用办法"公布,1951年6月又公布了"耕地三七五减租条例"。这些办法和条例的主要内容是:(1)减轻租额负担。佃农对地主缴纳地租,一律以不超过主要作物正产品全年收获量千分之三百七十五为准。(2)保障佃农权利。耕地租约一律规定以书面为之,租佃期不得少于六年。(3)兼顾地主利益。依照租约,佃农应按期缴纳地租。其次是成立了领导"三七五"减租的各级机构,省为推行"三七五"地租督导委员会,县为推行"三七五"地租委员会。再次是换订租约,这是推行"三七五"减租工作过程中最重要的一项。租约格式由政府统一拟定,内容详载业佃双方的权利义务。租约一式三份,业佃双方各执一份,余一份存各乡镇区公所备查。最后则是实施检查。

据台湾方面分析,减租政策实行后,佃农以前之租率为千分之五百至七百之间,既减为三七五之后,佃农收益增加,提高了耕作热情,1948年台湾糙米产量为 1 037 637 吨,而 1952 年则达 1 517 860 吨,增产 47%。1949 年至 1952 年四年间,佃农的收益增加了 81%,生活有了改善,开始购买生产工具。① 同时,减租后,地主对土地的投资已不感兴趣,地价下跌也就成为必然的趋势。减租前,台湾水田的平均市场价格大约是主要作物稻米年产量的四倍。② 从 1948 年到 1949 年末,水田价格平均下跌 19.4%,旱田下跌 42.3%。③ 这样,佃农购地者激增,为以后以比较合理的价格给付地主地价补偿创造了条件,也为实行"耕者有其田"做了必要的准备。

2. 第二阶段:实行公有耕地的放领

国民党逃到台湾后,接管了日占时期各级机构公有及日本人私有的耕地,这些统称"公有耕地"。台湾当局从 1951 年开始搞"公地放领",就是以贷款的方式把"公有耕地"卖给无地和少地的农民,以进一步缓和农村的土地紧张状况。1951 年 6 月,台湾当局公布了"台湾省放领公有耕地扶植自耕农实施办法",其中规定:(1)放领范围:原则以耕地为限;(2)放领对象:以原承租公地的现耕农为主;(3)放领地价:原则上不超过市价(地价数额为放领土地全年正产物收获总量两倍半),并采取分十年平均付还办法;(4)放领的标准:每户农民承领"公地"面积的标准是水田 5 分至"2 甲"(每甲合 0.969 917 公顷),或旱地"1 甲"至"4 甲";(5)放领的程序:政府准许合于规定资格的农民,依照规定手续,申请承领,在缴清地价后,即可取得对土地的所有权。从 1951 年至 1976 年的 25 年内,台湾当局共放领了 13.9 万公顷土地,约占公地的 76%,计有 28.6 万户农民承领了土地,每户平均

---

① 陈诚:《台湾土地改革纪要》,台湾中华书局 1961 年版,第 41 页。
② 〔美〕何保山:《台湾的经济发展:1860—1970 年》,上海市政协编译工作委员会译,上海译文出版社 1981 年版,第 188 页。
③ 陈诚:《台湾土地改革纪要》,台湾中华书局 1961 年版,第 42 页。

0.49公顷。① "公地放领"改变了农村中土地占有的悬殊状况,减少了以后实行耕者有其田的阻力。

3. 第三阶段:实行"耕者有其田"

这个阶段的第一步是编制法律性文件,其中主要的是 1953 年 1 月 26 日公布的"实施耕者有其田条例"。它的内容包括:第一,在不增加农民负担的前提下,使其取得土地;第二,兼顾地主利益,采取措施"补偿合理低价",以征收其土地,"准许地主保留合理面积耕地"(规定私有土地限于水田 3 公顷或旱田 6 公顷),以保障其生活;第三,转移地主土地资金投入工业。台湾当局认为地主取得政府补偿地价的奖金后,如任其流入社会,必将扰乱金融,造成严重的恶果。他们便通过政策限制,将此项土地资金转投于工业,这既解决了地主的出路,又有利于经济的发展。具体的做法是将台湾"公营"和省营的台湾水泥公司、台湾纸业和造纸公司、台湾工矿公司、台湾农村发展公司四大公司开放民营,而以各公司之股票抵偿地价,并先后将各公司移交私人接管经营。

第二步开始实行"耕者有其田"。具体过程是:首先,全面复查。这包括两方面的内容:一方面,办理地籍总户数,复查应取得耕地的户数有多少;另一方面,实地复查土地数量,确定每户应征收和放领的数量。其次,从 1953 年 5 月 1 日起开始办理耕地之征收与放领。依照"实施耕者有其田条例"的规定,地主所有的中等质量(7~12 级)水田或类似的土地超过 3 公顷的,由台湾当局强制收购和重新分配。土地的价款为年产量的两倍半。地价的补偿,采取 30% 以上面提到的四大公司的股票付给,70% 以实物土地债券偿付,实物土地债券有两种——稻米和白薯。稻米债券用来偿付水田,白薯债券用来偿付旱田。债券年息 4 厘,每半年还本付息一次,本利分 20 次十年之内还

---

① 陈诚:《台湾土地改革纪要》,台湾中华书局 1961 年版,第 50 页。

清。① 每个地主还获得四大公司应搭配的股票,从地主那里购来的土地,再按同一价格即年产量的两倍半售给佃农。而地价不一次征收,同样是地价加上年息4厘,分20次十年还清。

第三步是进行验收,编造征收清册及放领清册,全部工作均于1953年12月完成。在这一过程中,台湾全省共计征收放领耕地面积143 568甲(佃农直接向地主购买之耕地面积14 045甲不在内),承领耕地农户194 823户,总计大约有144 000公顷土地从地主手里转到农民手里。②

(二) 如何评价台湾的土地改革

台湾的土地改革是台湾当局从统治集团的利益出发,在保障地主阶级利益的前提下,用一系列改良主义的办法对封建的租佃关系和地主关系进行调整,促使封建地主资产阶级化,用资本主义剥削代替封建剥削。这个过程的前提是完全抹杀了两千年来封建地主阶级血腥掠夺农民土地的历史事实。它的理论基点就是承认地主对农民剥削的天然合理性,因此,这种资产阶级改良性质的和平土改,不可能彻底消灭封建的剥削制度。据统计,1953年通过"耕者有其田"而征收的地主耕地只占地主原有耕地的30%,尚保留70%,其中大量的是"三七五"减租地。以后,在台湾当局的支持下,地主又陆续把耕地直接卖给农民。从1949年至1977年底共卖出73 000公顷。到1980年,佃农还占农户的百分之八。③ 台湾的土地改革不包括草地、牧场、林地和渔场等,这些地方仍保留惊人的封建剥削。

但是更应看到的是,这样一次极不彻底的改良性质的"土改"在当

---

① 上述材料参见台湾"实施耕者有其田条例"和〔美〕何保山:《台湾的经济发展:1960—1970年》,上海市政协编译工作委员会译,上海译文出版社1981年版,第184页。

② 〔美〕何保山:《台湾的经济发展:1960—1970年》,上海市政协编译工作委员会译,上海译文出版社1981年版,第184页。

③ 赖明豪:《"国父"遗教与台湾土地改革》,台湾正中书局1988年版,第110页。

时的台湾还是起到了积极作用的,促进了台湾生产力的发展。从农业本身看,"土改"在农村引起了两个基本变化:(1)由于减租后增产的部分全部为佃农所有,所以一部分仍然租种地主土地的佃农生产热情有了极大的提高。(2)相当一部分佃农买到了土地而成为自耕农,使自耕农(台湾所谓"自耕农",情况极为复杂,它在很大程度上掩盖了农村的阶级关系)在农村中占据优势地位。据统计,台湾自耕农户数1948年为18.1万户,占总农户的26.3%,1953年"土改"基本结束后台湾自耕农、半自耕农、佃农的比例分别为55%、24%、21%。[1] 可以说,当时台湾绝大多数农民都变成了自耕农或者半自耕农。在这些自耕农中,除少数是占有3公顷以上耕地的"大农"之外,绝大部分是仅有耕地0.5公顷至3公顷的"中农",以及拥有0.5公顷以下的"小农"。这种以土地私有制为基础的分散经营的自耕农在农村中占据优势地位,是台湾"土改"后农村土地制度上的最大变化和最主要特点。自耕农大大增加,缓和了农村的阶级矛盾。1950年台湾土地改革之前,糙米的分配比例,地主占有总产量的16%,一般农民仅占57%,到土地改革之后的1953年,地主下降至5%,一般农民上升到65%。[2] 更重要的是,农民有了自己的土地,乐于在土地上进行投资,提高了广大农民发展生产的积极性。上述两个基本变化推动了农村生产力的发展。在实施"耕者有其田"的1952年,中等水平一甲水田的全年稻米生产量为5 530千克,至实施"耕者有其田"之后的1959年,此项水田之生产量增加至7 258千克。[3] 特别需要指出的是,台湾的土地改革大大缓解了当时的社会矛盾。到1953年底,"总共从10.6万户地主征购土地约13.9万公顷,约占地主原有耕地的30%,承领农户约19.5万户"。[4]

---

[1] 蔡石山:《台农民运动与土地改革(1924—1951)》,黄中宪译,台湾联经出版事业公司2017年版,第315页。

[2] 李承嘉:《台湾土地政策析论》,台湾五南图书出版股份有限公司2012年版,第57页。

[3] 陈诚:《台湾土地改革纪要》,台湾中华书局1961年版,第71页。

[4] 张邦钜:《台湾经济研究选集》,九州出版社2015年版,第54页。

同时约有 10 万户地主得到了"实物土地债券"的补偿和"四大民营公司"股票的补偿,成为"四公司的股东"。①农民和地主两个方面都比较满意。更重要的是,由于自耕农的增加,自耕农中剩余的劳动力开始流入城市,为资本主义生产提供了充足的后备军。同时,自耕农经过努力购置农业机械,采用资本主义的生产方式,很快形成新的集中;有些自耕农为城市工厂加工半成品,把自己的生产纳入资本主义体系中。所有这些对台湾的农业资本主义的发展起到催化作用。从农业对工业的影响看,台湾的"土改"也促进了工业的发展。农业产量增加为工业提供资金和原料,自然会促进工业的发展,这是显然易见的。除此之外,台湾农业对工业的影响在两个方面表现得比较突出。首先,台湾当局通过"土改"政策,促使地主获得地价资金转入工业,这增加了工业资本,有利于工业化的实现。在给地主的地价补偿中,有 30%是以当局企业的股票作价。这就迫使地主放弃封建剥削而转入资本主义剥削,使得地主摇身一变,成为新爆发的工商业大资本家。如台湾的四大封建土豪之一辜振甫,就是靠"土改"发财而成为台湾地方财团的实力派,辜振甫等大地主当时控制的台湾水泥公司现已发展成为垄断台湾水泥业的集团企业。其次,农业的发展稳固,扩大了与农业有直接联系的某些工业部门的产品市场。从 1952 年至 1980 年台湾农业所需的肥料由 69 万吨增至 136 万吨,使肥料的生产规模迅速扩大。1952 年台湾岛内肥料生产量仅为 19 万吨,1980 年达 120 万吨。②

台湾的土地改革之所以阻力较小,取得了一定的成效,其主要原因在于,它是资产阶级改良性质的运动,是通过变革阻碍生产力发展的落后生产关系来推动社会前进的,也就是以资本主义的生产关系代替封建主义的生产关系。这具有历史的进步意义,因而受到广大群众的欢迎和支持。此外,台湾当局在"土改"中制定的可行政策、积累的

---

① 张邦钜:《台湾经济研究选集》,九州出版社 2015 年版,第 54 页。
② 古运全:《台湾省农业经济发展概述》,《台湾研究集刊》1985 年第 2 期。

成功经验以及"土改"客观条件的成熟都是不可忽视的重要原因。

在"土改"中,台湾当局采取了一些切实可行的政策和措施,表现在:(1)"土改"前做了充分的准备,并采用逐步推进的方式,分"三七五减租""公地放领""耕者有其田"三个阶段,每一阶段都为下一个阶段做好充分准备,不至于引起社会动乱;(2)吸取历史上各种土地改革的经验教训,以实物和股票的形式补偿地价,制止了通货膨胀,减少了经济上的损失;(3)鼓励农业剩余资金向工业转移,促进工业的现代化。

台湾"土改"顺利进行的更重要原因还在于当时具备了土地改革的各种客观条件。

第一,国民党在台湾是"外来人",同当地的显贵没有联系且不承担任何义务。国民党当局的大批官员同当地的地主也基本上没有什么牵连,自身的利益受不到任何损害,这样,他们在土地改革问题上拥有较大的政治灵活性,也比较容易形成利益一致的看法,使国民党内部能够形成一个较为团结的领导核心,不至于产生利益分歧。

第二,台湾当局在整个土地改革过程中是以中介人的身份出现的,强制地主把土地卖给农民,向农民征收地价,给地主地价补偿。当局在整个过程中看起来既不以营利为目的,也不承受很多经济负担。但实际上,一些资料表明,地价补偿中的30%的股票支付是由当局先垫支的;同时"土改"中大量行政开支,如各种动员活动、丈量土地、意外情况的处理等,均由当局支出。这些说明要使"土改"得以顺利进行,须有一定的经济实力做后盾。而国民党当局从大陆逃往台湾时带走了大量资产和大陆当时所有的黄金储备,为台湾"土改"提供了经济保障。

第三,马克思主义的阶级分析法告诉我们,任何反动阶级内部都不是铁板一块,都有开明、昏庸之分。每当他们遭到一次挫败后,都会程度不同地启用一些较为开明的人士,对本阶级政策实行调整,以缓解紧张的社会矛盾。国民党在逃往台湾前夕,1948年12月29日任命陈诚为台湾省政府主席。1950年3月7日又任命他为国民党当局行政机构负责人,后又升任副领导人。在国民党上层人物中,陈诚是比较开明的领导人之一,他从小生长在农村,对中国农民的苦处有一定了解。他在任湖北省政府主席时就试行过"二五"减租政策,并主张在各地推广,但由于阻力重重,未能实现。到台湾后,他即任用一批开明人士担任各级要职,直接负责领导土地改革,并组织了台湾省实施耕者有其田联合督导团,分期赴各县市实地督导。这些为土地改革的顺利进行提供了组织上的保证。

第四,台湾当局当时以低于市场价的价格从地主手中购买土地,这自然要遭到一部分地主的抵制,但是国民党当局在大陆彻底失败后,把所剩的近100万军队全部撤往台湾,而当时台湾的总人口不过700多万,在如此小的地方掌握着这么强大的军事力量,是不怕任何人反对的。以强大的军事力量作为后盾,也是台湾土地改革能顺利进行的不可忽视的条件。

(三) 台湾的土地改革是被迫进行的

虽然台湾的土地改革是一次资产阶级性质的改良运动,有着历史的进步作用,但是,我们更应该看到它是在特定的历史环境中,受客观条件的驱使,而被迫进行的一种改良。国民党从大陆逃到台湾时,台湾土地的基本状况是耕地少、人口多。全省土地面积为35 916平方千米,1949年全省人口已达730余万人,平均人口密度为每平方千米205人。耕地面积1949年为842 301甲,农业人口总数为3 879 581人,每一农业人口平均分摊耕地为0.217 1甲,如按农户计算,全省农户为665 134户,每一农户分摊耕地仅1.266 3甲。人均占有耕地面积这样少,在世界各地都是罕见的,而这些少得可怜的耕地分配又极不合理,广大农民没有或仅有很少的土地。当时的情况是国民党当局占有全台耕地的21.6%,即17.6万公顷;占农户总数11.7%(计8.1万户)的地主占有全台耕地总数的56%,即45.7万公顷;而占农户总数88.3%(计61万户)

的农民仅拥有耕地总数的22.4%,即18.3万公顷。而农民的农作物收获量的50%～70%要作为地租缴纳给地主,有时地主可任意加租撤佃,为所欲为,遂使农民生活异常痛苦,社会秩序动荡不安。① 陈诚当时不得不承认:"正当大陆形势极度逆转之际,农村不妥现象,已极显著。"②国民党在大陆的惨败,使它迫切需要在台湾迅速建立新的统治秩序。而台湾当时农民占人口总数60%以上,佃农又占农户总数的69%。要想获得新的统治基础,必须实行土地改革,以争取农民,特别是佃农。

由于土地集中,租种土地的农民没有耕作热情,不愿意对土地进行投资,农业生产力十分低下,到1948年台湾的农业生产几乎降到了1920年的水平,糙米产量仅为1 037 647公吨。③ 而恰在此时,国民党溃逃到台湾,在面积狭小的孤岛上一下子增加了一百多万人口,不要说发展经济,就是吃饭问题都难以解决。当时台湾的佃农连自己的温饱都解决不了,更谈不上提供剩余粮食,只有少数地主有能力提供一些商品粮,但根本满足不了需要,所以,为了生存,台湾当局必须实行"土改",调整现存生产关系。

国民党逃到台湾后,承受着极大的外部压力。中国共产党在领导人民解放大陆后,一方面开始向金门等地发起进攻,准备解放台湾;另一方面,在广大农村开展了轰轰烈烈的以没收地主土地分给农民为中心内容的土地改革运动。这场运动涉及的范围之广、产生的影响之深,都是前所未有的,得到了全国人民的拥护。这种外部压力和影响的不断渗透,也是促使台湾当局进行土地改革的一个契机。

综上所述,为了稳定动荡不安的台湾社会,解决众多人口的温饱问题,为了缓解巨大的外部压力,台湾当局不得不实行土地改革。正如陈诚所说:"台湾必须实施土地改革是一种客观需要,虽有万难,

---

① 陈诚:《台湾土地改革纪要》,台湾中华书局1961年版,第4—9页。
② 同上书,第42页。
③ 同上书,第41页。

不能顾也。"①

我们再从历史上看,国民党如果能在大陆继续统治,是绝对不会进行这种改良的。1927年后,国民党已经完全蜕变为一个大地主、大资产阶级的政党,它在农村统治的阶级基础就是封建地主阶级。据统计,国民党县以下的行政官吏有90%以上是地主富农,那么县以上的行政官吏就可想而知了。另外,国民党执政后,它的各级官员利用手中的权势发了财,然后又用这些不义之财抢购大量土地,形成新的大地主,而地主阶级赖以生存的基础就是封建土地所有制。国民党要巩固它对广大农村的统治,自然要维护这种土地所有制,因此,它没有也不可能解决农民的土地问题。

1930年6月国民党政府颁布了《土地法》,这个《土地法》的第一编第七条规定"中华民国领域之内土地,……经人民依法取得所有权者,为私有土地",这种土地私有权受到法律的保护。1932年10月豫鄂皖"剿匪"总部颁布的《"剿匪"区内各省农村土地处理条例》更是赤裸裸地规定:"农村兴复委员会,处理被'匪'分散之田地,及其他不动产所引起之纠纷,一律以发还原主,确定其所有权为原则。"作为大地主、大资产阶级的政治代表,国民党要维护封建地主土地所有制,这不足为怪。奇怪的是,这个坚决维护封建土地所有制的党,却又不断地高喊"平均地权""耕者有其田"这类口号,它们的"平均地权"和"耕者有其田"究竟是些什么货色呢?

国民党的《"剿匪"区内各省农村土地处理条例》第四十八条规定:"限制每一业主所有田地面积之最高额,自一百亩起,至二百亩止。"第四十九条规定:"最高额范围以内的田地,依普通税则征收地税,其超过最高额以上之地税,除依普通税则征收外,对于超过最高额部分之田租,应依累进法征收其所得税。"实行这种方法后,"不耕而获之地主,收益有其限度。势且改投资金于他业,而能耕者获取土地之

---

① 陈诚:《台湾土地改革纪要》,台湾中华书局1961年版,第10页。

机会甚多"①。他们宣称,照这个办法去做,就可以达到"平均地权"这个目标了。

这种办法果真能限制地主大量兼并土地,使农民获得土地吗?显然是不可能的,因为向地主征收的地税可以转嫁给农民。陈诚在回忆录中就承认,"佃户在地主积威之下,仍多方维持地主利益,不敢有短失者",地主"往往假词威吓,使佃农不敢依照规定减租"②。既然如此,那么要用征累进税的办法来限制地主兼并土地,使农民得到土地,是根本做不到的,其结果只能使农民的负担更加沉重,而对地主丝毫无害。另外,在江南许多地区中小地主的土地,一般都在200亩以内。如在广西,据广西省立师范专科学校1933年对该省22个县的调查统计,地主平均每户所有田地为75.3亩。③ 在这种情况下,国民党允许占有200亩以内的田地之业主不需上缴累进税,这个规定本身就已经从根本上无条件地肯定了地主对农民的剥削。国民党的所谓"平均地权"解决不了农民的土地问题,这是一目了然的。

对于"耕者有其田",国民党的《"剿匪"区内各省农村土地处理条例》第三十四条规定:"凡由乡或镇农村兴复委员会管理之田地,应以计口授佃法,分配耕佃之。"《收复"匪区"土地处理办法》进一步解释:"用和平的计口授佃的办法,凡本村可以耕田者,不管是从前的原佃户,或是'赤匪'来了以后的承耕者,或是新近回乡的,都可以授佃承耕,就是家里没有壮丁的,只要请别代耕,也可以授田,这是重在均耕,使耕者都有田耕,不是计口授田,或用暴动掠夺的手段来均其所有。"④这就是国民党所说的"耕者有其田"的全部内容。

从这里,我们可以看出:国民党所主张的"耕者有其田",不过是在

---

① 《蒋委员长对于解决土地问题之意见》,《地政月刊》1933年第1卷第11期,第1564页。
② 陈诚:《陈诚回忆录——抗日战争》,东方出版社2009年版,第196页。
③ 薛雨林、刘瑞生:《广西农村经济调查》,《中国农村》1934年第1卷第1期。
④ 《收复"匪区"土地处理办法》,《地政月刊》1934年第2卷第4期,第659页。

维护地主土地所有制不变的前提下,使农民能租得几亩土地耕种而已。它和孙中山先生倡导的"耕者有其田"是根本不同的两回事。

当然,为了缓和广大农民同地主阶级日益尖锐的矛盾,国民党也曾被迫在不触动地主土地所有制的前提下,企图在枝节问题上实行一些改良。例如1926年10月,国民党中央执行委员会各省区代表联席会议决定实行"二五减租",即"减轻佃农田租的25%"(也就是从耕地总收获中先提二成五归田,然后以所余的七成五,由业佃双方进行分配)。但是由于这一决定触动了地主阶级的利益,遭到国民党内部上上下下的反对,最终没有真正实行。湖北省政府于1927年8月,通过"二五减租"的议案,但桂系军阀占领武汉后,即于1928年2月通令各县长取消"二五减租"条例。桂系军阀控制下的广东省工农厅也拒绝实行"二五减租"。国民党浙江省政府最初也公布了有关"二五减租"的条例,但到1929年4月,省政府主席即在省政府会议中提议取消"二五减租",这个提议随即被通过了。到了1933年,由于中共在革命根据地内领导的土地革命的深入展开,美国驻国民党政府大使曾要求国民党进行土地改革和税务改革,以抵消共产党人的号召力,但是孔祥熙顽固坚持"解决农民不满的办法是增强军事力量,加紧围剿赤色分子"[①]。事实上,"自国民党反人民集团掌握政权以后,便完全背叛了孙中山的主张"。"现在坚决地反对'耕者有其田'的,正是这个反人民集团,因为他们是代表大地主、大银行家、大买办阶层的。"[②]他们不可能真正解决农民的土地问题。那种认为国民党如果在大陆继续统治下去,也会实行土地改革,通过和平方式把中国引向资本主义的观点,是一种完全错误的推论。

---

① 〔美〕沙勒:《美国十字军在中国(1938—1945)》,郭济祖译,商务印书馆1982年版,第68页。

② 《毛泽东选集》第3卷,人民出版社1991年版,第1075页。

（四）综述

综上所述，以大资产阶级和地主阶级作为自己统治社会基础的国民党，不可能触动封建地主所有制的土地关系，而现存的封建土地关系又极端落后，严重阻碍社会生产力的发展。那时"孙中山先生的耕者有其田的主张，是目前资产阶级民主主义性质的革命时代的正确主张"①。因此，中国共产党继承和发展了孙中山的革命思想，认为"耕者有其田"就是废除封建地主所有制，实现农民土地所有制，使农民从封建的土地关系中获得解放，从而为由农业国转变为工业国、由民主革命转变为社会主义革命创造条件。中国共产党领导的这种彻底消灭封建剥削制度的伟大革命斗争，在十年内战时期称为土地革命，而在解放战争时期和新中国成立以后叫土地改革。这种理论的出发点是，认为在封建主义制度下，地主阶级通过极端不合理的手段强占了大量土地，依靠土地剥削和压迫广大农民，这种封建主义的生产关系严重阻碍了社会生产力的发展，只有无条件地没收地主的土地分配给广大的农民，摧毁封建势力赖以存在的经济基础——地主所有制，才能推动社会生产力的发展。中国革命胜利的实践已经证明了这种理论是正确的。就是陈诚也不得不承认：共产党借土地改革，引起农民"叛乱"，"终使大陆变色"②。而国民党在各个时期无不反对共产党领导的"土地改革"斗争，它理论的出发点是承认地主对农民剥削的合理性，它不是无偿地没收地主土地，而是进行购买。所以毛泽东曾经深刻地指出：国共"两党的争论，就其社会性质来说，实质上是在农村关系的问题上"③。

诚然，当时客观上如果具备实施改良政策的条件，能够通过改良的方式迫使地主交出土地，那么代表广大农民利益的政党也不会拒绝

---

① 《毛泽东选集》第3卷，人民出版社1991年版，第1074页。
② 陈诚：《台湾土地改革纪要》，台湾中华书局1961年版，第87页。
③ 《毛泽东选集》第3卷，人民出版社1991年版，第1077页。

这种改良。关键是中国当时不具备改良主义的客观基础。我们知道，任何一场革命的爆发不是取决于生产力发展的程度，而是取决于生产力和生产关系之间矛盾冲突的程度。中国当时落后的封建主义生产关系已经严重阻碍生产力的发展，非革命不能解放生产力。可是封建主义生产关系的代表——封建地主阶级的力量又非常强大，他们在政治上的代表——国民党拥有一整套统治机构和强大的军队，就是点滴的改良他们都不允许，更不要说社会制度的改良了。孙中山曾希望通过自上而下的改良方式，先建立全国性的革命政权，然后以赎买方式在全国实行"耕者有其田"，结果遭受失败。其原因就在于中国的封建势力非常强大，如果不把全国农民发动起来，就不能夺取政权，也就谈不上实现"耕者有其田"。而只有实现了"耕者有其田"的主张，才能把农民发动起来，这两个过程应该说是同时进行的，那么，这种土地革命必然遭到封建地主阶级的疯狂反对，所以，改良主义的道路丧失了可能，而用革命的方式打碎落后的生产关系成为唯一的途径。这是历史给出的结论。

三、各阶级合作的联合政府政治模式的提出与夭折

第三次选择是 1945 年抗日战争胜利之后，中国再次面临向何处发展的问题。准确地说，中国当时具有建立几个阶级和阶层联合掌握政权的"联合政府"的可能性，最后为什么没有成功呢？中国共产党在 1944 年就提出了建立"联合政府"的主张，应该说，中国共产党的主张是真诚的，反映了最广大人民的根本利益。客观地说，中国当时应该具有建立联合政府的条件，这个条件主要就是中国的阶级结构状况。

中国社会阶级结构异常复杂，传统社会里的阶级成分与现代社会里的阶级成分并存。此外，中国又是一个人口大国，人口基数很大。所以，某一阶级或阶层哪怕只占总人口的一个百分点，也意味着数百万的成员，完全可以形成一支颇有力量的政治势力。为了有效地表达

与实现自身的政治利益,他们往往需要形成本阶级、本阶层的政党,或借助同本阶级、本阶层利益相近的政党进行活动。由此,造成了我国社会政治生活中的多党现象。特别是在政治急剧变革时期,各阶级都要充分表达自己的意愿。20世纪40年代,中国的无产阶级、农民阶级、民族资产阶级、上层小资产阶级,都成为推动中国政治发展的力量。

具体而言,我国各阶级与各阶层的政党活动具有这样一些特点:(1)工人阶级身受多重压迫,没有欧洲那样的工人贵族和社会改良主义经济基础,整个阶级都是革命的,其政治利益和政治要求完全一致。反映在政党活动上,就是以中国共产党为其唯一代表,而没有同时形成社会民主主义性质的工人政党。(2)农民阶级和非知识阶层的小资产阶级人数众多,富于政治反抗性。但由于他们同落后生产方式联系紧密,缺乏现代性因素,因而除秘密结社等原始组织形式之外,未能形成现代意义上的本阶级政党。起初,他们主要受资产阶级政党的政治影响,及至无产阶级及其政党登上历史舞台,他们便成为无产阶级政党直接联系和掌握的群众。(3)中国的资产阶级分为两个部分:一部分是大资产阶级。他们同封建势力勾结,严重地阻碍了中国的发展,成为中国革命的对象。另一部分是民族资产阶级。作为先进生产关系的代表,民族资产阶级登上政治舞台之初,便运用了现代政党的政治组织形式。由于经济利益和政治态度的歧异,该阶级分化为不同的阶层和集团,进而相应形成了若干政党。可以说,民族资产阶级及其派别之存在,是我国产生多党现象的首要原因。(4)中国的地主阶级也分为两个部分:一部分是大地主阶级,他们是中国封建势力的代表,属于革命的对象;另一部分是中小地主阶级,如果从阶级属性上分析,属于中国的中间阶级,是革命过程中团结的对象。(5)作为现代文明的产物,中国现代知识阶层掌握较多的科学知识,乐于接受新鲜事物,所以往往成为推动社会进步和政治发展的先锋与桥梁。在政治活动方面,他们热衷于结成社团,进而发展成政党。在中国政党史上,几乎每一个政党草创之初,实际上都首先是一个知识分子组织。这一阶层的具体构成相当复杂,随之出现的政党或政党性组织同样是丰富多样的。这是我国产生多党现象的又一重要导因。(6)中间阶级,在特定时期又可以称为中间势力,是我国政治格局中的一个特殊势力,包括中小地主、地方实力派、同封建剥削相联系的工商业者。就阶级属性而言,他们是统治阶级的一部分。但在实际政治过程中,由于种种原因,他们往往不会等同于统治阶级的主流派;在公开的政治要求和政治立场上,中间势力总是认同或附和民族资产阶级或知识阶层的某一党派。如抗日战争时期,各个地方实力派选择了民主同盟。这种存在多阶级和阶层的状况,使中国建立联合政府成为可能,那么为什么没有成功呢?

这就必须看到问题的另一方面,大地主和大资产阶级实力雄厚,他们握有强大的军队,反对建立联合政府,要独自掌握国家政权。其实,如果从本质上分析,大地主、大资产阶级的力量是有限的,因为他们与人民为敌,但表面现象迷惑了他们,这就是他们的悲剧所在。蒋介石在解放战争初期那么张牙舞爪、不可一世,又那么快被打败,充分证明了上述观点。正是由于大地主、大资产阶级对自己的力量估计错误,加上他们的反动本质,极力反对在中国建立联合政府,中国就丧失了建立联合政府的可能。这种现象可以看作是中国政治发展过程中的一种规律。大地主和大资产阶级自身"硬实力"和"软实力"之间的巨大差异,派生出了很多复杂的社会现象,对此我们要有清醒的认识。

在这里,要对蒋介石统治集团做一些具体的分析。1927年以后的蒋介石统治集团是比较复杂的,其内部既有地方封建势力的代表,如阎锡山、李宗仁、白崇禧,又有封建买办势力的代表,如孔祥熙、杜月笙,也有一些资产阶级思想比较浓厚的开明人士,如宋子文、陈诚,"这个集团内部也不统一,而是分成若干派系,彼此间不断地进行明争暗斗"①。蒋介石在这个集团中居于主导地位。以前我们常说"蒋、宋、

---

① 中共中央党史研究室:《中国共产党历史·第一卷(1921—1949)》上册,中共党史出版社2011年版,第225页。

孔、陈四大家族获取了大量资产",这种表述是不准确的,陈果夫、陈立夫兄弟的资产就很有限。① 但是,确实也有很多资料证明,宋美龄、宋子文、孔祥熙等人在国外存有大量资产,"蒋介石夫人在大通国民银行、纽约花旗银行这两家银行或其中的一家存款1.5亿美元;孔祥熙夫人和宋子文分别在其中一家银行存款8 000万美元和7 000万美元"②。蒋介石主持这个集团之后,采取了一些积极的政策,也取得了一些好的社会效果,比如从形式上遏制了地方封建势力的发展,维护了国家的统一;建立了全国统一的市场,促进了工商业的发展;废除了不平等条约,提高了中国的国际地位;等等。不可否认,蒋介石也是想要将中国建设成一个现代化的国家。但是,蒋介石的主导思想是要在维持现状的基础上发展中国,而现状就是封建势力强大,这种封建势力程度不同地勾结国外帝国主义势力,阻碍了中国的现代化进程。蒋介石在统治中国期间有几个重大的失误:第一,没有解决好农民的土地问题。尽管颁布了具有积极意义的《土地法》,但由于封建势力的强大,形同一纸空文。第二,基层严重失控,苛捐杂税众多,老百姓生活在水深火热之中。第三,对不同政见、不同党派的人士采取镇压、暗杀等极端的特务手段。蒋介石在败退台湾之后,还认为自己有些措施太软弱,试问,对共产党人"宁可错杀一千,绝不放过一个",这样还是软弱吗?正是从上述行为和政策中,我们推论出蒋介石是大地主、大资产阶级的代表,而且让人们最不能容忍的就是,在抗日战争胜利之后,蒋介石的错误选择使中国丧失了建立联合政府的可能性,将人民推入了内战的火海。诚然,根据现有的资料,蒋介石发动内战有他个人的原因,同时也是国民党整体的选择,比如1946年3月召开的国民党六届二中全会,主战派就占了上风,③这恰恰反映出这个统治集团整体的

---

① 参见张珊珍:《陈立夫生平与思想评传》,中共中央党校出版社2006年版,第124页。
② 胡绳:《马克思主义与改革开放》,中国社会科学出版社2000年版,第30页。
③ 参见邓野:《民国的政治逻辑》,社会科学文献出版社2010年版,第267页。

狭隘,但无论如何蒋介石是要负主要责任的。在蒋介石集团的扼杀下,建立联合政府的主张彻底夭折了。

可能也有人会说,中国共产党提出建立联合政府仅仅是一种策略,为了实现自己的政治信仰,中国共产党会千方百计寻求独立掌握政权。甚至蒋介石等人在回忆录中,还将发动内战的责任推到共产党身上。不错,中国共产党人是要坚持自己的政治信仰,但是从现在公布的资料和基本史实看:第一,中国共产党将建立联合政府和实现共产主义的关系阐述得非常清楚,在当时,主要任务就是建立联合政府。第二,中国共产党人在很多问题上都做了最大的让步,包括在军队的人数上和在中共管理的区域方面,这也是有目共睹的。第三,至于谁发动了内战,这个问题是再清楚不过了。国民党大举进攻中原解放区,内战全面爆发。当时国共两党力量如此悬殊,中国共产党是没有能力发动内战的。基于上述分析,对于联合政府政治模式的夭折,蒋介石集团是要负历史责任的。

四、社会主义政治发展理念与道路的确立

第四次选择就是中华人民共和国的成立。严格地说,中国人民的选择是顺理成章、水到渠成的。中国人民经历了千辛万苦,终于取得了新民主主义革命的伟大胜利,以中华人民共和国成立为标志,中国确立了社会主义制度。中国社会主义建设前期最伟大的贡献,就是在全国人民中间确立了社会主义的政治信仰,而这一点恰恰是容易被人们忽略的。

中国共产党十八大报告指出:改革开放前的探索,"为新的历史时期开创中国特色社会主义提供了宝贵经验、理论准备、物质基础"。明确地说,这是两个相互联系又有重大区别的时期,但本质上都是我们党领导人民进行社会主义建设的实践探索。毫无疑问,毛泽东领导中国人民建立了新中国,实现了中华民族的独立,奠定了中华民族伟大

复兴的制度基础,并培养出了一大批忠诚于共产主义事业的领导干部,在全国人民中间确立了社会主义和共产主义的政治信仰,这些都是改革开放的必要条件。此外,中国改革开放以前形成的一些重要因素,同改革开放的成功启动是紧密相连的,探讨这些基本要素,对将改革开放的伟大事业向前推进,具有十分重要的现实意义。

毛泽东领导下的社会主义建设前期,紧紧围绕着坚持社会主义和共产主义这个政治信仰,做了很多基础性的工作,这些工作充分显示出我们的信仰是一个完整的体系。其中最主要的工作有:

(一) 密切联系广大人民群众

中国共产党政治信仰的核心,就是服务于最广大的人民群众。毛泽东非常重视党和群众的密切联系,把它视为党长期执政的基础。为巩固党执政的群众基础,毛泽东采取了多种措施来保持党同人民群众的密切联系。首先,向全党反复强调党群关系的定位和重要性。毛泽东曾形象地将党群关系比作"鱼水"关系,并把它与社会主义制度的建成和巩固联系起来。"共产党员要善于同群众商量办事,任何时候也不要离开群众。党群关系好比鱼水关系。如果党群关系搞不好,社会主义制度就不可能建成;社会主义制度建成了,也不可能巩固。"①毛泽东还尤其重视党的高级干部与群众的关系,反对党的高级干部居功自傲、脱离群众。他曾在党的九届一中全会上指出:"大家要谨慎小心,无论是候补中央委员、中央委员、政治局委员,都要谨慎小心。不要心血来潮的时候,就忘乎所以。从马克思以来,从来不讲什么计较功劳大小。你是共产党员,是整个人民群众中间比较更觉悟的一部分人,是无产阶级里面比较更觉悟的一部分人。"②其次,建立健全干部联系群众的渠道。主要包括干部定期参加生产劳动,县以上各级党政军主要干部(不是一般干部),凡能劳动的,也要这样做,每年以一部分

---

① 《建国以来毛泽东文稿》第6册,中央文献出版社1992年版,第547页。
② 《建国以来毛泽东文稿》第13册,中央文献出版社1998年版,第40页。

时间从事体力劳动①；建立信访制度,解决群众的实际问题。同时毛泽东认为,要保持党同群众的密切联系,就必须坚持群众路线,反对脱离群众的两种不良倾向——官僚主义、命令主义。建政伊始,毛泽东就要全党警惕脱离群众的危险。在 1950 年 4 月一份关于春耕、土改和干部整训工作的意见里,毛泽东强调,"整训干部已经成了极端迫切的任务,各阶层人民相当普遍地不满意我们许多干部的强迫命令主义的恶劣作风,尤其是表现于征粮、收税和催缴公债等项工作中的上述作风,如不及时加以整顿,即将脱离群众"②。1956 年苏共二十大和匈牙利事件发生之后,鉴于苏联和匈牙利在党群关系方面出现的问题,毛泽东再一次强调,"要经过整风,把我们党艰苦奋斗的传统好好发扬起来"③。为此,毛泽东主张"加强政治思想工作",党政干部每年都要抽一部分时间参加体力劳动,"这样一来,党和群众就打成一片了,主观主义,官僚主义,老爷作风,就可以大为减少,面目一新"④。毛泽东还专门就反对官僚主义和命令主义作出重要指示,并严肃地指出,"官僚主义和命令主义在我们的党和政府,不但在目前是一个大问题,就是在一个很长的时期内还将是一个大问题"⑤。再次,通过各种措施使各级干部保持善良的改革动机。最主要的措施有两条:一是提倡调查研究,保持对人民群众需求的理解。毛泽东非常重视调查研究,认为"这是一切工作的基础"⑥。毛泽东提出了调查研究的三个重要原则：系统性,"要做系统的由历史到现状的调查研究";重点性,"调查研究要善于抓住主要矛盾";典型性,每个领导干部都要有自己的联系部门,要深入一两个实际部门进行解剖,不经过任何中间环节⑦。毛泽东

---

① 《毛泽东文集》第 7 卷,人民出版社 1999 年版,第 294 页。
② 《毛泽东文集》第 6 卷,人民出版社 1999 年版,第 56 页。
③ 《毛泽东文集》第 7 卷,人民出版社 1999 年版,第 284 页。
④ 同上书,第 294 页。
⑤ 《建国以来毛泽东文稿》第 4 册,中央文献出版社 1990 年版,第 9 页。
⑥ 《毛泽东文集》第 8 卷,人民出版社 1999 年版,第 233—234 页。
⑦ 同上书,第 252、26、234 页。

还主张通过加大管理和宣传力度、严格管理、营造氛围、树立典型等措施,推进调查研究的发展。毛泽东先后批转了湖南、湖北等地的经验,并树立了焦裕禄等先进典型,使各级干部时刻谨记自己的责任。二是对各级领导干部的生活待遇作出严格规定,尽量缩小同基层群众的差距。"从 1954 年以后,干部陆续由供给制改为低工资制,此后,除 1956 年调整过一次工资外,只有 18 级以下干部在 1962 年调一次工资。17 级以上干部直到十一届三中全会后的 1979 年,在长达 23 年的时间里不但没有调过工资,反而在三年困难时期为了表示与群众同甘共苦,还象征性地降低了一点。"①干部级别从 1 级到 24 级,月工资最高 600 元左右,最低 50 元左右,并且同工人工资大体相当。

正是由于新中国成立以来中共坚持从实际出发不断进行改革,并始终保持紧密联系群众的优良传统,加上推动社会调查研究和严格管理各级干部,党内没有形成特权阶层,党总体上对人民群众的实际情况是了解的,人民群众对党是有信心的,"全国人民把他们对于前途的一切希望寄托在党的领导上"②,党也表现出了强大的领导能力。当代改革的领导者"接过了由毛泽东统一起来的能够有效运转的全国性的政党和政府"③,这就使改革的顺利启动成为可能。

(二) 探索中国式的工业发展道路

改革之前三十年的探索,使人们认识到传统的工业化道路是走不通的。改革开放前对中国工业化道路的反思和对二元经济结构的改造,特别是县域"五小"工业(县办的小钢铁、小机械、小化肥、小煤窑、小水泥)和社队企业的发展,是中国改革开放成功启动和推进的重要历史因素。

---

① 苏维民:《杨尚昆谈新中国若干历史问题》,四川人民出版社 2010 年版,第 19 页。
② 《邓小平文选(1975—1982)》,人民出版社 1983 年版,第 156 页。
③ 〔美〕傅高义:《邓小平时代》,冯克利译,生活·读书·新知三联书店 2013 年版,第 642 页。

中国的工业化目标,就是将农业国变成工业国。传统的工业化道路,就是农业为工业化提供启动资金和部分原材料;工业为农业提供先进的工业设备和吸收农村的剩余劳动力。中国最初也是按照这个思路推进工业化的,但在转移农村剩余劳动力的过程中遭到了两次严重的挫折。第一次是1958年前后。1958年之后的三年中,全国从农村共招工2 500多万人,使城市人口从9 900万增加到1.3亿,而粮食自1959年以来连续两年大幅度减产。动员城市人口下乡,压缩城市人口,成为解决经济困难问题的一项重大决策。后来的三年内减少了城市人口2 000万以上。① 具体办法就是让招工进来的农村人口返回原籍。第二次是20世纪60年代开始的城市青年"上山下乡"运动。1962年至1963年,全国共动员了30万城市青年上山下乡,到1969年,集中动员了2 000多万城市青年到农村去。② 中国城镇人口占总人口的比例,从60年代初期的19.7%下降到了60年代中后期的18.0%。③

毛泽东也认识到了传统的工业化道路的艰难。在"文化大革命"前后,提出了"五小"工业和社队企业的问题。"文化大革命"时期,工业经济最大的变化,首先是地方工业和"五小"工业较快发展。1968年以后的经济管理权力下放和短缺的日益严重,客观上促成了地方工业的发展。"文化大革命"前期,地方"五小"工业的发展在片面强调"以粮为纲"的方针下,受到了严重的压制。

中共九大召开以后,为了实现毛泽东于1966年2月重新提出的到1980年"基本上实现农业机械化"的目标,也为了适应战备需要,国家对地方"五小"工业进行了新的部署。1970年2月的全国计划工作会议强调各地都要建立自己的"五小"工业,形成为农业服务的小而全

---

① 中共中央文献研究室编:《毛泽东传(1949—1976)》下,中央文献出版社2003年版,第1162页。
② 武力主编:《中华人民共和国经济史》上卷,中国时代经济出版社2010年版,第464页。
③ 同上书,第466页。

的工业体系。从 1970 年起的五年中,中央安排了 80 亿元扶植地方"五小"工业,并制定了一系列优惠政策。中央财政预算之外的投资也迅速增加,由 1970 年的 100 万元增加到 1973 年的 1.48 亿元。正在进行的大规模企业管理权下放运动,使地方获得了较多的自主权,提高了地方建设的积极性。下放到地方的机关干部、科研人员及上山下乡知识青年也给农村地区带来了科技文化知识和经济信息。于是,地方"五小"工业蓬勃发展起来。仅 1970 年全国就有近 300 个县、市兴建了小钢铁厂,90% 的县建立了农机修造厂,20 多个省、自治区、直辖市建起手扶拖拉机厂、动力机械厂和农机具制造厂。与上年相比,地方小钢铁工业的炼钢能力增长 1.5 倍,生铁产量增长 1.8 倍,小化肥厂生产的氮肥、合成氨增长 60%～70%,小水泥厂、小化肥厂的产量占全国总产量的 40%,以小煤窑为主的南方各省煤炭产量增长 70%。① 在"五小"工业的基础上,20 世纪 70 年代初期,中国出现了农村社队企业发展的良好环境,社队企业也迅速发展起来。以江苏省为例,社队企业总产值 1975 年已达 22.44 亿元,比 1970 年的 6.96 亿元增长 2.22 倍,平均每年增长 20% 以上。社队企业在全省工业总产值中所占比重,由 3.3% 上升到 9.3%。② 这些社队企业的特点是:围绕农业办工业,工业为农业服务;为城市工业加工服务;就地取材,就地生产,就地销售。社队企业适应了当时农村较低的生产力状况,因而具有很强的生命力。

中国共产党的这种探索对改革开放的影响,通过三个方面集中体现出来:

第一,这种艰辛的探索证明传统的工业化道路走不通,必须探求新式的工业化道路,这种思想认识通过改革开放领导者的认识变化表

---

① 武力主编:《中华人民共和国经济史》上卷,中国时代经济出版社 2010 年版,第 534 页。

② 莫远人主编:《江苏乡镇工业发展史——兼论农村未来的发展》,南京工学院出版社 1987 年版,第 140 页。

现出来。邓小平在改革开放初期就提出了发展农业机械化的基本构想。①胡耀邦在1969年3月5日给毛泽东写信,在信中提到"中国应走一条'亦农亦工,工农结合'的发展道路",他还论证了走这种道路的可行性:第一,由于调动了几万个公社和几亿社员办工业的积极性、创造性,建设我国社会主义工业增添了一支最大的力量;第二,这种亦农亦工的重要形式是几个公社、十几个公社乃至几十个公社联合办,能够做到劳力的更加节约和合理使用;第三,联社办工业,都是中小型的,轻便易举,遍地开花;第四,能够在更大程度上满足社员生活上的需要。②邓小平、胡耀邦都是中国改革开放初期的重要领导人,他们这种清醒的认识,直接促进了中国改革开放的发展。

第二,改革开放之前中国社队企业和"五小"工业的发展,成为中国新型工业化和城镇化道路的直接源头。中国的改革开放最初在农村发端。农村实行家庭联产承包责任制后,农业产量增加,随之出现了农村劳动力过剩和增加农民收入的问题,乡镇企业应运而生。乡镇企业起源于社队企业,即1958年起根据中央提出的"人民公社必须办工业"而由公社、生产大队兴办的大批小工厂、小作坊。改革开放后,中央多次下发文件,强调农村多种经营的重要。到1983年,全国社队企业增加到134.6万个。乡镇企业销售、劳务收入达到928亿元。③1984—1987年,中央又制定了一些新的政策。1986年全国乡镇企业总产值中非农业的产值达到3 472亿元,超过了当年全国农村产值的3 010.7亿元。1988年乡镇企业的工业产值,相当于全国工业总产值的35.6%。中国县一级的"五小"企业相当一部分也转变为乡镇企业。著名的浙江万向集团,就是生产队干部鲁冠球带领农民,从一个铁匠

---

① 《邓小平文选》第2卷,人民出版社1994年版,第315页。
② 胡德平:《中国为什么要改革——思忆父亲胡耀邦》,人民出版社2011年版,第16页。
③ 人民日报总编室编:《伟大祖国三十五年(1949—1984)》,人民日报出版社1984年版,第485页。

铺的集体企业发展起来的。

第三,针对城乡二元结构所制定的以户籍制度为核心的城市和乡村相对分割的基本制度,在城镇化进程中也起到一定的作用。中国工业化和城镇化的进程,基本上是沿着社队企业、乡镇企业、小城镇建设、农民工阶层的不断壮大这个基本线索发展的。这个线索的基本特征,就是通过多种渠道推进城市化进程。具体说来,就是在当地发展工业,安排一批农业人口;附近发展工业,就近安排一批农业人口;城市发展之后吸引农民进城,异地再安排一批农业人口。不管怎样安排,还是以城镇和农村人口划分为两大集团为基础的,这的确是不合理的,但也确实保证了社会稳定地推进城镇化。具体的情况是:农民在城里或乡里失业了,便可以回村种田;城里需要劳动力了,他又可以去城里打工。"农民工"这种来去自由的工作形式,既保证了农民的基本生活,又促进了社会的稳定发展。我们应该看到,在改革开放的过程中,企业的倒闭和破产是不可避免的,灵活的用工制度,也适合中国的特殊国情。随着社会的发展,部分地方取消了传统的户籍制度,这也是一种发展的必然。

(三)建立了中国特色的计划经济模式

中国传统计划体制中"条条"和"块块"的有机结合,成为改革成功启动的体制原因。毛泽东在新中国成立后,对中央集权的经济管理体制不断调整,向地方、企业下放经济管理权力,因此在改革前形成了以地方分权、"蜂窝化"[①]为特征的经济模式和以"块块"为基础的经济管理体制。

毛泽东对中央集权的计划经济体制的改革主要有两次,第一次始于"三大改造"完成之后,在"大跃进"时期达到顶峰。"随着经济建设

---

① 指中国经济分割成许多较少联系、相互独立的单位的特征。参见 Audrey Donnithorne, "China's Cellular Economy: Some Economic Trends Since the Cultural Revolution", *The China Quarterly*, Vol. 52, October 1972, pp. 605-619。

的深入发展,特别是'三大改造'任务基本完成后,全国的经济活动大都纳入中央的计划,地方的机动性很小,企业的产供销没有自主权,问题和弊病就日益显露出来了。"①面对暴露出来的问题和弊端,毛泽东于1956年4月25日发表了《论十大关系》的讲话。在这个讲话中,明确提出要扩大地方和工厂的积极性和自主性,在中央和地方的关系上,"应当在巩固中央统一领导的前提下,扩大一点地方的权力,给地方更多的独立性,让地方办更多的事情"②;在地方和地方的关系上,要发挥各级地方的积极性和自主性,"省市也要注意发挥地、县、区、乡的积极性,都不能够框得太死"③;工厂应该有独立性,不能把所有权力都统统集中在中央或省市,"各个生产单位都要有一个与统一性相联系的独立性,才会发展得更加活泼"④。根据《论十大关系》的精神,1956年5月到8月国务院召开全国体制会议制订了改进经济管理体制的方案。1957年1月,中央在北京召开省、自治区、直辖市党委书记会议,会上毛泽东鼓励地方向中央要权,会后委托陈云等人拟订了改进经济管理体制的具体实施方案。八届三中全会后,陈云代国务院起草了关于改进"工业管理体制""商业管理体制""财政管理体制"的三个规定,经国务院通过并经年底召开的第一届全国人民代表大会常务委员会第八十四次会议原则批准,于1958年正式开始实行。第一阶段的放权主要在以下几个方面:(1)下放计划管理权。实行以地区综合平衡为基础的、专业部门和地区相结合的计划管理制度。以地方为主,自下而上地逐级编制和进行平衡,使地方经济能够"自成体系"。(2)下放企业管辖权。国务院各主管部门所管理的企业,除极少数重要的、特殊的和试验性的企业仍归中央继续管理外,一律下放给地方政府管理。(3)下放物资分配权。减少国家计委统一分配和由各部管

---

① 薄一波:《若干重大决策与事件的回顾》下卷,中共中央党校出版社1993年版,第782—783页。
② 《毛泽东文集》第7卷,人民出版社1999年版,第31页。
③ 同上书,第32—33页。
④ 同上书,第29页。

理的物资的品种和数量,对保留下来的统配、部管物资,也由过去的"统配"改为各省、自治区、直辖市"地区平衡、差额调配"。(4)下放基本建设项目的审批权、投资管理权和信贷管理权。(5)下放财政权和税收权。决定实行"包税制",同时给予地方政府广泛的减税、免税和加税的权限。(6)下放劳动管理权。①1958年4月11日,中共中央和国务院发布了《关于工业企业下放的几项规定》,提出:"除开一些主要的、特殊的以及'试验田'性质的企业仍归中央继续管理以外,其余企业,原则上一律下放,归地方管理。"②后来由于"大跃进"造成国民经济比例严重失调,中国经济遭遇了前所未有的困难,中央开始调整之前的权力下放政策。1962年七千人大会全面收回下放权力,毛泽东对中央集权的计划经济体制的第一次改革基本结束。

到了20世纪60年代,随着国内外形势的变化,毛泽东第二次启动了针对中央集权的计划经济管理体制的改革。对毛泽东而言,"收权仅仅是摆脱暂时困难的权宜之计。一旦经济好转,他决心再一次打碎苏式的中央计划体制"③。此外,进入60年代,中国周边安全局势恶化,中央实施了备战备荒的经济发展战略,备战经济战略的实施也要求对中央集权的计划经济管理体制进行改革。1966年3月12日,毛泽东在回复刘少奇的信中认为:"一切统一于中央,卡得死死的,不是好办法。"④随后,在杭州召开的政治局扩大会议上,毛泽东又提出了"虚君共和"的口号,他认为:"中央还是虚君共和好……中央只管虚,不管实。也管点实,或少管一点实。中央收厂收多了。"⑤后来因为"文化大革命"的发动,全国局势相对混乱,经济管理体制的改革就此耽搁下来。1969年九大召开后,全国局势基本稳定下来,经济管理体制的改革重新提上议事日程。当时备战的需要又加剧了中央对经济

---

① 吴敬琏:《当代中国经济改革教程》,上海远东出版社2010年版,第40—41页。
② 《建国以来重要文献选编》第11册,中央文献出版社1995年版,第264页。
③ 王绍光:《分权的底限》,中国计划出版社1997年版,第37页。
④ 顾龙生编著:《毛泽东经济年谱》,中共中央党校出版社1993年版,第637页。
⑤ 同上书,第638页。

管理体制改革的要求。1969年2月,全国计划座谈会下发财政、企业、物资管理体制三个文件,将上述三个领域的一些中央权力下放给地方。1970年2月,国务院召开全国计划工作会议,制订了旨在加强"块块专政"的经济管理体制改革方案。3月5日,国务院拟订了《关于国务院工业交通各部直属企业下放地方管理的通知(草案)》,截止到当年年底,"中央各民用工业部门的直属企事业单位只剩下500多个,其中工业企业142家,中央直属企业的工业产值在全民所有制工业产值中的比重由1965年的46.9%下降到8%左右"①。通过大规模的权力下放和企业下放,各省、自治区获得了发展地方经济的很大权力和自主性。此后为了适应备战的需要,全国各地大搞"大三线""小三线"建设,各省、自治区则大搞各自为战、大力协同的经济协作区的建设。工业布局更加分散,地方经济的独立性不断增强。

经过这两次改革,到"文化大革命"结束前,中国实际上已经形成了以地方分权和"蜂窝化"为特征的经济模式,即更多强调"块块"管理,中国经济管理的层级制也表现为以区域"块块"原则为基础的多层次、多地区的形式。② 这种独特的经济模式和经济管理体制,因其自身的特点成为之后改革取得成功的关键因素。

首先,以"块块"为重要内容的管理体制,有利于改革启动后经济发展迅速见到效果,保证改革顺利推进。地方由于"五小"工业的发展,形成了相对完整的经济体系;地方有大量的预算外资金,1971年中央财政部下放财权,对地方实行"大包干",1972年又规定,不满1亿元的超收归地方③;地方经济的发展培养了一大批懂经济的干部。中央一宣布改革,这些要素立刻结合起来。中国经济1979年和1980年

---

① 中华人民共和国国家经济贸易委员会编:《中国工业五十年——新中国工业通鉴》第五部,中国经济出版社2000年版,第1421页。

② 参见钱颖一、许成钢:《中国的经济改革为什么与众不同》,载张军、周黎安编:《为增长而竞争:中国增长的政治经济学》,上海人民出版社2008年版,第3页。

③ 武力主编:《中华人民共和国经济史》上卷,中国时代经济出版社2010年版,第530页。

工农业总产值分别比上年增长 8.5% 和 7.5%,国民收入分别比上年增长 7.7% 和 6.4%①,充分显示了这些要素的作用。

其次,中国在改革前形成的以地方分权和"蜂窝化"为特征的经济模式和以块块为基础的经济管理体制,比传统的计划经济更适于采用局部改革和改革实验的方式。第一,由于之前毛泽东对中央集权的经济管理体制的瓦解以及鼓励地方自给自足的经济体系的建设,中国经济出现了分割化的趋势,地方经济有很强的独立性。② 这种独立性使得局部改革的不利影响不会波及全国。第二,在以块块为基础的多层次、多地区的层级制中,各地区之间的相互依赖很弱,因此,这种独特的经济管理体制对制度变迁有更强的适应性,会因地区的不同产生更加灵活的政策选择。③ 由于以上两个因素的存在,中国政府可以放手让地方政府搞改革特区而不会影响整个经济形势,也可以根据局部改革的不同情况灵活调整政策确保改革的顺利启动。这是中国改革成功启动的重要条件。

最后,以"块块"为重要内容的管理体制和对计划经济体制的不断调整,客观上使大量体制外和非计划经济的因素得以存在。这些因素有着不同的形式:"在农村,主要表现为农村集体经济下的'小自由',包括自留地、家庭副业和以其为基础的自由市场,农产品和城市产品收购的非计划部分,社队企业等;在城市,表现为城镇个体经济,大量的城市集体企业、小国有企业,以及'文化大革命'中由于秩序混乱而在大中型国有企业之间发生的物资串换、地下经济等。"④这些体制外

---

① 武力主编:《中华人民共和国经济史》上卷,中国时代经济出版社 2010 年版,第 682 页。

② 有关这方面的分析,可参见 Thomas P. Lyons, "Explaining Economic Fragmentation in China: A Systems Approach", *Journal of Comparative Economics*, Vol. 10, No. 3, September 1986, pp. 209-236。

③ 参见钱颖一、许成钢:《中国的经济改革为什么与众不同》,载张军、周黎安编:《为增长而竞争:中国增长的政治经济学》,上海人民出版社 2008 年版,第 15 页。

④ 赵凌云:《1949—2008 年间中国传统计划经济体制产生、演变与转变的内生逻辑》,《中国经济史研究》2009 年第 3 期。

和非计划经济因素的存在,有利于为改革拓宽渠道和不同经济成分的互相促进:第一,中国改革成功启动得益于非国有部门经济的发展与壮大。与苏联改革不同的是,中国并没有走大规模私有化的道路,而是采取放权让利的方式,让农民、工人拥有一定的自主权,允许他们进入私人企业和外资企业工作。通过增量改革的途径,经济改革获得了巨大的成功。第二,改革初期非国营经济的迅速发展带动了经济增长,同时创造了很多就业机会,改革带来的红利为广大人民共享,从而提高了人民群众对改革的承受能力。第三,非国营经济的发展也给国营企业带来了压力,迫使其改变行为方式,促进了改革的深化。①

(四)加强基础设施建设

这实际上为政治信仰提供了坚实的物质保证,这是坚持社会主义和共产主义政治信仰的物质基础。首先,在社会主义建设初期,中国很快就形成了独立的工业体系。1956年4月,毛泽东在《论十大关系》中指出:重工业是我国建设的重点。同时毛泽东认为,"重工业和轻工业、农业的关系,必须处理好",还要"更多地发展农业、轻工业"。② 1957年1月,毛泽东明确提出:"全党一定要重视农业。农业关系国计民生极大。"③1961年1月召开的中共八届九中全会,号召全党大办农业。④ 1962年3月,周恩来在全国人大二届三次会议上作政府工作报告,提出:"遵照毛泽东主席的指示,把农业放在发展国民经济的首要地位。"⑤这种农业居首要地位的思想体现在以下几个方面:

---

① 参见世界银行:《中国:90年代的改革和计划的作用》,财政部世行司译,中国财政经济出版社1993年版,第43—48页。

② 《毛泽东文集》第7卷,人民出版社1999年版,第24页。

③ 同上书,第199页。

④ 《中国共产党第八届中央委员会第九次全体会议公报》,《新华月报》1961年第2号,第1—2页。

⑤ 《周恩来选集》下卷,人民出版社1984年版,第371页。

第一，按照农、轻、重的次序安排国家计划。"三五"农业投资提高到总投资额的 20%，高于前两个五年计划的 7.1% 和 11.3%。① 第二，加强农田基本建设。"三五"要建设五亿亩高产农田。② 第三，发展农业科技。1957 年 3 月中国农业科学院在北京成立，各省、自治区、直辖市也相继成立农业科学研究所，职工总人数达到 2.4 万人，其中科技人员近万人。③ 这些都为农业的发展奠定了坚实的基础，主要思路被后来的改革领导者继承下来。

在基础设施的建设过程中，农业基础设施在农村的改革中起到了不可替代的作用。毛泽东始终重视农业基础设施的建设。新中国成立后，毛泽东十分关心水利建设，尤其重视大江大河的整治和兴建大型水利工程。1951 年，毛泽东发出"一定要把淮河修好"的号召，标志着治淮工程全面启动。此后，淮河流域的水旱灾害有效控制。1952 年 10 月 26 日至 11 月 1 日毛泽东专程考察黄河沿岸情况。在考察过程中，毛泽东叮嘱当地的负责同志"要把黄河的事情办好"。④ 1955 年 7 月，全国人大一届二次会议一致通过了《关于根治黄河水害和开发黄河水利的综合规划的报告》，对黄河的综合治理逐步提上议事日程。长江流域也是中国洪涝灾害频发的地区，为了彻底根除长江流域的洪涝灾害，毛泽东认真听取各方面关于修建三峡工程的不同意见，并提出了"积极准备、充分可靠"的原则。⑤ 经过社会主义建设初期不懈的努力，中国的大江大河基本得到了治理，水患得到了控制。除了大规模的水利工程建设，毛泽东也非常重视农田水利建设。毛泽东在为

---

① 武力、郑有贵主编：《解决"三农"问题之路——中国共产党"三农"思想政策史》，中国经济出版社 2004 年版，第 538 页。
② 同上书，第 527 页。
③ 同上书，第 423 页。
④ 中共中央文献研究室编：《毛泽东传（1949—1976）》上，中央文献出版社 2003 年版，第 100 页。
⑤ 中共中央文献研究室编：《周恩来传（1898—1976）》下，中央文献出版社 2008 年版，第 1248 页。

《中国农村的社会主义高潮》中的《应当使每人有一亩水地》一文写的按语中说:"兴修水利是保证农业增产的大事,小型水利是各县各区各乡和各个合作社都可以办的。"①在人民公社体制下,农民被最大限度地动员起来了。经过全民运动式的兴修农田水利,全国的农业生产条件大大改善。中国耕地灌溉面积的大幅提高就是一个很好的例子。根据相关统计数据(见表6-1),全国灌溉面积由1952年的19 959千公顷扩大到1978年的44 965千公顷,在1952—1978年间,灌溉面积比例由18.5%提高到45.2%。②

表6-1 中国耕地灌溉面积变化表③

年 份	1952	1974	1975	1976	1977	1978	1979	1980	1981	1982
灌溉面积(千公顷)	19 959	41 269	43 284	44 981	44 987	44 965	45 003	44 888	44 574	44 177

由表6-1可以看出,改革启动前中国耕地灌溉面积较新中国成立初期已有大幅增长,特别是在农村改革启动的1979年前后,耕地灌溉面积达到了一个高峰,这说明即使分田到户了,之前建设的农田水利设施还在发挥作用。至今农民对那时修建的水利设施仍十分关注,认为:"这都是集体时期的遗产,它们发挥着巨大的作用。"④新中国成立时,全国仅有大中型水库20座,到1983年,我国共建成86 000座水库,其中大中型水库2 702座。⑤ 在修建水利的过程中,各地农村修建了许多小型水电站,农村发电量和用电量不断增加。从1952年到

---

① 《建国以来毛泽东文稿》第5册,中央文献出版社1991年版,第498—499页。
② 数据来自国家统计局国民经济综合统计司编:《新中国五十年统计资料汇编》,中国统计出版社1999年版。
③ 数据节选自"全国农业生产条件",载国家统计局国民经济综合统计司编:《新中国五十年统计资料汇编》,中国统计出版社1999年版。
④ 牟成文:《中国农民意识形态的变迁——以鄂东A村为个案》,湖北人民出版社2008年版,第127页。
⑤ 人民日报总编室编:《伟大祖国三十五年(1949—1984)》,人民日报出版社1984年版,第485页。

1978年,农村小型水电站由98个增加到82 387个,增加了839.6倍。发电能力由0.8万千瓦增加到228.4万千瓦;农村用电量由0.5亿千瓦时增加到253.1亿千瓦时。① 从以上数据可以看出,改革开放前兴建的农田水利设施在改革启动的时候仍然发挥了重要的作用。

(五) 建立新型社会组织,为政治信仰提供组织保证

还有一个问题是不能忽略的,那就是毛泽东发扬了我们党的光荣传统,高度重视农村和农业的组织建设,特别是农村的基层组织建设。毛泽东领导建立了农村人民公社体制,这种体制几经调整,以生产队为基本核算单位,生产大队统筹,人民公社统一领导。这种体制在治理农村的过程中有很高的效率,又无须支付过高的成本,人民公社的管理人员一般只有20~30人。公社干部与农民"同吃、同住、同劳动"。人民公社在财政上实行统收统支,不向农民伸手,是真正"高效、廉价"的组织。但这种体制将经济和政治职能合一,已不能适应农村经济发展的要求,进行"政社分设"的改革势在必行。这种农村组织建设对改革的积极作用表现在两个方面:第一,原有的组织和体制很健全,使这种改革进行得十分顺利。将原有的公社党组织改成乡(镇)党组织,公社改为乡,生产大队改为村,生产队改为村民小组,重视农村基层组织建设的传统一直没有改变。第二,农民的组织意识已经演变成为生活习惯的重要内容。到1983年初,农村90%以上的生产队实现了农户家庭承包经营。在这个过程中没有出现混乱局面,农户和集体保持承包关系,由集体统一管理和使用土地、大型农机具和水利设施,接受国家的计划指导,有一定的公共提留。总之,虽然实行了包产到户,但基层组织的作用和服从组织的习惯都延续下来。

改革开放前,我国农业的经营体制经历了高度分散的家庭经营和高度集中的统一经营两种形式。历史经验告诉我们,它们都有自身的局限性,不适应农业生产的发展要求。联产承包责任制全面推广之

---

① 国家统计局编:《中国统计年鉴(1993)》,中国统计出版社1993年版,第349页。

后,从表面上看,农村合作组织遭受了巨大的挫折,但这是发展过程中的暂时现象,中国的农业一定要走组织化的道路。1983年以后连续发布的几个中央一号文件,都提出要"发展多种多样的合作经济"。广东省从1985年开始探索"设置地区性合作经济组织",1990年就颁布了《广东省农村社区合作经济组织暂行规定》。① 截止到2006年底,全国农民专业合作组织已发展到超过15万个。诚然,改革开放前中国农村组织具有"一大二公"的特点,严重脱离实际。但是应该看到,在千百年分散的、一家一户独立经营的基础上,中国第一次将一盘散沙似的农民组织起来,无论从观念上,还是在制度建设方面,都为后来农村组织的提升和发展创造了条件。邓小平认为,农村改革"总的方向是发展集体经济",并提出了农业发展"两个飞跃"的思想。"第一个飞跃,是废除人民公社,实行家庭联产承包为主的责任制。……第二个飞跃,是适应科学种田和生产社会化的需要,发展适度规模经营,发展集体经济。"②他还指出了实现第二个飞跃的四个条件:机械化水平提高了;管理水平提高了;多种经营发展了;集体收入增加而且在整个收入中的比重提高了。③ 毛泽东时期的农村合作化组织,无疑给今后农业走合作化的道路积累了管理经验,更重要的是,毛泽东时期将农民组织起来的实践,为今后再度在更高生产力水平上将农民组织起来打下了坚实的观念基础。实证材料证明:农业合作化和人民公社时期,"集体主义意识被构建","那时的干群关系十分平等,上下级干部到生产队与农民同吃、同住、同劳动,真正与农民打成一片,这又是集体主义的另一大战果"。"不少农民仍在追思着已逝去的这种景致。""农民至今期待着新'集体主义'的出现。"④

---

① 中共广东省委党史研究室编:《广东改革开放决策者访谈录》,广东人民出版社2008年版,第327页。
② 《邓小平文选》第3卷,人民出版社1993年版,第355页。
③ 《邓小平文选》第2卷,人民出版社1994年版,第315—316页。
④ 牟成文:《中国农民意识形态的变迁——以鄂东A村为个案》,湖北人民出版社2008年版,第127页。

综上所述,历史是不能割裂的。通过上述五个方面的分析,毛泽东的政治信仰和政治哲学思想的核心,就是"人民主权"的理念,即要代表最广大人民群众的利益。这种"人民主权"政治哲学理念的一贯性和连续性,以及保持这种政治理念的手段及体制和基础设施方面的保障,成为中国改革成功启动的重要因素。这种"人民主权"理念的延续和发扬光大,也是我们进一步深化改革的原动力所在。这个过程和基本理念,也充分说明了政治信仰的伟大作用。

五、中国特色社会主义信念的创新实践

第五次选择就是邓小平推动的改革开放。以 1978 年的中共十一届三中全会为标志,中国拉开了改革开放的大幕。"发展是硬道理""时间就是金钱""效率就是生命""让一部分人先富起来""先富带后富,最终走向共同富裕""坚持搞社会主义市场经济",这些口号鲜明地反映了改革开放的特征。在改革开放的过程中,逐步形成了"以经济建设为中心,坚持四项基本原则,坚持改革开放"这个党的基本路线。邓小平特别强调,基本路线要管一百年。由于实行了改革开放的正确路线和政策,中国社会焕发了巨大的活力,社会经济取得了四十年的飞速发展,中国一跃成为世界第二大经济体。但是同时,很多问题也暴露出来,其中最主要的就是,社会出现了两极分化。社会分化的加剧和其他各种复杂的原因,导致道德的滑坡和信仰的缺失。由于出现了这些严重的社会问题,否定改革开放的声音也开始出现,认为改革开放之前"天是那么的蓝,水是那么的清,社会风气是那么的好,人们的信仰是那么的坚定"。改革开放之前确实有很多好的方面,但有一点也是很明确的,那就是贫穷。1969 年之后,大约有两万多北京知青到陕北插队。他们到陕北之后,没有想到那里是那样的贫穷:"严重的地方病威胁着乡民的健康";"每年经常有二三个月断水";"有一家八九口人,冬天只有一二床棉被";"漫山遍野的麦田,单产只有几十

斤,有时还收不回种子"。① 改革开放以后,很多人重回故地,才发现一切都发生了变化,人们的生活越来越好了。很显然,如果长期贫困下去,人们的信仰也会动摇乃至丧失。只是到了改革开放以后,中国的贫困面貌才发生了根本性的变化。对这些基本的客观事实,我们应该有一个清醒的认识。

诚然,相当一部分人对改革开放有看法,可能也有他们的理由。除了对今天存在的问题的担忧之外,更多的是认为一部分人发了改革的不义之财。不错,改革过程中确实存在很多问题,特别是在改革开放的初期,像当时搞的"承包制""价格双轨制""资产经营责任制""官办公司"等,都有很多政策上和体制上的漏洞,加上各种违法现象,很多国有资产流入了个人的腰包。还有一些在优势部门工作的人员,如银行、工商、税务、外贸,灰色收入都比较高,这些部门的个别实权人物,尽管都退休了,但是他们的后代挥金如土,老百姓看在眼里,气在心里。其实任何改革都是有代价的,俄罗斯的改革同我们国家的很相像,但是问题比我们国家还要严重,所以很多俄国人建议,资产达到一定规模的,交13%的特别税,便宣布资产合法化,后来由于多种原因没有实行。这其中最关键的问题是,如何全面地分析改革开放,特别是成绩和问题的主次关系。很显然,改革开放的成绩是主要的,我国从一个经济相对落后的大国,变成了人民生活水平接近小康的世界第二大经济体。至于问题,有些是不可避免的,有些是要认真总结经验的。站在历史和发展的高度来看待存在的问题,就会得出不一样的结论。

如何看待今天中国社会存在的问题？其实最关键的问题,就是市场经济同我们坚持的政治信仰能否兼容。如果单从一般性的方面来分析,市场经济同世俗的政治信仰在很多方面是不能兼容的,但是其中有几个问题是必须注意的:第一,我们搞的是社会主义市场经济,社会主义有其自身的发展规律;第二,我们坚持的政治信仰是一个体系,

---

① 孙立哲主编:《情系黄土地——北京知青与陕北》,中国国际广播出版社1996年版,第20—22页。

包括宏观目标、中观价值观、微观民生政策;第三,市场经济是一种悠久的成熟的经济模式,有其成功的经验和失败的教训可供我们借鉴。沿着这个思路继续分析,政治信仰和市场经济首先在宏观上是可以兼容的,市场经济不能违背人们要生存和发展这个基本的原则,应该让人们生活得更加幸福,我们的政治信仰更是要让所有的人都走向富裕和文明;市场经济和政治信仰在微观上也是可以兼容的,市场经济可以促进经济的发展,政治信仰同样关注民生政策。市场经济和政治信仰关系比较复杂的是在中观的价值观方面。市场经济关注公平竞争、优胜劣汰,不相信弱者和失败者的眼泪,而社会主义和共产主义的政治信仰要关注每一个人的发展,不允许社会两极分化。从上述原则当中派生出来的价值观在很多方面是不能兼容的。即使是这样,市场经济中的很多价值观也是可以为我们所借鉴的,比如法治精神、效率原则、契约意识等等。基于上述分析,要想防止社会两极分化变得日益严重,给弱者以更有效的帮助,就需要动用行政的力量,通过各种行政手段使社会更加协调地发展。中国现在最大的问题,就是市场的手段和行政的手段都在起作用,在这个背景下,由于法制不健全,行政和市场的界限不清楚,导致腐败等问题大量出现。其实这些问题在成熟的市场经济国家也是存在的,只不过它们搞市场经济的时间比较长,有些问题处理得比较好,我们需要认真借鉴发达国家的经验。

  同时,正是由于我们搞了社会主义市场经济,对在计划经济背景下形成的价值观也要进行调整,其中最主要的就是,要承认人们在合法的条件下追求物质利益的正当性。中国传统文化也主张"君子爱财,取之有道"。任何社会都要有一套完整的价值体系,这个价值体系是以基本的社会制度和经济模式为背景逐步形成的;而当这个社会的基本制度和经济模式发生了变化,这个价值体系也要进行调整。改革开放以来,中国社会最基本的制度没有改变,但是很多具体的制度有所调整,特别是社会的经济模式发生了变化,因此,社会的价值体系也要发生变化,在这个过程中,人的主观能动作用是非常重要的:第一,对具有普遍价值的道德内容要旗帜鲜明地坚持,比如为人民服务、热爱国家、诚信待人、发扬民主、坚持法治等;第二,对原有的价值体系不要轻易地否定,可以适当进行调整,像集体主义、艰苦奋斗、勤俭持家、互相帮助、关心他人等;第三,对符合社会主义市场经济的价值观要积极扶持,像规则意识、效率精神、核算原则等。总之,在社会转型的过程中,经济发展到一定程度之后,一定要集中一段时间和精力,抓好社会道德体系的建设。

更复杂的问题是,我们如何让上述价值观念形成一个完整的体系。建立同社会主义市场经济相适应的价值体系,首先要对改革开放有一个正确的认识,不能一出现问题就算"旧账"。改革开放是历史的必然,是中国人民的正确选择,这已经被大量的历史事实证明。其次要坚持问题导向,有什么问题就解决什么问题,以一种危机意识来看待问题,同时更要以一种饱满的信心来看待问题,一个问题一个问题地解决。最后,要有持之以恒的态度。如果从鸦片战争算起,中国人民经历了180年的探索,建立和巩固了中国特色社会主义制度,我们再用十年或者二十年的时间,一定能够构建起完整的社会主义价值体系,进而使中国人民的信仰体系更加完善。

随着改革开放的深入,很多深层次的问题日益显露。同时随着网络技术的发展,使用互联网的人越来越多,什么观点都可以摆到网上,在提升国家"软实力"的过程中,更是见仁见智。诚然,我们要充分发扬民主,这是无可非议的,但在很多基本原则的问题上,特别是涉及执政党的国家政治信仰这个大是大非的问题上,是要有底线的,起码以下几个问题是要引起我们注意的:一是政治信仰是我们的生命线,不能轻易否定。二是对毛泽东、邓小平等一个时代的代表人物要科学评价。崇拜和宣传国家和民族的英雄人物,是这个国家和民族成熟的表现,对本国和本民族的英雄人物轻易地否定,说三道四,是不负责任的。三是少批评多建议,特别是要防止以自己个人的得失来判断社会的对错,这种思维方式是极其危险的。中国的改革开放走到今天不容易,世俗的政治信仰关注的是现实问题,也最容易受到伤害,我们对政治信仰和改革开放都应该加倍爱护和扶植。可喜的是,习近平总书记在中共十九大上提出了新时代中国特色社会主义思想,为解决中国的社会问题提供了清晰的思路。

习近平新时代中国特色社会主义思想将中国特色社会主义理论推向了一个更高的阶段。从政治信仰的角度看,新时代中国特色社会主义思想呈现出三个鲜明的特点:(1)信仰的奋斗目标更加明确,将政治信仰的长远目标和现实任务有机地结合起来。习近平提出"不忘初心,牢记使命",这个初心和使命就是信仰,就是为人民谋利益,为民族谋复兴。同时他还提出:2020年将全面建成小康社会;到2035年基本实现社会主义现代化;在本世纪中叶建成富强民主文明和谐美丽的社会主义现代化强国。这就为实现共产主义打下了坚实的基础。(2)坚持从严治党使实现政治信仰的领导核心更加坚强。政治信仰是一个庞大的系统工程,涉及最广大人民的根本利益。中国又是一个人口众多的超大型国家,在这样的背景下要想实现政治信仰,一定要有一个坚强的先锋队组织起引领和带头作用。中国共产党十八大以来,以习近平同志为核心的党中央坚持从严治党、反腐倡廉,取得了显著的成绩。必须明确,为了实现中国共产党的政治信仰,反腐败永远在路上。坚持从严治党成为新时代中国特色社会主义的重要内容。(3)奉行"全体人民共同富裕"原则使措施更加有力。习近平提出的"精准扶贫""乡村振兴战略""加强社会保障体系建设"等措施,鲜明地反映了中国共产党的政治信仰。中国共产党的政治信仰既包括宏观的奋斗目标,也包括中观的价值体系和微观的各项民生政策。这些微观的民生政策的落实,更加彰显我们政治信仰的勃勃生机。

第七章 政治信仰的文本分析

近现代以来,涉及中国政治信仰的文献是很多的,像顾炎武的《日知录》、魏源的《海国图志》等,各种救国图存的方案五花八门,但是进入20世纪之后,大致有三种思想和方案的影响非常大,那就是信仰中国传统文化的文化保守主义、信仰西方自由主义的三民主义、信仰马克思主义的科学社会主义。康有为的《大同书》、孙中山的《建国方略》、毛泽东的《新民主主义论》分别是上述信仰的代表作。下面做简要分析。

一、康有为的《大同书》:中国式空想社会主义的蓝图

康有为是戊戌变法的精神领袖和主要推动者,《大同书》是康有为的代表作,其写作经历了一个长期的过程。从1884年开始,康有为就着手构思,"演大同主义",1885年"手定大同之制",名曰"人类公理",1898年秋在日本时写出初稿20余篇,1902年避居印度时成书。到了1913年,他第一次将书中的甲部和乙部发表在《不忍》杂志上,1919年由上海长兴书局将甲乙两部合刊印成单行本出版,书名为《大同书》。在康有为去世后,由其晚年弟子钱定安整理全书,交由中华书局于1935年4月出版,1956年古籍出版社(北京)重印。《大同书》充分展示了康有为的社会理想,构建了一个大同世界。全书共分为十个

部分,以天干之数系之。第一部分总论,描述了人世间的多种苦难,以引发人们正视现实、寻找患难根源的意愿,并大力批判了现实世界,提倡"破九界"的人道原则;后九部分则分别对去国界、级界、种界、形界、家界、产界、乱界、类界、苦界等进行详细的论述。

(一) 第一部分:关于入世界观众苦

康有为列举了人生的六种苦难,这是"破九界"的前提。

一是人生之苦。主要包括投胎之苦,人没有办法选择。"其投胎为巨富之子也,生而锦衣玉食,金银山积,僮指盈千,田园无极,妾妇杂沓,纵盈声色,管弦呕哑,不分旦夕,一掷百万,呼卢博激,挥金如土,富与国敌。如投胎为篓人乞丐之子也,生而裋褐不完,半菽不得,终日行乞,饿委沟壑……"①夭折之苦,"人之生也,寿夭无常"②。废疾之苦,"耳目口足,人人所共有之官也而彼独缺之,视听言行,人人所同享之福而彼独不得与焉"③。蛮野之苦,"耳鼻凿孔,足胻若铁,赤身无衣,熏鼠以食,杂卧于地"④。边地之苦,"父子、兄弟、夫妇、叔嫂席炕炙火,杂居于大蚊牛粪之下"⑤。奴婢之苦,"以弱被掳者,则男为奴,女为婢矣"⑥。

二是天灾之苦。主要有水旱饥荒之苦、蝗虫之苦、火焚之苦、水灾之苦、火山之苦、地震山崩之苦、宫室倾坏之苦、舟船覆沉之苦、汽车碰撞之苦、疫疠之苦。

三是人道之苦。主要有鳏寡之苦、孤独之苦、疾病无医之苦、贫穷之苦、贱者之苦。在最后一苦中,"奔走服役,伺颜候色,拳跪鞠躬,侧

---

① 康有为:《大同书》,上海古籍出版社2014年版,第9页。
② 同上书,第10页。
③ 同上书,第11页。
④ 同上书,第12页。
⑤ 同上。
⑥ 同上书,第14页。

身屏息,饥渴不得自由,劳动不得休职"①。

四是人治之苦,包括刑狱之苦、苛税之苦、兵役之苦。

五是人情之苦。主要有愚蠢之苦,"问七星而不知,数万国而不识"②。爱恋之苦,"听锦瑟之哀声,闻寡妇之夜哭,谁不下泪伤心者乎!"③牵累之苦,"人以有家而为乐,而家之牵累从之,乃至苦焉;人以有国而为安,而国之牵累从之,乃至忧焉;人以有财产而为利,而财产之牵累从之,乃至害焉;人以有宦达而为荣,而宦达之牵累从之,乃至辱焉"④。劳苦之苦,"劳力苦作,朝起而动,中夜阁阁,无复日之休息,无限时之轮托"⑤。愿欲之苦,"怀而莫得,愿欲不遂,忧心恻恻,何相去之远哉!"⑥压制之苦,"君臣也,夫妇也,乱世人道所号为大经也,此非天之所立,人之所为也"⑦。阶级之苦,"然太古之世,人以自私而立,则甲部落虏乙部而奴役之,于是人类之阶级有平民奴隶之分焉"⑧。"人道所以极苦,人治所以难成,皆阶级之为之也。"⑨

六是人所尊尚之苦。主要有富人之苦,"夫凡富者必有田畴,而田则有水旱之苦,加税之苦"⑩。贵者之苦,"贵者之上又有贵焉……其有失权要之欢心,立见贬戮,遭言官之弹劾,惶恐无常,忧忧惴惴,须发为白者"⑪。老寿之苦,"人老之时,如日将落,暗暗莫莫,其气凄冷而萧索,此固天之无如何者也"⑫。帝王之苦,帝王表面"处富贵之极",

---

① 康有为:《大同书》,上海古籍出版社 2014 年版,第 27 页。
② 同上书,第 30 页。
③ 同上书,第 32 页。
④ 同上。
⑤ 同上书,第 33—34 页。
⑥ 同上书,第 35 页。
⑦ 同上。
⑧ 同上书,第 36 页。
⑨ 同上。
⑩ 同上书,第 38 页。
⑪ 同上书,第 39 页。
⑫ 同上。

然"一夫失所,皆君之责"①。神圣仙佛之苦,"以救世之患,虽浩气刚大,万劫不变,然当其难也,心憾目怵,情伤神苦,肢解魄动,盖亦有万难者焉"②。

康有为对人世间苦难的描述是客观的,也是很全面的。问题在于这些苦难产生的原因是有本质差别的。

第一,有些苦难是永远也消除不了的自然现象,如投胎之苦、火山之苦、地震山崩之苦;有些是逐渐减少但无法消除的,如鳏寡之苦、孤独之苦,正像苏东坡词里所说的"月有阴晴圆缺,人有悲欢离合,此事古难全";有些是人为造成而可以消除的,如苛税之苦、兵役之苦、水旱饥荒之苦。将这些苦难笼而统之作为"破九界"的前提,也必然导致笼而统之的"破九界"。不加区分,整齐划一,这种前提也必然导致采取的措施无法具有针对性,只能是泛泛而谈。

第二,对很多社会现象要辩证地看,从一个角度去看是幸福,从另一个角度去看就是苦难。如果僵硬地看待这些问题,那么任何事物和行为都可以看成是苦难。这样推论下去,康有为的"破九界"之后的世界也到处是苦难。比如去"家界"为天民,没有了家,可能就少了亲情,这不也是苦难吗?这样推论下去,任何"破九界"之后的世界,也一定是充满苦难的。

(二) 第二部分:"破九界"以消除痛苦

康有为在论述了人世的六大苦难之后,对"破九界"进行了全面的论述:

其一,去国界合大地。

(1)有国之害。康有为认为,国家是由各个小邦逐渐形成的,但"凡此吞小为大,皆由无量战争而来,涂炭无量人民而至"③。"及有

---

① 康有为:《大同书》,上海古籍出版社2014年版,第40页。
② 同上书,第41页。
③ 同上书,第44页。

国,则争地争城而调民为兵也,一战而死者千万。"①康有为先论述了中国历史上的无数次征战,接着又论述了世界范围内的无数次征战,得出结论:"凡此皆就文明之国言之,兵祸之惨剧已如此矣。"②因此,"欲去国害必自弭兵破国界始"③。

（2）去国界的意义和内涵。去国界的意义:"国界自分而合乃大同之先驱",去国界有利于民权自下而上的实现,这也是大同之先驱。去国界的内涵:"有各国平等联盟之体;有各联邦自行内治而大政统一于大政府之体;有削除邦国之号城,各建自立州郡而统一于公政府之体。"④

（3）初设公议政府为大国之始。这是去国界的基本途径;公议政府专议万国交通之大同。立公政府以统各国为大同之中,公议政府议定各国法律、执行公法,处理各国不公不平不文明举动,凡关税渐求其平,保护土地。"若能立公议政府,行各法,不及数十年,各国联邦必成矣;各国联邦法必固,各国损人利己之心必减,各国凌夺人以自利之事必少。以公地既立,公民日多,投归公政府之自治地必无数。各大国势力必日分日弱,各国民权团体必更炽,各国政府主权必渐削,如美国联邦矣;各国公议政府必渐成中央集权,如华盛顿矣。即各国虽有世袭君主,亦必如德之联邦各国,各国之自治政体,则如美国诸州、瑞士诸乡,虽有强大之国不能争乱,不能吞并焉。至于是时,则全地公政府之大势成矣,全地大同政府之基础固矣,大公政府之大权行矣。"⑤实际上,康有为所说的公议政府,有些类似于今天的联合国,事实已经证明,想通过建立联合国消灭国家,这是不可能的。

其二,去级界平民族。

其三,去种界同人类。

实际上,这两个问题完全可以放在一起讨论。先说去级界平民

---

① 康有为:《大同书》,上海古籍出版社 2014 年版,第 45 页。
② 同上书,第 55 页。
③ 同上书,第 56 页。
④ 同上书,第 57 页。
⑤ 同上书,第 64—65 页。

族。康有为认为:"人类之苦不平等者,莫若无端立级哉!其大类有三:一曰贱族,二曰奴隶,三曰妇女。夫不平之法,不独反于天之公理,实有害于人之发达。"① 这种民族不平等严重阻碍社会的发展,有以下几种解决办法:一是设定期限,取消奴隶;二是不许买卖人口;三是职业平等;四是鼓励民族之混居。再说去种界同人类。去种界实际上同民族问题紧密相连。种界就是指不同种族的人,黄种人、白种人等。去种界有几个措施:一是迁地之法,大同公政府鼓励不同种族的人自由迁徙。二是杂婚之法,"地既迁矣,则与黄人、白人杂居,于是创奖励杂婚之格"②。三是改食之法,"若改易其食,加以火化,去其昆虫异草与胃腹不宜者,则形色必变"③。康有为认为,人种的不同是同饮食的差异联系到一起的,改变饮食就能改变人种。四是沙汰之法,通过医者手段让某些人种消失。这种做法是更不可取的。④

其四,去形界保独立。

这里实际是指男女平等问题。康有为先是列举了男女不平等的种种现象,女子不得仕宦,不得科举,不得充议员,不得为公民,不得预公事,不得为学者,不得自立,不得自由,实际上是囚在家中的奴隶,是男人的私物。而事实上"女子最有功于人道"⑤,要想使"女子升平独立之制","宜先设女学,章程皆与男子学校同",女子"学问有成,许选举应考,为官为师,但问才能,不加禁限"⑥。"法律上应许女子为独立人之资格";"婚姻皆听女子自由,自行择配";"国家当设媒氏之官","其男女婚姻,皆告媒氏,自具愿书,领取凭照";女人有出入交接、游现宴会,皆许自由;女子为独立之人,其缠足等旧俗皆应废之;"女子与男

---

① 康有为:《大同书》,上海古籍出版社 2014 年版,第 84 页。
② 同上书,第 95 页。
③ 同上。
④ 同上。
⑤ 同上书,第 115 页。
⑥ 同上书,第 127 页。

子衣服装饰当同"。①

其五,去家界为天民。

这是《大同书》最有特色的部分。康有为先论述了家庭产生的必然性和优势。他指出:"夫父母与子之爱,天性也,人之本也,非人所强为也。"②因此,家庭的产生是必然的。接着又指出了家庭的种种弊端。家庭"风俗不齐,教化不一,宗自为俗";"养生不一,疾病者多";"人格不齐,人格不具";家庭导致出现"无化半教之民";"盖人自为教,家自为学,则杂隘已甚";"国有家之故,必私其妻子而不能天下为公";家庭"养累既多,心术必私";人各私其家,"疾病者多,人种不善";"无从以私产归公产";"不能多抽公费而办公益"。③ 所以,"欲至太平大同必在去家"④。

那么如何去家呢?首先成立人本院,"凡妇女怀妊之后皆入焉";妇女生产之后,婴儿进入公立育婴院,"不必其母抚养";"凡婴儿三岁之后",进入"公立怀幼院";凡儿童六岁之后,进入公立蒙学院;然后至小学院,中学院,大学院。⑤ 同时建立恤贫院,"凡人无业,无所衣食者,许入此院,公家衣食之"⑥。建立医疾院,"凡人有疾者入此院"⑦。建立养老院,"凡年六十以上者,许入此院养之"⑧。建立考终院,"凡人死,不论老少贵贱、有疾无疾、在私家在公家,报考终院,或裹以帛,或盛以棺,立移于此院"⑨。

---

① 康有为:《大同书》,上海古籍出版社 2014 年版,第 128 页。
② 同上书,第 133 页。
③ 同上书,第 150—151 页。
④ 同上书,第 151 页。
⑤ 同上书,第 152 页。
⑥ 同上书,第 174 页。
⑦ 同上书,第 175 页。
⑧ 同上书,第 178 页。
⑨ 同上书,第 181 页。

其六，去产界公生业。

这实际上就是如何发展经济的问题。"人生之所赖，农出之，工作之，商运之，资生之学日精，则实业之依倍切。"①康有为同样是先论述了不实行经济上之大同的种种弊端：一是农不行大同则不能均产而有饥民。因为"中国许人买卖田产，故人各得小区之地，难于用机器以为耕，无论农学未开，不知改良"，无法提高生产力，乃产生大量饥民。②二是工不行大同则工党业主相争，将成国乱。"资本家复得操纵轻重小工之口食而控制之或抑勒之，于是富者愈富，贫者愈贫矣。"③三是商不行大同则人种生诈性而多余货以殄物。"由争利之故，故造作伪货以误害人，若药食舟车，其害尤烈者矣。"④因此，独农与公农之比，公农"合大地之农人数万万，将来则有十百倍于此数者"，规模效益明显；独商与公商之比，公商利于统计，皆有定数；独工与公工之比，公工各工厂之间互相弥补，工人之间互相帮助。⑤所以，"凡农工商之业，必归之公"，成立"政府立农部而总天下之农田"⑥；大同世之工业，使天下之工必尽归于公，"公政府立工部"⑦，统管天下之工业；"大同世之商业，不得有私产之商，举全地之商业皆归公政府商部统之"⑧。去产界公生业，还有一个最基本的前提，就是一定要明确"男女人权"，"但使大明天赋人权之义，男女皆平等独立"，这种权利是"天之生人也"。⑨

---

① 康有为：《大同书》，上海古籍出版社2014年版，第185页。
② 同上。
③ 同上书，第186页。
④ 同上书，第187页。
⑤ 同上书，第188—190页。
⑥ 同上书，第190页。
⑦ 同上书，第195页。
⑧ 同上书，第197页。
⑨ 同上书，第199—200页。

其七,去乱界治太平。

这个问题是说如何保证社会的稳定和太平。康有为论述这个问题的起点是"分地为百度"。仅举亚洲为例,"亚细亚东西可七千英里,南北可五千三百英里,并岛屿计之,面积可一万七千万方里,当一千七百万方英里,每万方里为一度,共得一千七百度界"①。在度界的基础上,"凡大同之世,全地大同,无国土之分,无种族之异,无兵事之事"②。"地方分治以度为界","大同之治体,无国种,无险要,故分治之域,不以地势为界而但以度为界,每度之疆树石刻字以表之。人生其中,即为其度这人,由人本、育婴、慈幼三院养成,则入小、中、大学,学成则充看护人,一年则入农工商各场,有疾则入医院,老则入养老院,死则入考终院。人民以界为表,则于一界之中,政府设司立职焉"③。在这里,康有为为我们提供了一个比较完整的"大同世界"的轮廓。在这个以百度为基础的大同世界上,"全地大同公政府政体"④是:全地公政府设民部、农部、税部等 24 个机构,统一掌管大同世界内部事务;"凡一部之主,总全地之事,皆由各度本曹之主数千人公举之,从其多数"⑤。各度政府政体,设民曹等 18 个曹和院,掌管各曹之事,"凡各曹皆由地方自治局公举,终身不贰事,不移官"⑥。曹以下各公政府皆实行地方自治。

其八,去类界爱众生。

其九,去苦界至极乐。

这两部没有实质性内容,主要讲主观上的感受和努力,强调"治教以去苦求乐",具体说来,有居处之乐、舟车之乐、饮食之乐、衣服之乐、器用之乐、净香之乐、沐浴之乐、医视疾病之乐、炼形神仙之

---

① 康有为:《大同书》,上海古籍出版社 2014 年版,第 202 页。1 英里 = 1.609 344 千米。
② 同上书,第 203 页。
③ 同上书,第 203—204 页。
④ 同上书,第 205 页。
⑤ 同上书,第 207 页。
⑥ 同上书,第 209 页。

乐、灵魂之乐。① 在大同世界中,这些乐都能实现。这两部分的乐,实际是对全书的总结,并且这两部分带有很强的宗教色彩,"故大同之后,始为仙学,后为佛学,下智为仙学,上智为佛学。仙、佛后则为天游之学矣,吾别有书"②。

《大同书》成书于 19 世纪末 20 世纪初,对于中国人来说,那是一个内忧外患的时代。让国家走向独立和富强,让老百姓过上吃饱穿暖的安稳生活,是那一代先进知识分子的追求。无奈封建势力太强大,广大人民,包括那些知识分子被挤压得真的活不下去了,但是理想没有破灭,抗争没有停止,康有为仍用手中的笔,寄托着自己的信仰和追求。具体说来,《大同书》吸收了中国古代儒家的社会理想,又融入了资产阶级天赋人权与平等的政治观念,还结合了空想社会主义的政治理论,勾勒出一幅美好世界的图景。从历史的发展趋势来说,《大同书》在总体上具有进步的意义和深远的影响。

中国人对美好"大同"社会理想的追求有着悠久的历史。在反映周代社会历史的《诗经》中,就已经有了"大同"思想的萌芽,向往"乐土乐土,爰得我所"③。孔子将大同思想具体化,提出"不患寡而患不均,不患贫而患不安"④,其志向是"老者安之,朋友信之,少者怀之"⑤。孟子继承了孔子的思想,将大同上升到民心的高度,提出"居天下之广居,立天下之正位,行天下之大道"⑥。这个大道就是"民心","得其心,斯得民矣"⑦。老子则把自然观引入大同思想中,提出"天之道,损有余而补不足"⑧。墨家学派以"兼爱""尚同"作为大同的基本原则,

---

① 康有为:《大同书》,上海古籍出版社 2014 年版,第 234—241 页。
② 同上书,第 241 页。
③ 《诗经·魏风·硕鼠》。《诗经》,中华书局 2006 年版,第 148 页。
④ 《论语·季氏》。《论语》,中华书局 2006 年版,第 250 页。
⑤ 《论语·公冶长》。同上书,第 66 页。
⑥ 《孟子·滕文公下》。《孟子》,中华书局 2006 年版,第 125 页。
⑦ 《孟子·离娄上》。同上书,第 154 页。
⑧ 《老子·七十七章(砭时)》。《老子》,中华书局 2006 年版,第 184 页。

认为大同社会要做到"则饥者得食,寒者得衣,乱者得治"①。康有为则集历代大同思想之大成,对大同思想做了系统的阐述,号召人们为了追求美好社会而不断奋斗,其进步意义是显而易见的。

儒家的社会理想是什么?儒家经典《礼记·礼运》说:"大道之行也,天下为公。选贤与能,讲信修睦。故人不独亲其亲,不独子其子,使老有所终,壮有所用,幼有所长,鳏寡孤独废疾者,皆有所养。男有分,女有归。货恶其弃于地也,不必藏于己;力恶其不出于身也,不必为己。是故谋闭而不兴,盗窃乱贼而不作,故外户而不闭,是谓大同。"②一句话,儒家要建立社会财富平均分配、人人讲道德的和谐社会。资产阶级革命之后形成了人人生而平等、天赋人权的政治理念,空想社会主义就是要消灭阶级和阶级差别,合理分配财富,"消灭商品交换,有计划地组织生产",消灭国家,建立婚姻自由的理想社会。③这些主张,程度不同地在康有为的《大同书》中有所反映。

康有为《大同书》的影响是深远的。很多有志青年将"大同"作为自己追求的目标。毛泽东在接受马克思主义之前,曾经热烈向往"大同"的理想。他认真研读了康有为《大同书》甲乙两部后,明确表示:"大同者,吾人之鹄也。"④1920年毛泽东成为马克思主义者,"大同思想成为他完成这种转变的文化基因"⑤。但是必须指出,《大同书》本身是一种中国式的空想社会主义的体现,无论是目标还是手段都是无法实现的。毛泽东后来明确指出:"康有为写了《大同书》,他没有也不可能找到一条到达大同的路。"⑥

首先,康有为的确勾画出了一幅美好的大同世界的图景,那么依

---

① 《墨子·尚贤下》。《墨子》,中华书局2011年版,第79页。

② 转引自中共中央宣传部理论局编:《世界社会主义五百年》,学习出版社、党建读物出版社2014年版,第2页。

③ 同上书,第18—24页。

④ 毛泽东:《致黎锦熙信》,载《毛泽东早期文稿》,湖南出版社1990年版,第89页。

⑤ 徐大同:《中国传统政治文化讲录》,江苏人民出版社2015年版,第137页。

⑥ 《毛泽东选集》第4卷,人民出版社1991年版,第1471页。

靠谁来实现这个目标呢？康有为没有提及，仅仅是通篇讲述应该实现这个大同世界。显然，这是一个极其庞大的工程，起码要有一个强大的阶级、阶层或者集团作为代表去实现，如果没有一个强大的力量去推动，这就完全是一种空想。

其次，康有为设计的大同世界需要有坚实的经济基础做支撑，换言之，要建立在生产力高度发达的基础之上。康有为设计的大同世界要建立公农、公商、公工，他认为这样能够推动经济的发展。然而，到目前为止事实证明只有市场经济，也包括社会主义市场经济，能够推动经济的快速发展，那种笼统的公农、公商、公工只能导致"大锅饭"，使社会发展失去动力。中国和其他社会主义国家的早期实践已经证明，传统的社会主义也要进行改革，没有强大的经济基础，类似于养老院、育婴院等社会福利政策都是无法持续的。

最后，康有为设计的众多社会政策都没有经过实践检验，仅仅是主观上的想象罢了。试问，婴儿出生后就离开父母进入育婴院，这会带来多少社会问题，人们的观念要经过多大的转变？任何一种政策的推行，先是人们要有观念上的准备，然后要有充分的物质准备，接着还要有局部的试验，等等。社会发展到今天越来越复杂，各种政策之间有着密切的关系，其后果也是短期内很难预料的。单凭主观想象就推行某种政策，一定不会有好的社会效果。

实际上，在康有为之前，一些空想社会主义者对类似于《大同书》的某些设想也做过尝试。英国空想社会主义的代表罗伯特·欧文，曾经是一个成功的企业家，他在英国就进行了类似"大同世界"的实验。具体说来，就是划出一块地方，人们共同劳动、财产公有、设立互助储蓄金和医院、发放抚恤金、创办公益的幼儿园和学校。这种设想实践的时间不长，后来遭到了当局的封杀。1824年，欧文带领一些信徒跑到美国，"用他积累的财富购得3万英亩土地，进行'新和谐公社'的共产主义新村实验，引起了美国和西欧的广泛关注，有1 000多人参加了实验活动。"①但后来还是以失败告终。如果从空想的程度来说,康有为更是将这种空想发展到了极致,没有经过任何试验就提出了一个更加庞大的新社会的蓝图,这怎么可能实现呢?

二、孙中山的《建国方略》:资产阶级性质共和国的设计

孙中山的《建国方略》由三部分构成:第一部分是"行易知难"(心理建设),充分论述了理想信念的作用;第二部分是"实业计划"(物质建设),对物质建设做了初步的规划;第三部分是"民权初步"(社会建设),重点讲了结社、集会选举等问题。这样,心理建设是前提,物质建设是基础,社会建设是保障,孙中山以三民主义理想为核心,构建了一幅新型国家的大致轮廓。

(一)行易知难:心理建设是出发点

孙中山在展开讨论心理建设之前,先论述了《建国方略》的基本目标:"以我五千年文明优秀之民族,应世界之潮流,而建设一政治最修明、人民最安乐之国家,为民所有、为民所治、为民所享者也。"②在此目标之后,孙中山分析了中国落后的原因:"中国数千年来,以文为尚,上自帝王,下逮黎庶,乃至山贼海盗,无不羡仰文艺。其弊也,乃至以能文为万能。多数才俊之士,废弃百艺,惟文是务。此国势所以弱,而民事所以不进也。"③因此,"近世科学之发达,非一学之造诣,必同时众学皆有进步,互相资助,彼此乃得以发明"④。孙中山特别强调孔子的"民可使由之,不可使知之"的观念是错误的,认为"'知之非艰,行

---

① 中共中央宣传部理论局编:《世界社会主义五百年》,学习出版社、党建读物出版社2014年版,第17页。
② 《孙中山选集》,人民出版社1981年版,第117页。
③ 同上书,第139页。
④ 同上书,第153页。

之惟艰'之说,其流毒之烈,有致亡国灭种者,不可惧哉"①。这实际上是造成中国落后的重要根源。孙中山对知行总论的看法是:"夫中国近代之积弱不振、奄奄待毙者,实为'知之非艰,行之惟艰'一说误之也。"②"而中国之后知后觉者,皆重实行而轻理想矣。"③孙中山点明了信仰和理想的重要,想明白了,才能做好。孙中山充分认识到了理想和信念的重要,即心理建设、软性因素建设的重要。

孙中山认为,"能知必能行"④。"予之于革命建设也,本世界进化之潮流,循各国已行之先例,鉴其利弊得失,思之稔熟,筹之有素,而后订为革命方略。规定革命进行之时期为三:第一、军政时期,第二、训政时期,第三、宪政时期。第一为破坏时期……第二为过渡时期,拟在此时期内施行约法(非现行者),建设地方自治,促进民权发达。以一县为自治单位,县之下再分为乡村区域,而统于县。……以三年为限,三年期满,则由人民选举其县官。……俟全国平定之后六年,各县之已达完全自治者,皆得选举代表一人,组织国民大会,以制定五权宪法。以五院制为中央政府:一曰行政院,二曰立法院,三曰司法院,四曰考试院,五曰监察院。宪法制定之后,由各县人民投票选举总统以组织行政院,选举代议士以组织立法院,其余三院之院长由总统得立法院之同意而委任之,但不对总统、〈立〉法院负责,而五院皆对于国民大会负责。……宪法制定,总统、议员举出后,革命政府当归政于民选之总统,而训政时期于以告终。第三为建设完成时期,拟在此时期始施行宪政,此时一县之自治团体,当实行直接民权。"⑤"人民对于本县之政治,当有普通选举之权、创制之权、复决之权、罢官之权,而对于一国政治除选举权之外,其余之同等权则付托于国民大会之代表以行

---

① 《孙中山选集》,人民出版社1981年版,第157页。
② 同上书,第159页。
③ 同上书,第164—165页。
④ 同上书,第176页。
⑤ 同上书,第165—167页。

之。此宪政时期,即建设告竣之时,而革命收功之日。此革命方略之大要也。"①

孙中山对自己的革命生涯做了初步的总结。"乃于民国建元之初,予则极力主张施行革命方略,以达革命建设之目的,实行三民主义,而吾党之士多期期以为不可。经予晓喻再三,辩论再四,卒无成效,莫不以为予之理想太高,'知之非艰,行之惟艰'也。呜呼!是岂予之理想太高哉?毋乃当时党人之知识太低耶?"②孙中山认为:"夫以中国数千年专制、退化而被征服亡国之民族,一旦革命光复,而欲成立一共和宪治之国家,舍训政一道,断无由速达也。"③"夫吾人之组织革命党也,乃以之为先天之国家者也,后果由革命党而造成民国。"④"夫国者,人之积也。人者,心之器也。国家政治者,一人群心理之现象也。是以建国之基,当发端于心理。"⑤孙中山总结道:"古人之言'十年树木,百年树人',则教育之普及,非百十年不为功。"⑥因此,有志竟成。"夫事有顺乎天理,应乎人情,适乎世界之潮流,合乎人群之需要,而为先知先觉者所决志行之,则断无不成者也,此古今之革命维新、兴邦建国等事业是也。"⑦

(二) 发展实业:国家建设的基础

第一计划:基础设施建设

孙中山指出:"既废手工采机器,又统一而国有之。"⑧要建设10万英里铁路,100万英里碎石路;修浚现有运河,即杭州、天津间运河,两

---

① 《孙中山选集》,人民出版社1981年版,第167页。
② 同上。
③ 同上书,第172页。
④ 同上书,第175页。
⑤ 同上书,第176页。
⑥ 同上书,第185页。
⑦ 同上书,第191页。
⑧ 同上书,第214页。

江、扬子江间运河;新开运河,即辽河、松花江间运河等;要治理中国的大江大河;增设电报线路、电话及无线电等。① 可通过以下措施实现上述计划:第一步,投资之各政府,务须共同行动,统一政策。第二步,必须设法得中国人民之信仰,使其热心匡助此举。第三步,即为与中国政府开正式会议,以议此计划之最后契约。②

孙中山还认为:"中国实业之开发应分两路进行,(一)个人企业,(二)国家经营是也。凡夫事物之可以委诸个人,或其较国家经营为适宜者,应任个人为之,由国家奖励,而以法律保护之。"③适合国家经营的,"有四原则必当留意:(一)必选最有利之途以吸外资。(二)必应国民之所最需要。(三)必期抵抗之至少。(四)必择地位之适宜。"④他提到了北方大港、铁路系统、开浚运河、开发山西煤铁矿源,还有开发新疆、西部大开发。

第二计划:东方大港为中心

（1）东方大港（上海）;

（2）整治扬子江水路及河岸;

（3）建设内河商埠;

（4）改良扬子江之现存水路及运河;

（5）创建大士敏土厂（矿石、铁矿石）。⑤

第三计划:建设一南方大港（广州）

以珠江沿岸为中心,改良广州水路系统,建设中国西南铁路系统。⑥ 此外,还要建设沿海商埠及渔业港⑦:

---

① 《孙中山选集》,人民出版社1981年版,第215页。
② 同上书,第217页。
③ 同上。
④ 同上书,第218页。
⑤ 同上书,第231页。
⑥ 同上书,第267—292页。
⑦ 同上书,第292页。

甲、营口；

乙、海州；

丙、福州；

丁、钦州。

第四计划：开发全国

(1) 中央铁路系统；

(2) 东南铁路系统；

(3) 东北铁路系统；

(4) 扩强西北铁路系统；

(5) 高原铁路系统；

(6) 创立机关车、客货车制造厂。①

第五计划：生活必要品生产

(1) 粮食工业；

(2) 衣服工业；

(3) 居家工业；

(4) 行动工业（自行车）；

(5) 印刷工业。②

（三）发展民权：社会建设是保障

孙中山指出，要建设一个新国家，"则从固结人心、纠合群力始"③。而纠合群力，就要发展民权，"民有选举官吏之权，民有罢免官吏之权，民有创制法案之权，民有复决法案之权，此之谓四大民权也"④。其中，集会权实为民权发达之第一步。⑤

---

① 《孙中山选集》，人民出版社1981年版，第304页。
② 同上书，第348页。
③ 同上书，第384页。
④ 同上。
⑤ 同上。

"然中国人受集会之厉禁,数百年于兹,合群之天性殆失,是以集会之原则、集会之条理、集会之习惯、集会之经验,皆阙然无有。……是中国之国民,今日实未能行民权之第一步也。"①如果这个第一步能实行,行之能稳,则逐步前进。因此,对集会者,要有专门的法律,孙中山对各种会议进行了认真的研究,包括议事的程序、通过的规则。对永久性的社团也提出了发展的具体办法,并规定了会员的权利和义务。

应该说,这些具体的技术问题是很重要的。民主不是虚设的,是实实在在的行为,是要有效率的,像投票表决之类的问题,选举制度是民主的重要环节。

孙中山对集会的程序做了详细论述,他认为首先要制定集会之组织法,并明确规定"会员之权利义务"②。讨论每个问题,都要有严格的程序,特别是要让每个人充分发表意见,然后要有表决和复议,还有"修正之性质与效力"③。

后来在 1924 年,孙中山又对民权主义做了深入和全面的论述。自由是民权的前提,"因为民权是由自由发生的"④;民权又同平等联系在一起,"平等和我们的民权主义相同,因为民权主义是提倡人民在政治之地位都是平等的,要打破君权、使人人都是平等的,所以说民权是和平等相对待的"⑤。但孙中山更多地强调中国的民权有其特殊性,中国的民权"如果仿效欧美,一定是办不通的"。简单地说,"民权便是人民去管理政治"。如何管呢?"就是要把权与能来分开。"⑥"想造成的新国家,是要把国家的政治大权分开成两个。一个是政权,要把这个大权完全交到人民的手内,要人民有充分的政权可以直接去管

---

① 《孙中山选集》,人民出版社 1981 年版,第 384 页。
② 同上书,第 397 页。
③ 同上书,第 425 页。
④ 同上书,第 721 页。
⑤ 同上书,第 723 页。
⑥ 同上书,第 769 页。

理国事。这个政权,便是民权。一个是治权,要把这个大权完全交到政府的机关之内,要政府有很大的力量治理全国事务。这个治权,便是政府权。"① 正是在这个意义上,孙中山指出,民权的实施过程非常重要,要对选举法、罢免法、创制法和复决法都有严格的规定,这便是《建国方略》中民权的真正含义。

孙中山强调的是"行易知难",中国传统文化中强调的是"知行合一",这实际上并不矛盾,是两个层次上的问题。"知行合一"是从认识论的意义上论述的,即人们在认识事物的过程中,认识是随着实践的发展不断深化的,边实践边认识,实践和认识互相促进,这是人们认识事物的基本规律;而"行易知难"是从本体论的角度来论述的,作为行为主体的人,首先要有正确的世界观,很多问题要认识清楚,没有充分的认识是无法开展后续的行动的。而这种本体论强调的重点,就是人们的信仰、价值观、世界观、对客观事物的认识深度等层面的问题。

从本体论上讲,人的信仰是十分重要的,是人的认识和行为的基本前提。

"行易知难"是世界大势所驱使的,"方今革命造端之始,开吾国数千年来未有之局,又适为科学昌明之时,知之则必能行之,知之则更易行之"②。中国幅员辽阔,人口众多,之所以落后,还是因为没有找到正确的方向,很多事情没有想清楚。"倘使我国之后知后觉者,能毅然打破'知之非艰,行之惟艰'之迷信,而奋起仿效,推行革命之三民主义、五权宪法,而建设一世界最文明进步之中华民国,诚有如反掌之易也。"③

孙中山充分认识到了方向的重要性,这是《建国方略》的核心内容,也是最具特色的地方。中国文化的主要特征就是实用理性。这种

---

① 《孙中山选集》,人民出版社 1981 年版,第 793 页。
② 同上书,第 163 页。
③ 同上。

实用理性有三个基本的内涵：一是信仰的多元性，缺少一种单一的崇拜；二是实用性，视之为生活的一部分，更加关注对生活是否有用；三是平民性，着眼于大众百姓。对实际生活和具体行为方式的关注，是中国文化的基本价值取向。而西方文化一开始就经历了"古典主义"阶段，强调永恒的善和正义，形成了重视思辨和信仰的传统，加上后来宗教的影响，终极关怀一直没有中断。近代以来，真正对中国"实用理性"思维方式进行反思的，起点就是孙中山的"行易知难"，而为之画上一个完美句号的就是毛泽东。他们有一个共同的特点，就是都非常重视理论思维。

孙中山的《建国方略》的问题不在方略本身，而在谁来实行这个方略。《建国方略》的实质是要建立一个资产阶级性质的共和国。在正常条件下，这个目标是可以实现的。一是他所说的资产阶级性质的共和国，同传统意义上的资产阶级共和国又有所不同，进行了部分改良，主要表现在：节制资本，国家要掌握经济命脉、铁路、航运、通信等；平均地权，实行耕者有其田。二是国民党到台湾后，通过逐步的改革，基本上实现了孙中山的主张。孙中山方案的致命问题是谁来实现这个《建国方略》。孙中山并没有明确回答这个问题，但他实际上是要依靠资产阶级，然而中国并没有一个强大的资产阶级。中国的资产阶级，分为买办资产阶级和民族资产阶级。买办资产阶级，即投靠帝国主义的大资产阶级，他们依靠帝国主义的支持，部分控制着中国的经济命脉，像杜月笙、孔祥熙家族；还有一部分民族资产阶级，他们深受帝国主义和中国封建势力的压迫，无法走上正常的发展道路。为了在夹缝中求生存，他们对帝国主义和封建势力唯唯诺诺，不可能成为一支独立的强大政治力量。孙中山本能地感受到这一点，在第一次国共合作时期，坚持"党内合作"，借用共产党的力量来实现自己的政治主张，就是有力的证明。有了目标，没有人来执行，就是镜中花，水中月，这进一步印证了信仰是一个完整的体系，要有系统的纲领，也要有人，有强大的集团或者阶级来实行。

我们从上述观点引申出对国民党的进一步分析。国民党从孙中山创立的那天起就有一个重大的问题,他们主要依靠资产阶级,通过少数人的起义来革命,而忽略了动员广大人民群众参加革命。孙中山深刻认识到这个问题的时候,已经有些晚了,不久他就去世了。蒋介石执政的时候,更是依靠江浙财团和上层人士,没有加强基层组织的建设。从形式上来说,国民党是一个贵族型的政党,不是一个平民型的政党,这是国民党败退台湾的一个重要原因。

三、毛泽东的《新民主主义论》:中国科学社会主义的奠基之作

毫无疑问,中国共产党从一大开始,历次党的代表大会通过的党章,都将实现社会主义和共产主义作为自己的奋斗目标,其政治信仰是十分明确的。但是,这个政治信仰提出的国际国内背景、阶级基础、领导力量、同中国传统文化和三民主义的关系、实现政治信仰的基本原则及具体的政策和策略等一系列问题,都需要结合理论和实践加以论述。毛泽东在《新民主主义论》中,第一次系统地对这些问题作了深刻阐述。毛泽东指出:"共产主义是无产阶级的整个思想体系,同时又是一种新的社会制度。这种思想体系和社会制度,是区别于任何别的思想体系和任何别的社会制度的,是自有人类历史以来,最完全最进步最革命最合理的。"①我们的奋斗目标,就是要建立社会主义和共产主义的社会制度。毛泽东在指明了中国共产党的这个政治信仰之后,又从几个方面论述了政治信仰的问题:

(一)历史与现实的统一

这种统一证明了中国接受社会主义和共产主义政治信仰的历史

---

① 《毛泽东选集》第2卷,人民出版社1991年版,第686页。

必然性。毛泽东指出:"自周秦以来,中国是一个封建社会,其政治是封建的统治,其经济是封建的经济。而为这种政治和经济之反映的占统治地位的文化,则是封建的文化。"[1]帝国主义入侵之后,中国逐渐变成了一个半殖民地半封建社会。在这个社会中,帝国主义和封建势力相互勾结,对广大人民实行残酷的统治,"这些统治的政治、经济和文化形态,就是我们革命的对象"[2]。在这个历史过程中,要建立新的政治、经济和文化,也就是新民主主义的政治、经济和文化。这是因为帝国主义和封建主义的统治是极其落后的,不可能将中国引向光明,只有通过新民主主义革命,推翻帝国主义和封建主义的统治,建立新民主主义国家,为将来实现社会主义和共产主义创造条件,中国才有光明的前途。毛泽东分析了文化革命发展的四个时期,即五四运动、国民大革命、土地革命和抗日战争。这四个时期的历史发展证明了中国共产党的方向是正确的。在这种历史线索的指引下,毛泽东着重分析了旧三民主义和新三民主义的区别。新三民主义一定是联俄、联共、扶助农工的,是要实行"节制资本、平均地权"的,也是要反对帝国主义和封建主义的。因此,只有新三民主义,"才和中国共产党在民主革命阶段中的政纲,即其最低纲领,基本上相同"[3]。

在这个论述的基础上,毛泽东又着重阐释了为什么一定要实现社会主义和共产主义。他指出,这是因为共产主义是最先进的制度,我们的民主革命是无产阶级领导的,只有将这种民主革命推进到社会主义阶段,才能完成解放劳苦大众、发展社会生产力等各项任务。完成了民主革命阶段的任务,建立了社会主义制度之后,社会的前途一定是共产主义,这是由中国共产党的性质和革命的性质所决定的。为此,毛泽东向共产党员提出了基本的要求:一定要坚持共产主义的信念。与此同时,也要做好当前的工作,"中国现在的革命任务是反帝反

---

[1] 《毛泽东选集》第2卷,人民出版社1991年版,第664页。
[2] 同上书,第665页。
[3] 同上书,第693页。

封建的任务,这个任务没有完成以前,社会主义是谈不到的"①。

(二) 目标与领导阶级的统一

有了社会主义和共产主义的目标,那么应该由谁来领导呢?毛泽东指出:"事情非常明白,谁能领导人民推翻帝国主义和封建势力,谁就能取得人民的信仰……历史已经证明:中国资产阶级是不能尽此责任的,这个责任就不得不落在无产阶级的肩上了。"②从常理来分析,民主革命是应该由资产阶级领导的,无奈中国的资产阶级是软弱的,承担不了这个艰巨的任务。中国的阶级状况还有一个鲜明的特点,就是百分之八十的中国人口是农民,"农民问题,就成了中国革命的基本问题,农民的力量,是中国革命的主要力量"③。因此,这个领导阶级要有先进的思想作为指导,要同农民有密切的联系,要能够团结广大的农民,这些条件只有无产阶级能够具备。中国的无产阶级除了具有革命性强、是先进生产力的代表等特点之外,还同中国的农民有着天然的密切联系,无产阶级便成为中国政治信仰的主要承担者。中国革命的实践已经证明了上述观点。中国共产党刚建立不久,工作重点是组织工人运动,在革命遭受挫折之后,共产党转向农村,走上农村包围城市、武装夺取政权的新道路,中国革命的面貌从此焕然一新。工人阶级通过中国共产党领导农村革命,是中国实现社会主义和共产主义的正确道路。

(三) 体系与特点的统一

中国有自己特殊的国情。毛泽东指出:"共产主义是无产阶级的整个思想体系。"但中国实行共产主义是有自己的特点的。其一,经由新民主主义进入社会主义,这是有机构成的两部分,"而为整个共产主

---

① 《毛泽东选集》第 2 卷,人民出版社 1991 年版,第 683 页。
② 同上书,第 674 页。
③ 同上书,第 692 页。

义思想体系所指导的"①。其二,在民主革命阶段,"不能离开共产主义思想的领导"②,但具体的政策、行动的纲领都应该是反帝反封建的民主革命的,不能超越这个阶段。其三,对各种文化,都要结合国情,取其精华,去其糟粕。对待马克思主义,也要将其同中国革命的具体实践相结合。这就讲明了政治信仰与各种具体政策和实践的关系。这其中最重要的,是不能超越民主革命阶段,立刻实行社会主义阶段的政策。处理好这个关系,需要兼具政治信仰的坚定性和具体政策的灵活性。后来毛泽东在中国共产党第七次代表大会的口头报告中多次讲到这个问题。毛泽东指出,我们在报告中没有多次强调共产主义,这不等于这个问题不重要,我们一定要用共产主义思想教育广大党员和干部,但我们强调一定要完成民主革命阶段的任务,如果不完成民主革命阶段的任务,其他一切都无从谈起。具体来说,在当时,建立联合政府,落实"减租减息"的土地政策,建立基层民主政权,这些都是非常重要的。这些都是实现社会主义和共产主义的重要组成部分。

(四) 内容与特定形式的统一

中国共产党政治信仰的内容就是代表最广大人民的根本利益,而形式就是放手发动群众,顺理成章。毛泽东指出:"不要农工政策,不真心实意地扶助农工,不实行《总理遗嘱》上的'唤起民众',那就是准备革命失败,也就是准备自己失败。"③民众中最重要的是农民,"中国的革命实质上是农民革命","中国有百分之八十的人口是农民","农民的力量,是中国革命的主要力量"。④ 要广泛动员人民,这是因为实现社会主义和共产主义,从本质上说是人民大众自己的事业。在上述理论的指导下,毛泽东着重分析了新三民主义和旧三民主义的区别。

---

① 《毛泽东选集》第 2 卷,人民出版社 1991 年版,第 686 页。
② 同上书,第 705 页。
③ 同上书,第 691—692 页。
④ 同上书,第 692 页。

旧三民主义的重要缺陷,就是对民众的忽略,新三民主义的重要进步,就是提出了"扶助农工"的政策。后来中国共产党独立领导中国革命之后,实行了广泛的政治动员,创造了一系列有效政治动员的具体措施。其中最根本的就是广泛发动群众,"扩大共产主义思想的宣传,加紧马克思列宁主义的学习"①。

关于内容与形式的统一,还有一点是必须说明的,那就是以毛泽东的《新民主主义论》为标志,中国共产党动员人民群众的话语体系基本形成。近代中国革命在辛亥革命和五四运动之前,有着两个鲜明的特点:一是传统的王朝体系已经腐烂,要彻底打碎;二是动员人民群众的书面语言和口头语言是分开的,书面是文言的,老百姓看不懂,只有口头语言是常用的。打碎旧世界的革命进程,迫切需要一种正确的人民群众能够掌握的通俗话语体系。严复和梁启超在介绍西方话语体系方面起了开山的作用。五四白话文运动之后,陈独秀在中国共产党话语体系的形成方面起了重要的作用,这个话语体系的完成者是毛泽东,这也是中国共产党能够战胜中国国民党的重要原因。我们试着比较一下:毛泽东的《新民主主义论》和当时中国共产党的文件,都是"白话"的,普通人都能读懂;而蒋介石和他的"文胆"陈布雷的文章都是"半文半白"的,一般人都读不懂。双方的社会效果就可想而知了。

(五)国内与国际的统一

中国革命是世界革命的一部分。1917年10月,俄国建立了第一个社会主义国家。从此以后,世界进入了无产阶级革命的时代。当时资本主义体系的弊端充分暴露,社会主义成为一种历史的潮流,特别是殖民地半殖民地人民的革命,受到了十月革命的影响。对于中国革命而言,这种影响更是深远,中国人看到了社会主义的光明前途。尽管后来社会主义遭受了挫折,苏联也遭遇了解体的困窘,但在当时,中

---

① 《毛泽东选集》第2卷,人民出版社1991年版,第706页。

国人民确实受到了社会主义发展趋势的影响而选择了社会主义。毛泽东当时将中国革命同世界无产阶级社会主义革命紧密联系起来,增加了中国革命的合法性,也增强了中国共产党人为实现社会主义和共产主义而奋斗的信心。

(六)政治经济和文化的统一

历史唯物主义告诉我们,"一定的文化(当作观念形态的文化)是一定社会的政治和经济的反映,又给予伟大影响和作用于一定社会的政治和经济;而经济是基础,政治则是经济的集中的表现"①。近代中国的经济是以地主土地所有制为主的,辅之以少量的大资产阶级控制的现代工业。地主土地所有制是极其落后的一种土地制度,是导致广大农民破产的总根源。大资产阶级依靠帝国主义和封建势力的支持,扼杀民族工业,同反动政权紧密结合,也堵死了中国走向现代工业文明的途径。进而在这个经济基础和政治形态基础上形成的文化,也是封建买办性质的文化。要想摧毁这个反动统治,首先在经济上要"没收地主的土地,分配给无地和少地的农民,实现中山先生'耕者有其田'的口号,扫除农村中的封建关系,把土地变为农民的私产"。同时,"大银行、大工业、大商业,归这个共和国的国家所有"。② 中国的经济,一定要走"节制资本"和"平均地权"的路。进而在这个新民主主义经济基础之上,建立"国体"和"政体"相统一的新民主主义的人民共和国,并在处于领导地位的共产主义思想的指导下,将五四以来的新民主主义文化,即以人民大众为主体的反帝反封建的文化,发展成为社会主义文化。毛泽东关于政治、经济和文化关系的论述,从理论的高度论证了中国实行社会主义和共产主义的必然性。

毛泽东的《新民主主义论》是一部具有里程碑意义的著作。在抗日战争即将胜利之时,这部著作科学系统地回答了中国向何处去的问

---

① 《毛泽东选集》第 2 卷,人民出版社 1991 年版,第 663—664 页。
② 同上书,第 678 页。

题。当时各方提出的解决中国问题的方案是很多的,有教育救国、科学救国、实业救国,但是影响较大的有三种理论:一是孙中山的三民主义,这是当时影响最大的政治思想;二是蒋介石的以"一个党,一个领袖"为特征的封建专制主义,由于蒋介石是打着孙中山的三民主义来宣传其政治主张的,有很大的影响和欺骗性;三是共产党的新民主主义和社会主义的政治主张。客观地说,前两种主张有着广泛的影响。毛泽东在这篇著作中,直面很多尖锐的问题,鲜明地打出了社会主义和共产主义的旗帜,而且对中国共产党这个政治信仰的历史背景、实行原因、实现途径都作了系统的阐述,特别是论述了中国共产党的政治信仰同三民主义的关系,同世界无产阶级革命的关系,同中国传统文化的关系。毛泽东后来多次谈到这篇著作,认为只是到把《新民主主义论》写出来了,才将中国在民主革命时期的规律认识清楚了,有了明确的方向。实际上,正是自《新民主主义论》问世以后,中国共产党内部对其奋斗目标更加明确,社会主义和共产主义在中国的确立才有了坚实的理论基础。后来,中国革命和建设在某些具体的问题上有所调整,比如过早地向社会主义过渡;中国社会主义在发展过程中经历了严重的挫折,比如出现了"文化大革命";中国改革开放的进程中,国际形势发生了很大的变化,特别是苏联解体、东欧剧变,社会主义事业遭受了暂时的严重挫折。但是,中国在根本方向上证明了毛泽东的论述基本上是正确的。从政治信仰的角度看,《新民主主义论》是马克思主义政治信仰中国化的重要标志。

毛泽东的《新民主主义论》发表之后,在国内引起了极大的反响,在中国共产党内部的反响更是积极而巨大的。全党更加明确了奋斗的目标,这使全党更加团结一致。《新民主主义论》的发表,也引起了蒋介石的恐慌,不久他就写了《中国之命运》,败退台湾之后又写了《苏俄在中国》,集中表达了他的政治信仰。蒋介石的政治信仰可以概括为一句话,就是维持现状。这实际上就是维持大地主、大资产阶级的统治。在《中国之命运》一书中,蒋介石说:"五四以后,自由主义与共产主义的思想,流行国内。他们对于中国文化,都是只求其变而不知其常的。""三民主义是国民革命永远不变的最高原则。"我们今天的"革命之主义,如日月经天一样的明白。革命的方略,国父已经有了精确的遗著"。具体说来,他是要宣扬中华民族"固有的德性",通过心理建设、伦理建设、新生活运动、地方自治等措施,改变社会风气,解决"革命建国的根本问题"。① 归结起来,蒋介石的这些言论就是要维持大地主、大资产阶级的统治。蒋介石最后的失败,与他政治信仰的错误直接相关。《新民主主义论》所阐明的中国共产党的政治主张,被越来越多的人接受,也包括国民党内部的有识之士。国民党上尉飞行员刘善本就是在读了《新民主主义论》之后,认为"中国人民只有用自己的力量,掀掉压在身上的大山,走新民主主义的道路,才有前途"②,毅然决然地于1946年6月驾机飞向延安宣布起义。中国的大地主、大资产阶级的统治代表着对历史发展的反动,即使蒋介石打着三民主义的旗号,有过一些积极的想法,但这些都无济于事,加上蒋介石对基层政权失去控制,这个政权很快就被广大人民群众推翻。蒋介石政权的崩溃如此之快和惨烈,是在很多人的意料之外的,这充分说明了顺应历史潮流,即坚持正确的政治信仰是多么重要。

---

① 蒋中正(蒋介石):《中国之命运》,正中书局1943年版,第71、75、125、157—186页。
② 刘善本:《飞向延安》,载谭启龙、刘华清等:《星火燎原》第19卷,解放军出版社2009年版,第75页。

第八章　当代中国政治信仰的基本内容
——理论分析

毫无疑问,中国共产党信仰社会主义和共产主义,这个政治信仰的主要思想来源是马克思主义。马克思和恩格斯通过对资本主义社会的深入分析,揭示了资本主义社会的私人占有制和生产的社会化这个基本矛盾,指出了社会主义和共产主义是人类社会发展的正确方向。以毛泽东为主要代表的中国共产党人,将马克思主义同中国的具体实际相结合,创立了毛泽东思想。毛泽东思想的重要内容,就是论证中国走向社会主义和共产主义的合理性和必然性。诚然,到了今天,客观现实发生了深刻的变化,马克思主义适合于当时的某些论述和结论今天并不一定完全适用,需要随着时代的变化而调整。但是,中国共产党人在选择自己政治信仰的过程中是认真和谨慎的,坚持自己政治信仰的决心是坚定的。

一、当代中国政治信仰的理论基础和主要内容

中国共产党的政治信仰来源于马克思主义。马克思、恩格斯在分析了资本主义的生产资料私人占有制和生产的社会化这个固有的矛盾之后,明确指出资本主义的固有矛盾在阶级社会表现为无产阶级同

资产阶级的斗争,只有通过无产阶级的社会革命,建立社会主义社会和共产主义社会,才能从根本上解决资本主义社会的矛盾。先是马克思和恩格斯在《德意志意识形态》中指出:"建立共产主义实质上具有经济的性质,这就是为这种联合创造各种物质条件,把现存的条件变成联合的条件。"① 后来恩格斯在《共产主义原理》中又指出:共产主义是一种社会制度,"在这种社会制度下,一切生活必需品都将生产得很多,使每一个社会成员都能够完全自由地发展和发挥他的全部力量和才能"②。到1848年,马克思和恩格斯在《共产党宣言》中系统地阐述了共产主义社会,并将共产主义作为一个完整的理论体系加以论述。连同马克思于1875年写的《哥达纲领批判》等重要著作,这个理论体系包括以下基本内容:一是"消灭私有制"③,实行社会主义公有制;二是"尽可能快地增加生产力的总量"④;三是"每个人的自由发展是一切人的自由发展的条件"⑤;四是"各尽所能,按需分配"⑥。后来,恩格斯在《社会主义从空想到科学的发展》中进一步指出:"社会主义现在已经不再被看做某个天才头脑的偶然发现,而被看做两个历史地产生的阶级即无产阶级和资产阶级之间斗争的必然产物。"⑦ "社会化生产和资本主义占有的不相容性,也必然越加鲜明地表现出来。"⑧ 资本家通过占有生产资料,"从这种劳动力榨取的价值仍然比他对这种劳动力的支付要多"⑨,剩余价值学说的发现,说明"社会化生产和资本主义占有之间的矛盾表现为无产阶级和资产阶级

---

① 《马克思恩格斯选集》第1卷,人民出版社2012年版,第202页。
② 同上书,第302页。
③ 同上书,第414页。
④ 同上书,第421页。
⑤ 同上书,第422页。
⑥ 《马克思恩格斯选集》第3卷,人民出版社2012年版,第365页。
⑦ 同上书,第796页。
⑧ 同上书,第802页。
⑨ 同上书,第797页。

的对立"①。解决这个矛盾的途径就是无产阶级革命。"无产阶级将取得公共权力,并且利用这个权力把脱离资产阶级掌握的社会化生产资料变为公共财产。"②

这里有两点是要说明的:一是马克思主义经典作家强调要掌握共产主义的原理,而不要将个别的结论变成教条。恩格斯在 1846 年指出:"我把共产主义者的宗旨规定如下:(1)实现同资产者利益相反的无产者的利益;(2)用消灭私有制而代之以财产公有的手段来实现这一点;(3)除了进行暴力的民主的革命以外,不承认有实现这些目的的其他手段。"③后来恩格斯又表示可以利用其他政党和手段来达到自己的目的,并明确指出不能把我们的理论变成"死板的教条"④。这就是说,基本理论没有变,但个别的结论可以不断深化。二是最初马克思主义经典作家是将共产主义和社会主义分开来论述的,到了马克思的《哥达纲领批判》,明确提出了"共产主义社会第一阶段"的概念,到了列宁的《国家与革命》,明确将"共产主义社会第一阶段"称作社会主义。共产主义是要消灭阶级和国家,社会主义是要加强国家的控制,实际上社会主义是为共产主义做准备的一个相当长的历史阶段,因此笔者将社会主义和共产主义作为一个整体来论述。

后来在中国革命斗争的实践中,中国共产党接受了马克思主义,将共产主义作为自己的政治信仰。中国人民选择了社会主义和共产主义,其原因是多方面的,毛泽东在《新民主主义论》中论述得十分清楚。但是随着社会的发展,深层次的问题也日益显露,那就是中国人口的增长和资源存量之间的极其严重的不平衡。毛泽东在《新民主主义论》中反复强调"没收地主土地分给无地的农民",实现"耕者有其田",本质上就是要解决这个矛盾。明朝万历年间中国的耕地面积为

---

① 《马克思恩格斯选集》第 3 卷,人民出版社 2012 年版,第 802 页。
② 同上书,第 817 页。
③ 《马克思恩格斯选集》第 4 卷,人民出版社 2012 年版,第 406 页。
④ 同上书,第 653 页。

7亿亩。后来由于连年战乱,清朝顺治年间减为5.5亿亩左右,到康熙二十四年(1685)为6亿亩,雍正二年(1724)为7.2亿亩,乾隆三十一年(1766)为7.8亿亩。但同时人口增长也是很快的。康熙初年全国人口为9 000万;乾隆六年(1741)超过1亿,为14 341万人;乾隆二十七年(1762)突破2亿,为20 047万人;乾隆五十五年(1790)突破3亿,为30 149万人;到道光十四年(1834)又突破4亿,为40 101万人。从乾隆六年(1741)到道光十四年(1834)共计九十多年的时间,全国人口增加了2.5亿多,即增加了近两倍。① 到了20世纪初叶,人口和资源的矛盾更加尖锐,1926—1933年间,全国耕地为14亿亩,人口增至4.5亿,人均耕地仅为3亩多一点。加上连年的自然灾害,人口和资源的矛盾更加尖锐。1928年大旱灾遍及全国,赤地千里,灾民达1.2亿人。1931年长江、淮河发大水,淹没了广大乡村和城镇,成千上万的人流离失所,无家可归。1943年中原发生严重饥荒,人相食的情景惨不忍睹。② "有学者估算,1931—1937年间,人均粮食占有量低于清代前期的水平,也比20世纪20年代减少了将近一成。粮食按原粮计算,1931—1937年全国人均占有量为568～668市斤,大体在600市斤上下,如折成成品粮,人均占有量为466～535市斤,大体为500市斤左右,扣除种子、饲料,口粮的人均占有量就更低了,每人只有326～375市斤,大体350斤左右,平均每天不足一市斤。"③新中国成立以后,人口和资源的矛盾仍然十分尖锐,作为一国总理的周恩来,1964年同家人谈话说:"中国有六七亿人口,只有16亿亩耕地,平均一人二亩三分

---

① 参见《学习时报》编辑部编:《落日的辉煌:17、18世纪全球变局中的"康乾盛世"》,中共中央党校出版社2001年版,第31页;《中国经济发展史》编写组编:《中国经济发展史(1840—1949)》第1卷,上海财经大学出版社2016年版,第156页。

② 参见武力、郑有贵主编:《中国共产党"三农"思想政策史(1921—2013)》,中国时代经济出版社2013年版,第15页。

③ 参见《中国经济发展史(1840—1949)》第1卷,上海财经大学出版社2016年版,第290页。

地。"①社会主义就其本质来说,就是实现人民的共同富裕。在人均占有资源极少的背景下,资源的占有极其不公平,极少数人占有大量的土地和其他资源,社会主义革命就是一种必然。我们当然承认社会主义本身的科学性,但是这种科学性只有同特定的国情背景相吻合才能实现。为什么那么多的国家都没有走上社会主义的道路?恐怕国情因素无论如何是不能忽视的。

1921 年以后,中国共产党顺应历史潮流,提出了共产主义的奋斗目标,这个奋斗目标成为中国共产党人的坚定信仰。周恩来在 1922 年就写了《宗教精神与共产主义》一文,论述了共产主义不是迷信,是"公平的分配方法,最有效的生产制度,使生产者公有其生产品,而公同分享之"②。根据现有的资料,后来领导中国革命和建设的领袖中专门论述过共产主义信仰的,是毛泽东和刘少奇。毛泽东在《新民主主义论》中明确指出:"共产主义是无产阶级的整个思想体系,同时又是一种新的社会制度。这种思想体系和社会制度,是区别于任何别的思想体系和任何别的社会制度的,是自有人类历史以来,最完全最进步最革命最合理的。"③刘少奇在《论共产党员的修养》中明确指出:"我们共产党员的世界观,只能是共产主义的世界观。……共产主义世界好不好呢?大家知道,那是很好的。在那种世界里,没有剥削者、压迫者,没有地主、资本家,没有帝国主义和法西斯蒂等,也没有受压迫、受剥削的人,没有剥削制度造成的黑暗、愚昧、落后等。在那种社会里,物质生产和精神生产都有高度的蓬蓬勃勃的发展,能够满足所有社会成员的各方面的需要。那时,人类都成为有高等文化程度和技术水平的、大公无私的、聪明的共产主义劳动者,人类中彼此充满了互相帮助、互相亲爱,没有尔虞我诈、互相损害、互相残杀和战争等等不

---

① 周秉德等:《亲情西花厅:我们心中的伯父伯母》,红旗出版社 2008 年版,第 4 页。
② 《建党以来重要文献选编(1921—1949)》第 1 册,中央文献出版社 2011 年版,第 171 页。
③ 《毛泽东选集》第 2 卷,人民出版社 1991 年版,第 686 页。

合理的事情。那种社会,当然是人类历史上最好的、最美丽的、最进步的社会。"①将上述综合起来,主要内容有:

第一,共产主义信仰一直是以体系存在的。毫无疑问,中国共产党的信仰是共产主义。毛泽东曾十分明确地指出:"共产主义是无产阶级的整个思想体系。"②毛泽东在民主革命时期多次指出,共产主义是由多项具体政策组成的,并重申只有经过民主主义,才能达到社会主义和共产主义,还特别强调了"共产主义的无限美妙"③。这实际上是强调任何时候都要将信仰同实际紧密结合起来,这是中国共产党信仰体系的基本特色。

第二,共产主义包含较高的道德水准。在共产主义社会中,人们的精神生活健康丰富,互相亲爱,大公无私④。还包括"官民平等"的精神,"官气是一种低级趣味,摆架子、摆资格、不平等待人、看不起人,这是最低级的趣味,这不是高尚的共产主义精神"⑤。

第三,共产主义在生产力高度发达的前提下,包含"共同的富裕和文明"。毛泽东明确指出:社会主义和共产主义就是"在农村中消灭富农经济制度和个体经济制度,使全体农村人民共同富裕起来"⑥。自然,"农民组织了合作社,有了集体的力量,情况就完全改变了,他们可以自己组织学文化"⑦。

根据马克思和恩格斯的基本思想,基于毛泽东和刘少奇等人的上述论述,我们可以将共产主义的信仰初步概括为三个方面的基本内容,即"共同论""体系论""阶段论"。(1)"共同论",就是要让最广大人民共同走向文明和富裕,而不是一部分人,更不是少数人。(2)"体

---

① 《刘少奇选集》上卷,人民出版社1981年版,第122页。
② 《毛泽东选集》第2卷,人民出版社1991年版,第686页。
③ 《毛泽东文集》第3卷,人民出版社1996年版,第275页。
④ 《刘少奇选集》上卷,人民出版社1981年版,第122页。
⑤ 《毛泽东文集》第7卷,人民出版社1999年版,第378页。
⑥ 《毛泽东文集》第6卷,人民出版社1999年版,第437页。
⑦ 同上书,第455页。

系论",就是说,这个信仰体系是一个完整的结构。它包括三个层次:最高层次,就是奋斗目标,即社会主义和共产主义;中观层次,就是革命的价值观,通过阶级斗争的方式实现革命的目标;最低层次,就是不同时期的具体路线、纲领和政策,例如土地政策、社会救济等民生政策。应该说,中共的信仰体系,在宏观上,有正确的道路方向;在中观上,有与宏观一致的价值取向;在微观上,有符合人民群众利益的具体政策和举措。因此,这套完整的信仰体系成为中共领导革命和建设走向胜利的思想理论基础。(3)"阶段论",即是说共产主义是一个过程,要由社会主义的初级阶段逐渐向共产主义过渡。马克思和恩格斯是在《共产党宣言》中将共产主义理论系统化的,后来随着实践的发展,马克思在《哥达纲领批判》中,明确提出了"共产主义社会第一阶段"①的概念,并指出这个阶段带有很多旧社会的痕迹。1880年恩格斯发表了著名的《社会主义从空想到科学的发展》,系统地论述了社会主义社会的基本特征。中国共产党人经过长期的革命和建设的实践,认识到了社会主义社会是一个相当长的历史阶段,提出了社会主义初级阶段的概念,对实现共产主义的艰巨性和长期性始终保持清醒的头脑。

中国共产党第十九次全国代表大会提出了新时代中国特色社会主义思想,明确指出:我们的宏观目标就是"全体人民共同富裕",中观价值层面就是"培育和践行社会主义核心价值观",在民生层面就是要解决"人民日益增长的美好生活需要和不平衡不充分的发展之间的矛盾"。② 这使我们的发展方向更加明确,也充分证明了我们的信仰是一个完整的体系。

我们对共产主义的理解,也要防止两种倾向:第一种倾向就是"左"的冒进的倾向,认为共产主义很快就会实现,苏联就犯了这方面

---

① 《马克思恩格斯选集》第3卷,人民出版社2012年版,第364页。
② 习近平:《决胜全面建成小康社会,夺取新时代中国特色社会主义伟大胜利——在中国共产党第十九次全国代表大会上的报告》,人民出版社2017年版,第11、23页。

的错误。第二种倾向就是右的否定的倾向,认为共产主义是空想。很多资产阶级思想家,他们也认为共产主义的理想很好,但其中有很多空想的成分,实际上是实现不了的。比如有的资产阶级学者认为:"马克思主义不过是乌托邦之梦。……它完全无视人性的险恶,忽视了这样一个基本的事实:人生来就是自私、贪婪、好斗而富于竞争性的动物,而任何社会变革都不能改变这一点。"①资本主义国家主流的政治家和思想家激烈地反对社会主义和共产主义,或多或少也是从人性的角度出发的。英国前首相丘吉尔和英国政治思想家哈耶克等人是其中的代表人物。丘吉尔就说过,资本主义是要把穷人变成富人,而社会主义是要将富人变成穷人。果真是这样吗?

首先,部分资产阶级思想家的人性假设的前提是不成立的。社会调查和考古学的发现已经证明:"历史记载表明,人类生来既不爱好和平,也不喜欢战争;既不倾向合作,也不倾向侵略。决定人类行为的不是他们的基因,而是他们所处的社会教给他们的行事方法。"②1971年发现了27个塔萨代人,他们生活在菲律宾的棉兰老岛,过着与世隔绝的生活,完全没有侵略性,平等地分配采集来的所有食物。不久,人们又在巴布亚新几内亚发现了30个人的小群体即芬图人,他们不断地用弓箭进行战斗。因此,心理学家得出结论:"人性是一种巨大的潜在性,会因社会影响而具有多种表现形式……侵略性不是人类与生俱来的或不可变更的特性,而是一种鼓励侵略的社会环境的产物。"③诚然,我们也承认,人作为个体,为了生存会本能地关心自己,也正因为如此,我们才特别强调要防止空想式的乌托邦主义。

其次,资本主义也有自身无法解决的内在矛盾,社会主义是解决这些矛盾的重要途径。西方学者当中,也有相当一部分人的作品对资

---

① 〔英〕特里·伊格尔顿:《马克思为什么是对的》,李杨等译,新星出版社2011年版,第68页。

② 〔美〕斯塔夫里阿诺斯:《全球通史——从史前史到21世纪(第7版修订版)》上册,吴象婴等译,北京大学出版社2010年版,第43页。

③ 同上书,第43—44页。

本主义社会进行了非常深刻的揭露,不同程度地对社会主义予以肯定,像英国学者卡尔·波兰尼的《大转型:我们时代的政治与经济起源》、英国学者莱斯利·斯克莱尔的《资本主义全球化及其替代方案》、法国学者托马斯·皮凯蒂的《21世纪资本论》、英国学者特里·伊格尔顿的《马克思为什么是对的》等等。他们最主要的观点就是,资本主义将人和自然都变成了商品①,同时通过资本的集中,造成了社会的极端不平等。诚然,资本主义也想解决这个问题。进入20世纪以后,"法国的收入不平等程度大幅缩小,前10%人群的收入占国民收入的比重从一战前的45%~50%,下降到了2010年的30%~35%"②。但20世纪80年代以来不平等上升,"前1%人群的工资比重,在20世纪80年代90年代还不足6%,自90年代后期开始增长,2010年后达到了7.5%~8%"③。"自1980年以来,美国的收入不平等就开始快速扩大。前10%人群的收入比重从20世纪70年代的30%~35%,上涨到21世纪一开始的45%~50%——提升了15个百分点。"④整个发达国家,大体上,"前10%的人群拥有绝大多数的社会财富,一般占到总财富的60%,有的甚至达到90%,而中间那40%的中产阶层则拥有总财富的5%~35%"。"最穷的那一半人口几乎可以说一无所有,仅拥有财富的5%。"⑤造成这种现象的根本原因,是资本主义私有制所导致的资本所有权的不平等,资本主义社会主要依靠资本获取财富。"一旦财富形成,那么资本就会按自身规律增长,而且只要规模足够大,那么财富可能会连续高速增长数十年。请特别注意,一旦财富达到了一定的规模门槛,资产组合管理和风险调控机制就可形

---

① 〔英〕卡尔·波兰尼:《大转型:我们时代的政治与经济起源》,冯刚、刘阳译,浙江人民出版社2007年版,第17页。
② 〔法〕托马斯·皮凯蒂:《21世纪资本论》,巴曙松等译,中信出版社2014年版,第215页。
③ 同上书,第230页。
④ 同上书,第233页。
⑤ 同上书,第267页。

成规模效应优势,同时资本所产生的全部回报几乎都能用于再投资。"①而社会主义通过改变所有制和加强国家的调控,尽量防止这种现象的出现,怎么能说是空想呢?我们也不否认,人性中有自私的一面,社会主义的公有制很容易走向平均主义,使社会丧失发展的动力,正因为如此,我们要特别防止犯空想社会主义的错误。

我们在否定资产阶级学者片面观点的同时,在理论上和实践中要防止空想社会主义的倾向:第一,我们在历史上多次犯过"空想"这方面的错误;第二,从共产主义信仰本身来说,也极容易走向空想社会主义。1958年人民公社建立以后,很多人认为通过人民公社就可以过渡到共产主义,在物资分配方面采取"一平二调"的平均主义的分配方式,个别地方甚至刮起了"共产风",建立人民公社大食堂,出现了极其混乱的局面,后来中央明确了生产核算是"三级所有,队为基础",局面才稳定下来。毛泽东在晚年反对资产阶级法权,发表了"五七指示",想要消灭商品经济,后来又设想恢复"供给制",取消八级工资制,使得中国的经济发展受到严重的影响。共产主义从思想本质上来说,就是要带领人民共同走向文明和富裕,这里的关键词是"共同性"。这种"共同性"不是指时间上的"同时性",那是做不到的空想。但这种"共同性"的实现时间又不能很长,如果很长,那就同资本主义没有本质的区别了。不能否认,资本主义也不是不让人民走向文明和富裕,只不过这个过程是建立在严重的剥削基础之上的,长期的社会两极分化无法得到解决。英美等老牌资本主义国家发展了那么多年,社会两极分化问题依然没有解决好。我们要尽量在一个相对短一点的时间内让所有的人都走向文明和富裕。应该说,这个任务是非常艰巨的,因为这种信仰同人性的弱点会产生矛盾。人是需要激励的,人们之间的差别是很大的。当我们强调"共同性"的时候,其实关注的重点是相对落

---

① 〔法〕托马斯·皮凯蒂:《21世纪资本论》,巴曙松等译,中信出版社2014年版,第349页。

后和贫穷的那部分人,也就是要让他们走向文明和富裕,做到这一点,才算理解共产主义的实质。但是要做到这一点是非常难的,既不能助长平均主义和懒汉思想,又不能伤害能人的积极性,影响社会的发展。正确的选择还是邓小平说的三个步骤:让一部分人先富起来,先富带动后富,最后走向共同富裕。在这个过程中,让一部分人先富起来,本身就有一种内在的动力。而最难的就是先富带动后富,这个过程极其容易走向"空想社会主义方面"。所以,共产主义和"空想社会主义"之间没有一道万里长城。可喜的是,中国共产党在领导社会主义建设的过程中,在先富带动后富的问题上积累了丰富的经验,包括"西部大开发""精准扶贫""对口支援""建设希望小学"等。现在这些经验都有待进一步深化,并逐步形成一种常态化的科学制度。

诚然,我们也承认,"世界社会主义运动"在发展的过程中遭受过严重的挫折,最主要的就是社会主义阵营的瓦解和苏联解体。发生在20世纪的这个重大事件从原因到过程都是极其复杂的,不能从这一事件就推论出社会主义和共产主义不具备光明的前途。苏联学者费奥多尔·布尔拉茨基在总结这一重大事件的时候,有一段话说得非常好:"共产主义的思想产生于广大群众穷困和贫苦的基础上。对他们来说,这种思想意味着有吃有穿的生活,消费财富的平等,以及富翁、剥削者和国家官员这样的长官的消失。在俄罗斯,它的产生还由于对资本主义的恐惧心理,因此,出现了对没有市场、没有货币、直接分配的社会和无国家的社会的追求。但是,俄罗斯相信好沙皇、相信国家威严的传统很快就占了上风。于是就出现了斯大林主义。于是就出现了失去发展动力的社会的停滞。出路在何处呢?"[1]上述论述起码说出了一个道理,任何一种理论,都要同本国的文化很好地结合起来。

---

[1] 〔苏〕费奥多尔·布尔拉茨基:《赫鲁晓夫和他的时代》,赵敏善等译,中共中央党校出版社1993年版,第229页。

二、当代中国政治信仰的支撑条件

任何一种信仰在发展过程中,都需要有支撑条件。例如宗教信仰,在漫长的发展过程中,由于具备严密的组织机构、明确的教义、传教士历尽艰辛的传教行动等支撑条件,几种主要的宗教扩展到了全世界。既然政治信仰是一种世俗的信仰,就更需要有支撑条件。这些支撑条件主要有:

(一) 政治象征

无论是宗教信仰还是世俗的信仰,其目的都是抽象的。世俗的信仰包括政治信仰,正因为是世俗的,就需要有连接抽象和世间具体事物的中间桥梁,以便使人们更深刻地理解政治信仰,这个中间桥梁就是政治象征。在具体的政治过程中,一般人只能以朴素的感情来理解抽象的政治信仰。中国的政治象征由三个方面的内容构成:一是政治典型,包括英雄模范人物和模范团体。这种政治典型告诉人们怎样去为实现政治信仰而工作和生活,广大的人民群众也正是通过政治典型的示范作用,知道政治信仰的科学性和应该如何去做。二是政治口号。政治口号将深奥抽象的政治信仰符号转换成通俗易懂的语言,特别是将长远的目标同眼前需要做的工作紧密结合起来,人们一听就懂,一看就明白,这是政治信仰系统性的充分展现。三是政治文艺。世俗的政治信仰要让群众明白,并且为之奋斗,就要有感染力。通过艺术形式表现政治信仰,就会产生感染力。我们群众的文化水平是不平衡的,对文化水平较低的那部分群众,艺术感染力的作用就更大。

(二) 政治动员

任何一种信仰都要有符合这种信仰内容的政治动员形式。宗教信仰的传播形式是十分丰富的,诸如施舍、捐赠、讲学、宣讲、游说等。

政治信仰是政治活动中一种抽象的表现形式,更需要有一种符合世俗的动员形式。马克思主义的一个基本原理就是,马克思主义的理论只能从外部向工人阶级和人民群众灌输,启发他们的阶级觉悟,将他们有效地组织起来。中国政治动员的基本形式就是群众运动。诚然,群众运动有其负面的效应,之所以要采取这种形式,一是由于反动统治既残酷又野蛮的压迫,人民群众逆来顺受的思想根深蒂固,没有特殊的形式无法将他们动员起来;二是由于人民群众的素质和文化水平是参差不齐的,相互感染就十分必要。因此,通过群众运动,能形成一种态势,给人以一种信心,同时,又能形成群众之间的相互影响,以此坚定信心,政治信仰也就在政治动员的过程中得到有效传播。

如果想让政治运动这种动员形式推行下去,就要有三个基本的支撑点:一是普及的政治宣传和深入细致的思想政治工作。前者要把人民动员起来,后者要通过个别深入的细致工作使这种动员能够不断发展。二是给人民以"看得见的物质利益"①,这样群众才会拥护我们。三是在政治动员的过程中,不断提高人民群众的综合素质。新中国成立以后,中国共产党领导了"扫盲运动",建立了政治学习制度,这些措施的效果都是很好的。

(三) 政治文化

政治信仰要有深厚的文化基础,政治信仰也是对政治文化精华的凝聚。美国学者白鲁恂(Lucian W. Pye)明确将政治文化定义为"一套态度、信仰与情感,此种态度、信仰与情感使政治过程有秩序及意义,同时为政治体系设下了基本前提与规则,以控制体系中的行为"②。中国的政治信仰就起到了这样的作用。同时,中国独特的传统政治文化也是政治信仰的重要文化来源。中国共产党的政治信仰是实现共

---

① 《毛泽东选集》第 4 卷,人民出版社 1991 年版,第 1180 页。
② 转引自彭怀恩:《台湾政治文化的剖析》,台湾风云论坛有限公司 1997 年版,第 19 页。

产主义,而共产主义就其本质来说,是人民群众的共同文明和富裕,这种政治信仰代表了最广大人民群众的根本利益。而中国传统文化中,朴素的"人道主义"是十分发达的。从西周时期的"敬天保民",到墨子的"庶民至上",即"有余力余财的人应该扶助贫乏的人"①,再到孟子的"德政";从董仲舒主张"限田是更化(改制)的关键所在",致力于改变"富贵人家奢侈淫佚,贫苦人家穷急愁苦"②的状况,到黄宗羲的"民贵君轻"③;关心民众的主线一直延续下来。中共继承了这种文化传统,以马克思主义为指导,确立了共产主义的政治信仰,也正因为有这种深厚的文化基础,才能在人民群众中产生巨大的影响。

(四) 政治组织

任何一种信仰都要有特定的组织作为载体。宗教的组织体系十分健全,包括主教、教会、教区、教阶、教堂等,非常严密。中国的儒家思想也以宗族、家庭等为载体。政治信仰是一种世俗的信仰,更需要有强大的组织作为载体。中国共产党最成功的,就是有庞大的基层组织作为政治信仰的载体。"三湾改编"后确立了"支部建在连上",经过古田会议,基层组织建设更加系统化。在中共内部,无论你官多大,工作有什么特殊性,都有基层组织在监督你。

(五) 政治民主

信仰是一个自愿的事情,自由是信仰的前提,强制的信仰不称其为信仰。政治信仰同样是每个人的自我选择。因此,政治信仰是以政治民主为前提的,只有人民群众把政治信仰作为自己生活的一部分,这个政治信仰才有生命力。同时,政治信仰也涉及权利和义务,有了政治民主,人们才能更清楚地认识到自己的权利和义务,才能更好地

---

① 范文澜:《中国通史》第1册,人民出版社1994年版,第187页。
② 范文澜:《中国通史》第2册,人民出版社1994年版,第149页。
③ 蔡美彪等:《中国通史》第10册,人民出版社1994年版,第479页。

将两者统一起来。但必须承认,政治信仰需要一致的行动,宏观的集中和微观的民主相结合,是充分发挥政治民主的正确途径。

三、当代中国政治信仰在政治发展中的作用

政治信仰在政治生活中具有显著的作用。当前中国的改革已进入一个关键时期,通过政治改革和政治发展提升国家的"软实力",是一项战略任务。提到政治改革,人们都比较关注政治体制本身,而实际上,信仰体系建设对政治改革意义重大。信仰体系建设既是政治发展的重要组成部分,又是影响政治发展的重要因素:

(一)政治信仰是政治发展的长远目标

我们的政治发展在不同时期有不同的目标,但最终的目标是要实现共产主义。具体目标都要服从于总体目标,这个总体目标就是我们的信仰所在。有了这个信仰的长远目标,才能将人们团结起来,才有凝聚力,这是政治发展的最重要的条件。这种凝聚力是持久的,也是最有生命力的。特别要强调指出的是,中国共产党十九大提出了要建设"人类命运共同体"。"人类命运共同体"就是要有大家相对认同的共同价值观。西方学者极力宣称他们的价值观具有普世价值,对于这个问题我们是予以否认的。我们在否认的同时,就要提出我们的价值观,而且这个价值观应该有被大多数人接受的可能性,我们政治信仰中的"共同走向文明和富裕",完全可以作为这种价值观的基础,推而广之,这种共同性可以延伸到"共赢性和共享性"。

(二)政治信仰是政治发展的永恒动力

邓小平提出:"对马克思主义的信仰,是中国革命胜利的一种精神动力。"[①]政治发展的动力是个系统,或者说是个体系。表层的动力是

---

① 《邓小平文选》第3卷,人民出版社1993年版,第63页。

利益,要让人们得到实实在在的利益,例如在民主革命时期,同老百姓讲共产主义他们不懂,但告诉他们到了共产主义社会就有田种了,就有房子住了,他们就懂了,通俗地讲,就是让老百姓过上好日子;中层的是信念,包括民族精神、爱国主义、责任意识等,对民族、国家、美好品德的热爱和追求,都是政治发展的动力;高层的就是信仰,对人们和世界的终极关怀,这种终极关怀能把人们最深层次的美好愿望挖掘出来,因而这种动力是持久的。

(三) 政治信仰是政治发展的基本途径

政治发展要通过理论、制度、道路等具体途径来实现,特别是要通过政治改革来促进政治发展。我们在设计政治改革的方案时,往往更加关注改革的具体手段和目标,而对基本的途径和前提有所忽略。任何改革都要有价值取向,而价值取向背后起支配作用的,就是信仰。有了信仰,具体的途径才能反映出精神上的一致性。

(四) 政治信仰对个人的作用更是明显的

首先,政治信仰是个人存在的精神支柱,它要解决的是个人存在的目的性问题。可能有人会说,我不是共产党员,不受政治信仰的约束。但政治信仰的精神实质和派生的价值体系对一般人来说,也是有约束和引导作用的。通过政治信仰,每个人才能知道自己为什么存在,个人和社会、个人和他人的关系才能建立在合理性的基础之上。否则人就同其他动物一样,生活没有目的性。

其次,政治信仰能够遏制人性弱点。从一般意义上分析,人性中有三个弱点是显而易见的:(1)利益至上。将物质利益作为追求的唯一目标。人们追求正当的物质利益是无可非议的,但以此来否定其他的追求,特别是精神上的追求就不对了。而政治信仰是精神追求中最主要的内容,有了政治信仰可以避免利益至上的倾向。(2)现实固化。现实当中很多现象是不合理的,但时间长了,司空见惯了,就都

第八章　当代中国政治信仰的基本内容——理论分析

认为是合理的了。有的人经常做好事,为大家服务,偶尔有一天由于特殊原因没有做,就会有人骂起来,但从来没有想过自己为什么不做。别人都应该的吗?有了政治信仰,就能更加理性地看待现实,形成一种良好的氛围。(3)丧失感恩。随着市场经济的确立,民间的借贷关系发展很迅速,但纠纷也日益增多,债务人伤害债权人的现象屡屡发生。在你需要钱的时候借钱给你,不但不感恩,反而成为仇人。政治信仰是感恩的源泉。今天任何一个中国人来到这个世界上,都应该认识到前人和他人为我们创造了优厚的条件,我们应该感谢他们。中国人感恩情结较弱,与中国传统文化有着直接的关系。中国传统文化信奉"不患寡而患不均",平均主义倾向较为严重,阻碍了公正评价前人和其他人的贡献。我们对某医院20多名肾功能丧失者进行了深度访谈,有的患者已经有20多年的"透析"史,他们几乎都有不同形式的医疗保障,花费了国家的大量钱财,当谈起感恩这个话题时,普遍比较淡漠,有人还愤愤不平,认为自己没有别人过得好。我们现在普遍进行的革命传统教育和理想教育,是非常必要的。

再次,政治信仰是现实责任的灵魂。新中国成立初期我们刑侦技术手段比较落后,却破获了很多大案要案,敌特的破坏活动几乎没有成功的,很重要的原因,就是每个群众都有高度的责任心,争先恐后地向公安机关提供线索。通过广泛发动有责任心的群众,诸多问题都能够解决。现在有很多安全事故,都是责任心下降造成的。很显然,有了信仰的约束,人们才可能做到尽职尽责。

复次,政治信仰是合作的前提。中国是一个人口众多、国情复杂的大国,固然要实行界限分明的制度管理,但很多问题仍然需要中央统一领导下的合作。当年河南林县人民修建"红旗渠",引入的就是山西的水。特别是中国中央和地方的事权关系复杂、纵横交错,很多事情都需要合作。大家前进的目标一致,才能真心实意地合作。

最后,政治信仰是发展的动力。一般来说,在发展的初期,物质刺激的作用相对要大一些,但随着发展的深入,精神因素的作用越来越大,因为物质激励是无止境的,它会激起人们的贪欲,而政治信仰会使人们看到,人生还有更有价值的东西可以去追求,这种追求会使人活得更有尊严和更加高尚,从中就会产生发展的动力。

总之,从信仰到生存的目的,到感恩到责任,再从合作到发展的动力,形成了一环扣一环的内在联系,直接或者间接地影响到个人的行为,使每个人都能成为"一个高尚的人,一个纯粹的人,一个有道德的人,一个脱离了低级趣味的人,一个有益于人民的人"①。

从个人的角度来说,还有一个问题对人生是非常重要的,那就是如何面对生死,这是任何人都无法回避的。超越生死,这是信仰的基本功能,也是考验人们境界的重要标准,宗教的作用可以证明这一点。"宗教以不同的方式承诺把人的心灵转变到更好的状态。一个超自然的、人们在那里受到优待的王国将被建立起来,它是为尘世的子孙而建的,或为天国中的信徒们而建的。""它教导我们,对于那些精神能够继续保留在他们的国家及理想中的人们来说,死亡是多么的甜蜜和幸福;它揭示了行动所显示出来的光彩的效果,同时也向人们揭示出了永恒的思想对象。"②以此推论,政治信仰追求人类的共同幸福,同样可以超越生死,将人生的境界提升到相当的高度。历史上,无数共产党员大义凛然地高唱国际歌走向刑场,优秀的仁人志士面对生死的考验,将生的希望留给别人,将死亡留给自己,支撑他们的就是崇高的政治信仰。

---

① 《毛泽东选集》第 2 卷,人民出版社 1991 年版,第 660 页。
② 〔美〕乔治·桑塔亚纳:《宗教中的理性》,犹家仲译,北京大学出版社 2008 年版,第 6—7 页。

第九章　当代中国政治信仰的基本内容
——实践探索

从实践的角度来理解当代中国的政治信仰,即中国共产党的政治信仰,基本的出发点就是,这个政治信仰是一个体系,包括宏观的目标、中观的价值观、微观的民生政策。在具体的实践过程中,如果仅仅强调宏观的目标,而忽视民生问题,如前所述,容易走向空想社会主义方面去;反过来,如果仅仅强调民生问题,而忽视宏观的目标,又容易走向利益至上的实用主义方面去。毛泽东晚年发动了"文化大革命",主要是犯了空想社会主义的错误。改革开放以来的个别时期,由于过分强调发展经济和经济利益,忽视了思想道德和信仰体系建设,特别是发展的政治目标,出现了单纯追求物质利益的实用主义的倾向。下面对这两种倾向分别进行分析。

一、空想社会主义的倾向

著名理论家胡乔木曾经说过:1957年反右斗争扩大化,"由于以后毛泽东一直坚持主要任务仍然是阶级斗争而不是发展生产力,这样,他就走上了空想的道路"①。后来胡乔木说得更为具体:"研究一下中央一九七六年四号文件,一九七四年理论指示,一九六六年五七指示,可见这三个文件确定是毛主席发动文化大革命多少带有纲领性的东西,相当的乌托邦色彩。"②这样,我们也以"文化大革命"作为研究这个问题的典型案例。我们特别要强调的是,毛泽东确实是在追求一种社会主义,决不能认为毛泽东追求的社会主义就是空想社会主义,而仅仅是说具有空想的某些倾向。根据胡乔木的论述,我们也以上述三个文件作为分析的重点。

"文化大革命"的出现,确实与毛泽东对社会主义理解的失误有着直接的联系。19世纪末,社会主义思想传入中国,其中既有空想社会主义思想,也有科学社会主义思想。中国人最初对社会主义的理解也是五花八门,但有一点是相同的,就是在中国传统文化的基础上认识社会主义。社会主义的很多理念同中国传统文化是能够兼容的,这是中国人接受社会主义的重要思想基础。墨子提出的"兼爱",《论语》里说的"和为贵",董仲舒提出的"均贫富",康有为提出的社会"大同",都可以看作是对社会主义一个方面的认识和理解。

毛泽东在青年时期也受到早期社会主义思想的影响。毛泽东在湖南第一师范求学期间,曾梦想过一种"新社会生活"。1918年夏,他从一师毕业后,"就曾偕同蔡和森、张昆弟等人,寄居岳麓书院半学斋湖南大学筹备处,踏遍岳麓山的各个乡村,想建立一个半工半读、平等友爱的新村"③,开始"实验自己的新生活"。当时新村社会主义在中国也有传播。1919年春,毛泽东从北京回到湖南,"乃有在岳麓山建设新村之计议"。在他于1919年冬撰写的《学生之工作》中,他所设想的新村,是以新学校、新教育为中心,以新家庭、新学校及一旁的新社会连成一块为根本理想。毛泽东认为,"新村"就是财产公有、共同

---

① 《胡乔木谈中共党史》,人民出版社1999年版,第278页。
② 同上书,第72页。
③ 逄先知、金冲及主编:《毛泽东传(一)》,中央文献出版社2011年版,第55页。

劳动、平均分配、人人平等、互助友爱的"共产主义"细胞。① 毛泽东第二次到北京时,还怀着很大的兴趣参观了"北京工读互助团"。后来他还和陈独秀、王光祈、彭璜等发起成立了"上海工读互助团",划出一块"世外桃源",进行新生活的实验,为全社会做出榜样。这些都是一种空想社会主义思想的反映,不可避免地遭到破灭,"但也不能否认这是毛泽东改造社会的一种初步尝试"②,充分反映了毛泽东对社会主义思想的追求。

社会主义思想在中国的传播,最初也夹杂着空想社会主义的成分,而且人们对社会主义的理解也是五花八门的。空想社会主义的一个基本思想,就是"消灭商品交换","创办合作工厂","实行共同劳动,合理分配"。③ 1911 年辛亥革命前后,社会主义思想在中国的传播达到了一个小高潮,其中一批无政府主义者在宣传社会主义思想方面起到了很大的作用,日本当时成为社会主义思想传播的中转站。1903 年,日文著作的中译本竟达 187 种之多。④ "新村主义"就是在日本很流行的空想社会主义的一种,对中国影响非常大。五四运动以前,中国知识分子对社会主义的理解很肤浅,有很多人将社会主义同中国古代的大同思想联系起来。蔡元培、刘师培等人认为《礼运》篇说明中国本有一种社会主义的学说。江亢虎在社会主义研究会成立大会上说:"社会主义就是大同主义。"⑤ 梁启超更是以为社会主义思想中国古已有之,"我国对于生计问题之见地,自先秦诸大哲,其理想皆近于今世所谓'社会主义'"⑥。

---

① 高菊树等:《青年毛泽东(修订版)》,中央文献出版社 2008 年版,第 137 页。

② 同上。

③ 中共中央宣传部理论局编:《世界社会主义五百年》,学习出版社、党建读物出版社 2014 年版,第 19—20 页。

④ 〔美〕伯纳尔:《一九〇七年以前中国的社会主义思潮》,丘权政等译,福建人民出版社 1985 年版,第 83 页。

⑤ 同上书,第 20 页。

⑥ 梁启超:《清代学术概论》,上海古籍出版社 1998 年版,第 107 页。

毛泽东对社会主义的理解,除了早期受到空想社会主义的影响之外,也受到中国传统文化体系中追求平均和大同的思想的影响,但更多的是"来源于二十多年的军事共产主义实际生活的经历"①。毛泽东在新中国成立以后的讲话中,多次流露出对战争时期的供给制的怀念。1958 年,毛泽东要求"干部带头恢复供给制"②。到了晚年,又更加注重对中国古籍如《资治通鉴》等的借鉴。他发动"文化大革命"虽然主要在破,即"反修防修"、反官僚主义、整顿党内"走资本主义"的当权派,但他也有立的方面,这主要体现在"文化大革命"的纲领性文献"五七指示"中。1966 年 5 月 7 日,毛泽东给林彪写了一封信,提出了他的"立"的主张;同年 8 月 1 日,《人民日报》经毛泽东审定的社论《全国都应该成为毛泽东思想的大学校——纪念中国人民解放军建军三十九周年》摘要公布了"五七指示",并加以阐发。其有三个要点:一是逐步建立消灭分工的社会。每个单位都有工、有农、有学、有兵,自成体系,自给自足。二是逐步消灭商品的社会。"生产自己需要的若干产品和与国家等价交换的产品。"三是逐步消灭差别的社会。在这所大学校里,每个人都做点工,务点农,学点军事,学点文化,"就可以促进逐步缩小工农差别、城乡差别、体力劳动和脑力劳动的差别","就可以使知识分子劳动化,劳动人民知识化"。③

这里描绘的毛泽东所向往和憧憬的社会,实际上是与自然经济相适应的原始集体主义和平等观念在当代的一个变奏曲。毛泽东意图通过"文化大革命"来建立一种社会主义,而这种社会主义实际上具有"相当的乌托邦色彩"④。关于这个问题,有以下几个典型的阐述:(1)1958 年 8 月,毛泽东提出破除资产阶级法权。毛泽东说,要破除资产阶级法权,例如争地位、争级别、要加班费、脑力劳动者工资高而体

---

① 逄先知、金冲及主编:《毛泽东传(四)》,中央文献出版社 2011 年版,第 1799 页。
② 同上书,第 1798 页。
③ 《全国都应该成为毛泽东思想的大学校——纪念中国人民解放军建军三十九周年》,《人民日报》1966 年 8 月 1 日,第 1 版。
④ 胡乔木:《胡乔木谈中共党史》,人民出版社 1999 年版,第 72 页。

力劳动者工资少等,这些都是资产阶级思想残余。① (2)1974年10月20日,毛泽东会见丹麦首相保罗·哈特林时说,现在还实行八级工资制,按劳分配,货币交换,这些跟旧社会没有多少差别。同年12月,毛泽东发表关于理论问题的指示说,我国现在实行的是商品制度,工资制度也不平等,有八级工资制,等等。这只能在无产阶级专政下加以限制。② (3)1976年2月,毛泽东发表指示:"一些同志,主要是老同志思想还停止在资产阶级民主革命阶段,对社会主义革命不理解,有抵触,甚至反对。对文化大革命有两种态度,一是不满意,二是要算账,算文化大革命的账。""做了大官了,要保护大官们的利益。他们有了好房子,有汽车,薪水高,还有服务员,比资本家还厉害。社会主义革命革到自己头上了,合作化时党内就有人反对,批资产阶级法权他们有反感。""搞社会主义革命,不知道资产阶级在哪里,就在共产党内,党内走资本主义道路的当权派。走资派还在走。"③

从"五七指示"以及上述内容可以看出,毛泽东追求的社会主义有三个基本点:一是各级领导干部不能搞特殊化,要遏制官僚特权阶层的发展;二是平均主义的分配原则,最起码的是收入差距不能太大;三是要逐步取消商品货币关系,尤其是人们的基本需求要由国家来分配满足。应当说,毛泽东将官僚特权现象和分配上过大的差距都看成是资产阶级法权,并加以反对,具有一定的合理性。但是,分配上固然要防止两极分化,可是差别是不可避免的,商品货币更是不能取消的。特别应当指出的是,毛泽东的平均主义分配观,是受到了中国传统文化体系中对美好未来的认识的影响。

中国的平均主义思想源远流长,也在毛泽东的社会主义观上打下了深深的烙印。"文化大革命"的理想其实与中国传统的"大同""小

---

① 马齐彬等编写:《中国共产党执政四十年》,中共党史资料出版社1989年版,第152页。
② 同上书,第383页。
③ 同上书,第403页。

康""天朝田亩制度"以及康有为《大同书》中的理想有着极大的相似之处。但是,不能把毛泽东追求的理想社会简单地等同于源远流长的"大同"社会,毛泽东的"平均主义"也与农民起义中倡导平均分配财富的主张有质的差别,他本人曾明确反对后一种"平均主义":搞平均主义"是不能真正地全部地调动群众的积极性的"①。我们所说毛泽东的平均主义,与历史上的平均主义有两个本质差异:第一,毛泽东力图消除分配差异产生的根源。"文化大革命"中批判等价交换和按劳分配等资产阶级法权,其目的是消灭由每个人的天赋和所受文化教育等因素导致的个人收入上的差别,实现人与人之间真正的平等。对毛泽东的这种"平均主义",不能简单地加以否定。中国是一个人口众多的大国,千百年来贫困一直是一个重要的问题。这种特殊的国情决定了中国"不患寡而患不均",不能出现两极分化的局面,否则将是很危险的。毛泽东清楚地看到了这一点,并力图解决这一问题。然而,脱离生产力发展的实际状况而在分配上追求平均主义,并不能实现社会公正和人民生活幸福,反而导致生产力的严重倒退。可以说,追求远离商品货币的平均主义是毛泽东在社会主义建设上陷入误区的一个重要原因,也是"文化大革命"所要"立"的方面的巨大悲剧之源。第二,毛泽东的平均主义包含防止中国共产党内产生官僚特权阶层的理念。1956年11月,毛泽东在党的八届二中全会上发表讲话说,鉴于国际教训,党和国家的各级领导人有很多特殊权利,可能形成特殊阶层而脱离群众。当有人提出为了防止特权阶层的形成,建议缩小干部之间待遇的差别时,毛泽东明确表示:我赞成这样做,但不要搞绝对平均主义。② 这实际上是对社会主义一个基本原则的坚持。正是由于毛泽东的警觉和行动,中国共产党内没有形成一个特权阶层,这大大减少了改革开放的阻力,自然也成为中国共产党改革开放成功启动的重要原因。但问题在于,传统平均主义否定商品货币关系,这对毛泽东的

---

① 《毛泽东文集》第8卷,人民出版社1999年版,第250页。
② 陶鲁笳:《毛主席教我们当省委书记》,辽宁人民出版社2012年版,第10页。

影响是非常大的。毛泽东想通过平均分配和否定商品关系来实现社会主义,事实证明这是行不通的。

二、单纯追求物质利益的实用主义的倾向

世俗的信仰和信仰的世俗化是截然不同的两个概念。世俗的信仰是指将现实生活中的最高准则上升到信仰的高度,而信仰的世俗化则正好相反,是将信仰降低到日常琐碎的生活中,将信仰庸俗化,最常见的就是单纯追求物质利益的实用主义倾向。

改革开放以来,中国社会经济取得了举世瞩目的大发展,1993年,中共中央作出了《关于建立社会主义市场经济体制若干问题的决定》。自建立社会主义市场经济体制以来,中央始终重视政治思想工作和社会道德建设,在这方面从来没有放松过,开展了许多活动,比如"五个一工程""100本好书"以及道德模范评选等等。社会发展的主流始终是向上的,但社会道德滑坡和社会风气下滑也确实严重存在。究其原因,主要有以下几点:一是传统的社会道德体系有些已经不适应社会主义市场经济体制的需求,而以社会主义市场经济为背景的新的道德体系还没有完全建立起来;二是市场经济的某些原则同社会主义和共产主义政治信仰、道德体系本来就无法兼容,只能依靠这种政治信仰和道德体系对其加以限制;三是受市场竞争压力的影响,个别时段和局部地区确实存在单纯追求物质利益的实用主义倾向,忽略了政治信仰和道德体系的建设。具体说来,单纯追求物质利益的实用主义倾向与原有道德体系发生重大矛盾,主要表现为以下十个方面。

(一) 政治理想与追求金钱之间的矛盾

这是当前最严重的矛盾和冲突。任何市场经济的基本形式都是等价交换,而等价交换的主要衡量标志就是金钱,这种以金钱为特征的等价交换不考虑动机和结果的延伸,只考虑现实市场本身的要求。

现在人们都在抨击演员和歌手收入过高,而科学家和一些专业工作者收入过低,这的确不合理,这恰恰是市场经济带来的负面效应。发达的资本主义国家一直想从根本上解决这个问题,但收效甚微,原因在于市场经济的规律在起作用,这些国家没有办法改变名人对商品的广告和代理效应。市场经济的重要社会后果,就是使对金钱的追求成为人们的主要目标。这也是很正常的,因为每个人都要生存,特别是随着住宅市场化的推进,房价居高不下,更加强化了人们对金钱的崇拜。任何信仰都是一个完整的体系,社会主义和共产主义的信仰是以一定的社会保障为前提的。新中国成立初期的供给制,改革开放以前城市的社会保障体系,都是相对完善的。当时人们信仰社会主义和共产主义,努力地去工作,之所以这样,除了自身觉悟之外,吃住行都有一定的保障也是很重要的原因。社会主义制度的优越性在新中国成立初期体现得十分明显,现如今要靠自己奋斗,社会保障体系还在探索过程中,社会中常可见到"北漂族""打工族""啃老族",生存压力可见一斑。社会保障体系的完善是世俗信仰建立的物质基础,正因为如此,追求金钱也就可以理解。但在今天演变成将金钱作为唯一的追求目标,就出现了问题。每逢过春节,外国政要向中国人民拜年,几乎就一句话——"恭喜发财",这对中国的形象是不好的。在完善社会保障体系的同时,应通过各种途径让人们明白,精神上的追求,特别是信仰追求,是幸福生活的重要组成部分。

(二)社会多元性与统一信仰之间的矛盾

今天的社会是个多元化的社会,这个多元化是以社会阶层和群体的分化为背景的。阶层和群体可以依据不同标准来划分:按照收入,可以划分为高收入阶层和低收入阶层;按照年龄,可以划分为"70后""80后""90后"等等;按照职业,可以划分为农民、农民工、工人、知识分子等等;按照宗教信仰,可以划分为信仰不同宗教的群体。每个阶层和群体都有自己独特的价值观,在这种背景下,建立统一的信仰是有相当难度的。尤其我国是一个人口众多的大国,在这种背景下,首先就要处理好政治信仰与宗教信仰的关系。近几年,几大宗教的信教人数都有较大增长,每逢年节假日,寺庙中都摩肩接踵。但有世俗信仰的人还是大多数,信仰自由对每个公民来说都是基本的自由,应该允许人们信仰不同的宗教,信仰之间的沟通和融合也是一种必然的趋势。政治信仰同宗教信仰的关系是一个必须重视并且处理好的问题。首先,要找到政治信仰和宗教信仰之间的共同点和接近点。像善良、爱心、互爱、国家认同,这些都是信仰之间的共同点和接近点。不同信仰之间通过沟通增进了解,对信仰的实现是有好处的。其次,还要处理好不同阶层和群体的价值观冲突。比如,经常外出打工的农民工,其价值观会同传统农村的价值观相冲突。解决这种冲突的正确路径:一是不断增强国家的统一价值观;二是为不同阶层和群体的融合创造物质上和精神上的条件。

(三) 个人自由与国家利益之间的矛盾

市场经济的本质决定了有相当一部分工作是以个人自由为前提的,对个体经济的发展应当给予鼓励。随着互联网的发展,很多个性化的生活模式也不断出现。社会创新要求给予人们更大的自由,让每个人充分展示自己的才华。社会主义和共产主义价值观的重要特征则是集体主义,强调集体成员要互相帮助,集体成为连接个人与国家的桥梁。集体学习、共同劳动,单位成为人们活动的基元。很多老同志回忆年轻时的生活模式,几天不去单位就像缺了什么,没有集体和单位简直就无法生存。而集体背后是强大的国家,国家利益又成为个人和集体生存的依托。当个人、集体、国家之间的利益发生冲突的时候,个人要服从集体,集体要服从国家。而当个人和集体有困难时,国家便动员社会各种力量给予帮助,个人和集体充分感受到国家的温暖。但在市场经济背景下,情况就发生了很大的变化。在个人充分自由的背景下,如何加强集体和国家的作用,是一个必须正视的问题。

一是国家和集体为个人提供精神支柱,二是加强基层组织建设,使人们能够直接感受到国家和集体的温暖,这些都是解决这些矛盾的基本思路。

(四)典型示范同社会腐败之间的矛盾

依靠典型示范反映政治信仰,是实现政治信仰的重要途径。在改革开放之前,各行各业都有先进典型,从先进生产者到劳动模范,再到英雄人物,构成了一套完整的典型示范的体系。这些典型人物成为人们的偶像。这种典型示范对良好社会风气的形成具有重要作用。从这些典型人物身上,人们知道如何去做,能够将抽象的政治信仰同每个活生生的人物联系起来。这种典型示范既包含社会的发展方向,也反映社会的价值观。比如新中国成立初期树立的许多典型都是平凡人物,给他们很高的地位确实让社会平等氛围更加浓厚。像社会"八大员"、平民英雄等,老百姓正是从这些典型人物身上看到了社会的发展方向。特别是老百姓能深切地认识到,如果我们努力进取,也能像典型那样为社会做出贡献。但改革开放以来,有几个现象需要我们认真思考:一是社会腐败现象严重,这些腐败的人中绝大多数都是本应起带头作用的各级领导干部;二是改革开放以来我们树立的典型几乎全军覆没,没有几个能够持久;三是社会公众人物像歌手、演员等名人的各种丑闻,如巨额财产不明、吸毒、性骚扰等,对社会的侵蚀是非常大的。对典型示范在今天的表现形式需要认真研究,树立典型的内容和形式也要符合新时期的要求。像传统家风、乡规民约、优秀历史人物等都要挖掘。同时对典型这个概念的理解也要不断深化,对典型不能求全责备,典型如果在某一个方面反映了发展的方向,就应该给予充分的肯定。

(五)家庭稳定与婚姻自由之间的矛盾

家庭是中国社会的基本要素,家庭的稳定是社会稳定的基础,家和万事兴。传统社会和新中国成立初期,中国家庭基本上是稳定的。诚然,这种稳定也有另外一面,那就是个别不幸福的婚姻也只能消极维持。改革开放以来,一是人们的生活方式发生了很大变化。一个人从上大学起,甚至个别人从上中学的寄宿生活开始,基本上离开了父母。毕业后工作、成家,往往和父母远隔千里。同时,人们的生产方式也发生了很大变化,外出务工的人越来越多,夫妻分居时间比较长。二是西方的享乐主义等不良思想的大量输入,导致很多人错误理解西方社会的生活方式。三是社会多种因素,如金钱、自由等对家庭的冲击也是很大的。这使得家庭出现了很大的变化,离婚率日益上升,单亲家庭增多,这种现象已经成为严重的社会问题。据统计,年轻人走上犯罪道路,与家庭的破碎有直接的关系。家庭稳固是中国社会的特点和优点。诚然,旧式中国家庭是基于宗族背景的,一些东西是要否定的。到了今天,新式家庭的建设应该是社会发展的重要方面,因为随着社会竞争日益激烈,和睦的家庭是人们精神寄托的重要场所,也是社会稳定的重要元素。和谐的家庭关系要通过精神文明建设来不断培育。要通过多种途径宣传家庭的重要性,对一些新的社会现象,诸如丁克、独身主义、闪婚离婚,要认真分析其社会根源,正确地加以引导。要看到,即使是传统的西方国家,也越来越意识到家庭稳定对社会稳定的重要意义,有统计数字显示,英国、德国等国家的家庭正在向稳定的方向发展。

(六)传统社会道德与现代意识之间的矛盾

传统道德主要指中国传统文化反映出的道德原则。中国传统道德主要有三个重要原则:一是对事业要求坚持、奋斗、打拼,像诸葛亮在《出师表》中所说的"鞠躬尽瘁,死而后已";二是对人要诚信、忍让、有爱心,主张君臣有序,敬老爱幼,"勿以善小而不为,勿以恶小而为之";三是对钱财不留恋,钱财对于后人不可不留,亦不可多留。但中国传统道德缺少公共精神,缺少科学精神,缺少现代国家的法治精神。

个别因素,如鼓励丧偶女性终身不嫁,则是违背人性的。"任何道德规则,如果没有相应的人性基础,从而是大多数人做不到的,那么就会变成虚伪的说教。"①中国传统道德有治道而无政道,没有政道的治道是有限的,到一定程度就无法推进。由于现代国家的发展,很多现代意识应运而生,像民主意识、法治意识、人权意识等,很多传统的道德同现代国家观念是相矛盾的。现代社会执法相对困难,交通违章、城管混乱、老赖盛行,从电视上可以看到很多人抗拒执法的丑态。号称"礼仪之邦"的中国怎么会变成这样呢?最根本的还是人们缺少现代公民的基本素质。不能简单地一味强调传统的就是好的,仅仅依靠中国传统文化不可能将中国引向光明,这已经被历史证明了。当前最重要的工作,就是要构建现代精神文明体系。诚然,在构建现代精神文明体系的过程中,传统文化的精华可以作为现代精神文明建设的重要内容。毫无疑问,共产主义的信仰体系是现代精神文明的核心内容,要以共产主义思想为指导,将法治、民主、自由、人权、诚信、爱心都纳入这个体系。

(七)服务宗旨与利益至上之间的矛盾

国家政府就是要服务于人民,因为人民通过纳税等途径养活了政府的官员。信仰自然包含服务意识,为人民服务一直都是中共政治信仰的一个基本内容。毛泽东曾经说过,我们的上帝就是全中国的人民大众,只要我们努力工作,我们也会感动全国人民大众这个上帝。他们同我们一起奋斗,我们就能够取得胜利。②中国共产党政治信仰的核心内容就是服务于广大人民群众。但随着市场经济体制的确立,利益至上甚至个人利益至上越来越严重。这个矛盾想要彻底解决是不可能的,只能加以限制。一是从理论上明确,每个人都强调个人利益,在实践中是实现不了的。只有"人人为我,我为人人",才能实现个人

---

① 〔英〕约翰·穆勒:《功利主义》,徐大建译,商务印书馆2014年版,第8页。
② 《毛泽东选集》第3卷,人民出版社1991年版,第1102页。

的价值和利益,互相服务是实现个人利益的最基本途径。二是在实际生活中通过激励、惩罚、制度约束等手段驱使人们更多考虑公共利益。大公无私固然带有理想主义和宣传的色彩,但同等对待公共利益和个人利益,是完全可以做到的,可谓"赠人玫瑰,手有余香"。在当前,我们固然要强调"国家要服务于人民",但同时更要强调"每个人都要服务于国家",两者之间的平衡和相互促进才是正确的。这其中最重要的就是,要树立人民群众的主体地位。中国经历了长期的王朝统治,皇权主义的余毒一直存在,要通过扩大社会主义民主的多种形式,逐步建立起人民群众居于主体地位的思想体系。

（八）传统社会动员形式与网络传播之间的矛盾

政治信仰要依靠政治动员等手段来宣传。传统的社会动员包括普遍的政治宣传、深入的思想工作、广泛的群众运动、定期的政治学习、严格的层级制约等途径。随着人们生活方式的改变,有些形式需要不断调整。当前对传统冲击最大的就是网络传播。现代网络传播是不可抗拒的,可以设想,以后手机的功能将越来越多,手机将部分取代报纸、银行卡、杂志等。通过手机定期发布信息和传播信息,可能是进入信息社会的一个重要标志。但对传统的政治动员形式绝对不能全盘否定,而是要不断发展:一是对传统的政治动员形式要不断创新,比如组织生活、群众大会、日常宣传,都可以搞得内容丰富、生动活泼;二是充分利用网络这种工具宣传政治信仰,定期公布和发表好的文章和信息。特别需要强调的是,现在网络上的很多信息真真假假,虚实难辨,有些带有明显的发泄私愤的情绪,我们应该能够正确分辨和妥善应对。总之,传统和现代传播方式的有机结合,是我们的正确选择。

（九）社会竞争与社会和谐之间的矛盾

市场经济强调公平竞争,这种公平竞争的直接后果,一是促进了经济的发展,二是拉大了社会贫富差距。而政治信仰则要求人们共同走向文明和富裕。解决这一矛盾的基本思路,首先,就是建立完整的社会保障体系,实施合理的救济和各种民生政策。这其中最难的就是确保两者之间的平衡。没有竞争就没有发展,竞争太激烈了会破坏社会的和谐,这个度是很难掌握的。资本主义国家经过几百年的时间才逐步建立起相对完整的社会保障体系,但医疗等各项制度还不是很完善。而建立社会主义市场经济的保障体系就更为复杂:一是我们保留了很多原有的社会保障制度;二是需要基本保障的人比较多;三是我们的经济实力还远不如发达的资本主义国家。因此,社会竞争和社会和谐之间的矛盾就显得比较突出。其次,从长远来说,最重要的就是全力提高人民的综合素质。我们要发扬新中国成立初期的光荣传统,通过各种途径帮助老百姓提高综合素质。国家要拿出专项经费,通过普及的宣传、专门的培训等多种形式宣传现代文明。这是我们文化建设的重要内容。

(十)思想灌输同社会变革之间的矛盾

现代社会的一个基本特点就是变化太快,信息爆炸,信息传播的速度也日益加快。而政治信仰是一种崇高的信仰,其政治理念要靠外界的灌输,这种灌输是必要的。但问题就在于,如何使这种灌输的内容正确而且富有时代感,让人们真正相信。首先,这种思想灌输一定要同人民群众的日常生活紧密结合起来,防止空洞的说教。空洞的说教也不符合政治信仰本身的要求,因为我们的政治信仰原本就是一个完整的体系,是包括民生内容的。其次,这种思想灌输的内容一定要符合实际。固然,思想灌输要给人以信心,让人们看到前途和方向,但同时也要有利于发现问题和纠正错误,使之保持正确的方向。再次,这种灌输要富有时代感。我国目前的思想政治教育就碰到了这种困境。比如,全国统一开设的政治课,要求有统一的教材、统一的讲授内容,更新起来比较慢,而现实又变化太快,很多内容同现实脱节。解决的办法就是引入相对灵活的授课方式,如参观考察、课堂讨论、社会调查等方式都可以采用。此外,还可以聘请实际工作者和某些领导担任兼职教师。总之,今天的思想灌输,一定要建立在充分尊重人们认识能力的基础之上,多开展平等的沟通和讨论。

通过上面的简单罗列和一般分析,可以看到上述问题出现的主要原因是,四十年来中国社会经济发展太快,思想道德和观念则相对滞后,原有的思想观念体系受到很大的冲击,而新的思想和观念体系还没有确立和完善。想解决这些问题,必须通过信仰和道德方面的建设,而且要下大力气。改革开放以来,贫穷落后的中国终于看到了富裕的曙光,加上政策宽松,每个地区都在扬长避短,将发展经济和提高人们的生活水平看作头等大事。在具体对某一个地区或者某一个领导人做出评价时,很容易将 GDP 作为评价的基本标准。在这个过程中,由于经济发展太快,人们观念跟不上,往往一时间不知道如何应对这种变化。而当我们冷静下来思考的时候,才发现信仰、道德等因素是多么重要。诚然,世俗的信仰一定要关注人们的物质利益,对物质利益的追求也确实是我们工作的重要内容,但是,这种对物质利益的追求是有原则和限度的,在追求的过程中,要保障人类和自然的平衡、人和人之间关系的平衡、物质追求和精神生活的平衡,否则就失去了社会发展的目的性。加强道德和信仰的建设,就是要将不平衡的社会变成平衡的,"亡羊补牢,犹未为晚"。

三、简要的分析

空想社会主义和利益至上的实用主义两种倾向都是应该引起我们警觉的。为什么今天很多人富裕了,反而不觉得幸福,社会的丑恶现象屡见不鲜,根本原因就是缺少道德和信仰;为什么毛泽东晚年始终坚持共产主义信仰,人们的生活还是那么贫穷,就是没有将共产主义信仰同人们的实际生活紧密结合起来。这两个方面的失误我们都经历了,这些都是我们的宝贵财富。在这个问题上,我们是没有退路的,或者说是一场输不起的改革。可能有人会说,今天的很多问题都是改革开放造成的,当初就不应该搞改革开放。如果我们了解一下改革开放的背景就会知道,我们的改革开放是被迫进行的,当时社会主义计划经济体制已经走不下去了,如果不改革,就会出现大的问题。我们简单地回顾一下1976年至1978年中国的状况:(1)传统的住房制度无法延续。当时实行的是福利分房,有实力的单位就多建房,而没有实力的单位就少建房或者不建房,造成严重的不平等。单位房屋分配时更是矛盾重重,非法强占房屋现象不断蔓延,严重干扰单位的正常运转。(2)传统的公费医疗制度无法延续。当时国有单位医药费国家全部包下来。一个国有大企业的党委书记视察单身宿舍楼,发现楼后的空地上,被抛弃的药品很多都没有开包,堆得像小山一样。(3)传统的就业制度无法延续。1977年前后,全国等待就业的青年上千万,如果没有新的政策,他们不知道要等多长时间,可能由此引发严重的社会治安问题。(4)传统的企业制度无法延续。相当一部分国有企业严重亏损。(5)传统的商品流通制度无法延续。走进当时的商店,相当一部分货架是空的,商品短缺到了十分严重的地步。也可能有人会说,苏联和东欧很多国家都放弃了共产主义信仰,今天不是照样生活得很好吗?的确是这样,但是我们不要忘了,这些国家都有深厚的宗教传统,它们放弃世俗的信仰之后转向了宗教信仰。请看由世界银行资助的美国密歇根大学执行的世界价值观调查(WVS)的一组数字:1995—1999年间,认为宗教很重要和比较重要的人口比例,阿尔巴尼亚为58.7%,阿塞拜疆为82%,白俄罗斯为40.5%,保加利亚为51%,匈牙利为42.1%,波兰为82.7%,罗马尼亚为75.1%,斯洛伐克为54.2%,乌克兰为48.8%;而到了2005—2009年间,波兰上升到85.7%,乌克兰上升到55%,罗马尼亚上升到89%,其他国家基本不变。① 我们国家没有深厚的宗教传统,如果我们放弃了世俗的信仰就会天下大

---

① 可在世界价值观调查的网站(http://www.worldvaluessurvey.org/wvs.jsp)上查询。

乱，所以说我们是输不起的。只有坚持正确的政治信仰和实现这个信仰的有效途径，才能将中国引向光明。我们可以想一下，在上千年的宗教发展过程中，早期的传教士们经历了多少艰难险阻，才终于将自己的信仰传遍世界各地。我们的革命先辈，为了实现共产主义，抛头颅、洒热血，方才建立了新中国。今天我们终于看到了富强的曙光，历史已经证明共产主义信仰是正确的，我们要为全体人民共同走向文明和富裕继续努力。

第十章 当代中国的信仰体系是如何维持和发展的？

中国共产党从建立的那天起，就将社会主义和共产主义作为自己的政治信仰，一直到今天都为之奋斗。在长期的革命和建设的实践中，形成了一整套维持和发展这个政治信仰的路线、方针、政策和具体的措施。任何一种信仰要想让人接受，都要有一系列具体的政策和措施加以保障。中国共产党要想实现其政治信仰，面临的任务是艰巨的：在战争年代敌强我弱，而且双方实力悬殊；在建设时期，也是面临着很多困难以及全新的环境和任务。因此，中共在实现自己政治信仰的过程中，真是山重水复，柳暗花明，跌宕起伏，荡气回肠。中国共产党在历史上经历了三次信仰危机，也经历过四次典型的重大历史事件，通过这些危机和重大事件，可以更清楚地了解中共是如何坚持和发展其政治信仰的。

一、中共历史上三次信仰危机的化解

（一）1927年大革命失败后的第一次信仰危机

据1927年11月的统计，共产党员的数量由大革命高潮时期的近6万人急剧减少到1万多人。从1927年3月到1928年上半年，有2.6万共产党员被杀害。① 按照这一统计数字推算,起码有2.4万共产党员脱离了党组织。但优秀的共产党员写下了"砍头不要紧,只要主义真"的铮铮誓言后英勇就义;活着的共产党员揩干净身上的血迹,掩埋好同伴的尸体,义无反顾地继续战斗了。以毛泽东同志为主要代表的中国马克思主义者开创了"农村包围城市,武装夺取政权"的中国革命的新道路,通过"三湾改编"、古田会议和农村土地革命等一系列措施,解决了在白色恐怖的条件下如何坚持共产主义信仰的问题。到了抗日战争时期,中国共产党的理论水平大大提高,毛泽东发表了《新民主主义论》等一系列著作,从中国社会的半殖民地半封建性质、中国革命是世界无产阶级革命的一部分、中国的旧民主主义革命已经无法继续发展、中国民族资产阶级软弱和无产阶级日益成熟等因素出发,指出中国共产党代表了最广大人民的利益,要建立"一个独立的、自由的、民主的、统一的、富强的中国"②。到了七大,中国共产党明确提出:"中国共产党代表中国民族与中国人民的利益。它在现阶段为实现中国的新民主主义制度而奋斗。它的最终目的,是在中国实现共产主义制度。"③

经过第一次信仰危机及其后的实践,中国共产党从四个方面很好地解决了信仰的内容和途径等问题:(1)理论创新。在理论和实践相结合的基础上正确论证了:中国不能从封建制度发展到资本主义制度,基本原因就在于封建势力的强大及帝国主义的侵略和压迫;中国民族资产阶级的软弱以及蒋介石集团同封建势力和帝国主义的密切联系,导致他们无法完成中国民主主义革命的任务;中国共产党依靠其纲领路线的正确和共产党员的先锋模范作用,成为中国革命的领导者;现代化的内在规律和中国一穷二白的现实表明,只有社会主义才能将中国引向富强;社会主义和共产主义具有科学性,是中国共产党

---

① 中国共产党党史研究室:《中国共产党历史·第一卷(1921—1949)》上册,中共党史出版社2011年版,第232页。
② 《毛泽东文集》第3卷,人民出版社1996年版,第304页。
③ 《中共中央文件选集(1945—1947)》,中共中央党校出版社1987年版,第52页。

人的正确选择。这样,就从宏观上解决了中国共产党的信仰问题。(2)进行广泛的政治动员。中国共产党创造了一系列好的形式,向广大人民群众宣传共产主义思想,主要有:将长远利益和眼前利益紧密结合起来,通过土地改革和落实各项民生政策满足群众的要求;将普及的政治宣传同深入的思想政治工作结合起来,培养一支信仰坚定的骨干力量;将轰轰烈烈的群众运动同典型引路紧密地结合起来,使广大群众明确发展的方向。(3)通过加强基层组织建设,使信仰有坚实的组织基础。自"三湾改编"和古田会议以来,加强基层组织建设是中国共产党的一大特色,正是这种基层组织建设,使信仰得以贯彻到底。有人形象比喻为:基础不牢,地动山摇;基础稳固,万事顺利。(4)通过严格的组织制度和纪律建设,保证党的严肃统一。中国共产党的组织原则就是民主集中制。民主集中制有着丰富的内涵:首先,要有充分的党内民主,在党内,每个人都可以充分地开展批评与自我批评;其次,党内一旦形成决议,每个党员都要无条件地执行。在上述原则基础之上,全党形成了严格的统一的纪律:个人服从组织,下级服从上级,全党服从中央。

第一次信仰危机给我们的启发是多方面的,其中最主要的就是,以实事求是的思想路线为依托,坚持理论创新。具体来说,就是在大革命失败后,确立了"农村包围城市、武装夺取政权"的中国革命新道路理论。正是有了这个理论创新,中国的革命才焕然一新。

(二)"文化大革命"结束后的第二次信仰危机

"文化大革命"结束以后,人民生活水平提高缓慢,同发达国家的差距进一步扩大。这一时期,主要是1976年到1984年,信仰危机的状况十分严重,特别是在年轻人中间,他们对社会主义和共产主义的奋斗目标产生了怀疑。这也是最严重的一次信仰危机。对此,中国共产党在坚持共产主义信仰的前提下,主要在手段上进行了调整。邓小平指出:"我们共产党人的最高理想是实现共产主义,在不同历史阶段又有代表那个阶段最广大人民利益的奋斗纲领。"①这些手段主要有：一是"要切实保障工人农民个人的民主权利,包括民主选举、民主管理和民主监督"②。"为了保障人民民主,必须加强法制"③,国家法制建设全面进步。二是恢复党的"密切联系群众的优良传统","切实关心群众生活"④。1979年和1980年,国家集中力量安排了1 800万城镇劳动力就业⑤。三是"反对干部特殊化"。"先从对高级干部的生活待遇做出规定开始,再进一步地做出关于各级干部的生活待遇问题的一些规定,克服特殊化。"⑥四是发展生产力,增加人民群众的收入。提出领导好不好,就看"劳动的生产率提高了多少,利润增长了多少,劳动者的个人收入和集体福利增加了多少"⑦。即使在国家财政相对紧张的情况下,1979年也为全国40%的职工上调了工资。⑧ 五是解决遗留问题,"有错必纠",平反冤假错案。"全国共平反纠正了约300万名干部的冤假错案。"⑨由此,中共既在动机上,也在手段上保证了切实代表人民的根本利益。在这个调整的过程中,逐步改变了平均主义的倾向,确立了以发展为取向的人民主权思想。总之,这一时期的核心理念就是"让一部分人先富起来,先富带后富,最终走向共同富裕"⑩。

实际上,这一阶段宏观的信仰体系没有发生本质的变化,最终目

---

① 《邓小平文选》第3卷,人民出版社1993年版,第190页。
② 《改革开放三十年重要文献选编》上卷,中央文献出版社2008年版,第5页。
③ 同上。
④ 同上书,第92页。
⑤ 武力主编:《中华人民共和国经济史》上,中国时代经济出版社2010年版,第678页。
⑥ 《改革开放三十年重要文献选编》上卷,中央文献出版社2008年版,第85页。
⑦ 同上书,第8页。
⑧ 武力主编:《中华人民共和国经济史》上,中国时代经济出版社2010年版,第679页。
⑨ 中共中央党史研究室第三研究部:《中国改革开放20年史》,辽宁人民出版社1998年版,第66页。
⑩ 《改革开放三十年重要文献选编》上卷,中央文献出版社2008年版,第635页。

标还是实现共产主义。变化发生在微观层次。党的十一届三中全会明确规定停止"以阶级斗争为纲",将党和国家的工作重心转移到经济建设上来,经济建设取代阶级斗争登上历史舞台。在微观方面,逐步制定了一系列促进经济发展的政策,开启了我国改革开放的伟大历史进程。在改革开放的实践中,中共的信仰体系重新实现了宏观和微观的协调,取得了新的巩固和发展。

第二次信仰危机给我们的启发也是多方面的,其中最主要的就是,必须发展生产力,提高人民的生活水平,这是我们信仰体系中的基本内容,也是做好其他一切工作的基本前提。

(三)20世纪90年代以后的第三次信仰危机

第三次信仰危机发生在20世纪90年代以后,其原因是复杂的,但直接促发这次危机的有以下几个重大事件和现象。

(1)1989年北京政治风波。

随着改革开放的深入,人民群众中的贫富差距拉大,中共党内的腐败现象开始滋生,与此同时,人民群众的民主意识也不断增强。在这个过程中,一些人,特别是青年学生,错误地理解了民主问题,采取了绝食、静坐、强行占据天安门广场等极端行为,社会中的坏人利用群众和学生的爱国热情,煽动打砸抢烧,严重扰乱了社会治安和改革开放的顺利进行。1989年6月3日,中央采取了强制措施,平息了这场风波。但这也引起了广大人民群众的担忧,特别是下一步如何发展、中国改革开放如何深入等基本问题,急需从理论的高度加以说明。

(2)1991年12月苏联解体。

苏联是世界上第一个社会主义国家,曾经是中国共产党学习的榜样。在很长的一段时间里,我们亲切地称苏联为"老大哥"。但由于苏联领导人长期思想僵化,拒绝改革,特别是1985年以后,苏联领导人戈尔巴乔夫和叶利钦等人实行了错误的改革路线和模式,人民生活水平大幅下降,民族矛盾尖锐。苏联甚至放弃了共产党的领导,导致各加盟共和国纷纷独立,最终不仅苏联解体,也引发了严重的社会后果,如东欧原来的社会主义国家几乎无一例外地宣布放弃社会主义。与此同时,国际上反对社会主义和共产主义的势力纷纷著书撰文,宣布共产主义已经终结。其中最有代表性的就是美国前总统国家安全事务助理布热津斯基的《大失败——二十世纪共产主义的兴亡》,书中开宗明义地指出:"这是一本论述共产主义的最后危机的书。"书中断言:"到下个世纪,共产主义将不可逆转地在历史上衰亡,它的实践与信条将不再与人类的状况有什么关系。"①这对继续坚持共产主义的中国共产党人来说,是一个巨大的考验。

(3) 实行社会主义市场经济。

1993年开始逐步建立社会主义市场经济体制之后,随着我国社会主义市场经济的迅速发展,市场经济的价值体系同共产主义的理想和信念之间出现了矛盾。

第一,市场经济的本质是商品经济,信奉等价交换的原则。金钱是等价交换的唯一衡量尺度;等价交换不考虑动机高尚与否,结果如何延伸,只考虑现实交易的公平性。对金钱的追求,逐渐成为一种普遍的社会现象。尽管这其中有着现实的合理性,但这同共产主义按需要分配资源的原则是完全相违背的。

第二,市场经济是注重社会机会平等的机制,无须考虑每个人、每个地区先天条件和自然因素等问题,只强调给每个人、每个地区公平发展的机会。但实际上,每个人和每个地区所面临的条件和背景差别是很大的,表面上看机会是公平的,但实际上机会并不一定公平,出生在山沟里的孩子和出生在大城市里的孩子,机会是无法达到公平的。随着社会分化的加剧,这样发展带来的后果势必是贫富差距拉大,走向共同富裕和文明的理想就受到了人们的质疑,进而侵蚀整个信仰体系。

---

① 〔美〕兹·布热津斯基:《大失败——二十世纪共产主义的兴亡》,军事科学院外国军事研究部译,军事科学出版社1989年版,第1页。

第三,市场经济是一种自由经济。在个体经济迅速发展的背景下,每个人自由活动的空间较以往大大增加,每个人的个性也得到了充分的发挥,这就有利于人的信仰向多元化发展。在市场经济大潮汹涌澎湃、社会日新月异的情况下,社会个体越来越难以建立起统一持久的世俗信仰。

对金钱的崇拜,对社会分化产生的怀疑,个人主义发展对统一信仰的影响,都在我们国家不同程度地出现了。

(4)领导干部的腐败和社会贫富分化现象。

伴随着社会腐败的严重化,特别是中国共产党内腐败现象的蔓延,本应成为共产主义信仰坚定拥护者的个别领导干部,却成了社会的蛀虫,这严重损害了党的威信,使得社会价值和道德水准下降,中国共产党的信仰体系出现了严重的危机。

以上事件和现象的相继发生和综合作用,导致了第三次信仰危机。

应该说,从1992年邓小平南方谈话及1993年中共第十四届中央委员会第三次全体会议通过《中共中央关于建立社会主义市场经济体制若干问题的决定》,到2012年中共十八大,在这二十年的时间里,中国的经济飞速发展,综合国力迅速提高,中国一跃成为世界第二大经济体,这为我们国家各方面的工作打下了坚实的基础。没有经济的发展,其他一切都无从谈起,这是必须肯定的。但是随着社会经济的飞速发展,各种社会矛盾也日益显现,特别是道德滑坡等现象十分突出,这些问题也是必须解决的。中共十八大以后,以习近平同志为核心的中共中央坚决反腐败,坚持从严治党,社会风气逐步好转,中国共产党的威信稳步提升。

习近平总书记指出:"党要管党,才能管好党;从严治党,才能治好党。"[①]从理论逻辑上说,政治信仰是一种崇高的信仰,要有一部分先

[①] 中共中央宣传部编:《习近平总书记系列重要讲话读本(2016年版)》,学习出版社、人民出版社2016年版,第104页。

进分子为全社会做出榜样,带领人们实现这个信仰。中国共产党是实现政治信仰的领导核心,只有这个核心起到了先锋队的作用,这个政治信仰才有实现的可能;从实践逻辑上说,"如果管党不力、治党不严,人民群众反映强烈的党内突出问题得不到解决,那我们党迟早会失去执政资格,不可避免被历史淘汰。这决不是危言耸听。这些年来,世界上一些老牌执政党衰败落伍、丢权垮台的教训极为深刻"[1]。从严治党主要从以下几个方面入手:一是"必须用科学理论武装头脑"[2],坚定理想信念;二是培养和选拔出人民需要的好干部;三是继承党的联系群众等优良作风;四是用制度治党、管权、治吏;五是用纪律法律维护党的团结统一;六是坚持以零容忍态度惩治腐败。

中国共产党第十九次代表大会通过决议,明确将"坚持从严管党治党"写入新党章。正是因为有了从严治党的英明决策,也正是因为有了严厉惩治腐败的良好实践,人民的理想和信念在逐步提升。诚然,要想牢固树立社会主义和共产主义的信仰体系,还有很长一段路要走,从严治党和惩治腐败永远在路上。十八大以来的"从严治党"良好局面一定要坚持下去,这就是第三次信仰危机留给我们的最重要的经验教训。

二、政治信仰的巨大作用——四次重大事件的分析

在中国共产党的历史上,也有四次重大历史事件,彰显了政治信仰的巨大作用。

(一) 长征

1934年秋至1936年的中国工农红军的长征,是对人类生存极限

---

[1] 中共中央宣传部编:《习近平总书记系列重要讲话读本(2016年版)》,学习出版社、人民出版社2016年版,第104页。

[2] 同上书,第108页。

的巨大挑战。两年里,中国共产党领导的红军第一、第二、第四方面军和红二十五军主力,为了粉碎国民党军队的军事"围剿",保存有生力量,实现北上抗日,陆续离开原有的革命根据地进行战略转移。长征中,国民党蒋介石调集上百万军队进行前堵后追,企图置中国共产党和红军于死地。但英勇的红军在毛泽东等老一辈无产阶级革命家的正确领导和指挥下,以非凡的智慧和大无畏的气度,运用灵活机动的战略战术,纵横驰骋于赣湘川滇黔等14个省(当时的行政区划),长驱2.5万里,进行重要战役战斗600余次,终于粉碎敌军的围追堵截,并经受住了大自然的考验,跨越滔滔急流,征服皑皑雪山,穿越茫茫草地,克服饥寒交迫、缺医少药等重重困难,前进至陕甘宁地区,实现红军主力的大会师,取得了长征的伟大胜利。支撑红军走向胜利的根本原因,就是"革命理想高于天"的政治信仰体系。正如习近平所概括的:"心中有信仰,脚下有力量。"①红军长征的伟大胜利充分显示了政治信仰的决定性作用。在长征的过程中,充分显示了中国共产党的伟大作用,充分显示了共产党员的模范带头作用。有困难共产党员来担当,有战斗共产党员冲在前面,有一线的生存希望党员也要让给一般的战士。政治信仰的伟大作用在共产党员身上充分体现出来。

　　从党和红军的领导集体的行为来分析,更加看出政治信仰的伟大作用。长征过程中,从遵义会议至瓦窑堡会议,这是第一代领导集体形成最关键的时期。遵义会议确立了毛泽东在全党全军的领导地位,但这领导地位是不稳固的:一是党内有分歧,博古、凯丰等人不认同,只是在紧急关头作了必要的让步;二是没有得到共产国际的认可,从某种意义上讲没有取得合法性;三是没有获得全党的认同,因为还有陕北的红军、红四方面军、红二和红六军团等。这些都有待人们认识的不断统一,但这种认识的统一,取决于一个关键的因素,就是毛泽东能否将中央和红一方面军带出危险的境地。遵义会议后至瓦窑堡会

---

① 《习近平谈治国理政》第二卷,外文出版社2017年版,第49页。

议的经历,真是险象环生,回味无穷。先是毛泽东刚刚取得领导地位,1935年1月28日打响的土城战役,由于情报有误,战斗失利。红军撤出战斗,毛泽东遭受了严重挫折。① 随后开始四渡赤水。红军二渡赤水后重占遵义,歼敌两个师又八个团,俘敌约三千人,取得长征以来最大的一次胜利。② 红军撤出遵义重新向赤水河前进的途中,3月10日在苟坝会议上,多数人主张进攻敌人重兵防守的打鼓新场,毛泽东极力反对但被否定。红军面临着被围歼的危险,毛泽东被迫辞去前敌政委的职务。会后毛泽东提着马灯去见周恩来并得到支持,重新召开会议争取到了多数人的认同,红军开始三渡赤水河。毛泽东高度的责任心背后就是信仰,他坚信革命一定会胜利。正是这种崇高的信仰催生了强烈的责任心,责任心驱使他忘我工作。四渡赤水之后,毛泽东又表现出敢战必胜的大无畏气势,作出英明决定,红军强渡大渡河,飞夺泸定桥。在一、四方面军会合之后,他更是表现出了革命理想高于天的精神,并将坚定的信仰同灵活的策略有机结合起来,展现了高超的领导艺术。他几次发言都体现出理想信仰的坚定性。红军暂时分裂之后,毛泽东又是靠着坚定的信仰,带着不到9000人的中央红军到达陕北,开始为抗日战争做准备。1935年12月召开了瓦窑堡会议,毛泽东的领导地位相对巩固,尽管后来又有波折,如三大主力会师后的西路军失败、张国焘坚持错误立场、王明回国同毛泽东争权,但都被一一化解,根本原因就是毛泽东的思想和主张为全党所接受,其政治地位已经稳固。

(二) 延安整风

延安时期的理论建设,对中共的信仰体系产生了深远的影响。其表现出三个鲜明的特点:(1)党的主要领导人从事理论研究,写出了一

---

① 中共中央文献研究室编:《毛泽东年谱(1893—1949)》上卷,中央文献出版社2002年版,第445页。

② 同上书,第450页。

批高水平的理论著作,为毛泽东思想的形成打下了坚实的理论基础。其中以毛泽东的《中国革命和中国共产党》《〈共产党人〉发刊词》《新民主主义论》,周恩来的《论中国的法西斯主义——新专制主义》《关于党的六大的研究》《论统一战线》,刘少奇的《论共产党员的修养》《论党内斗争》《论党》等著作为代表。这些著作系统总结了中共成立以来的历史经验,阐明了中国革命的一般规律和特殊规律,为中国革命的下一步发展指明了方向,是中国现代政治发展史上的代表作。(2)在党中央的统一领导下,全党开展了轰轰烈烈的学习运动。全党,特别是高级干部的理论水平大大提高,为迎接中国革命的高潮做了充分的准备。1938年秋,中国共产党六届六中全会提出了马克思主义在中国具体化的任务。会后,在党的高级干部中就开始了学习运动。1941年5月,毛泽东在延安高级干部会议上作了《改造我们的学习》的报告,对学习理论的基本原则作了论述,强调的着眼点就是理论联系实际。1941年9月26日,中共中央发出经毛泽东亲自修改的《关于高级学习组的决定》,指出成立高级学习组的目的是"为提高党内高级干部的理论水平与政治水平"①。1942年2月1日,毛泽东在中央党校作《整顿学风党风文风》的报告,强调反对主观主义整顿学风,反对宗派主义整顿党风,反对党八股整顿文风。1942年5月,中共中央决定成立中央总学习委员会,对学习的组织与领导、学习的方法都作了明确的规定。1943年12月14日,中共中央书记处作出决定,将《共产党宣言》等马列的六本书作为高级干部的必读书。到中共七大即将召开之际,全党的理论水平大大提高,对党的历史上的重大事件也有了正确的认识。(3)强调党要通过独立自主、理论联系实际和理论创新来解决中国革命的问题。这个阶段出现了"共产国际解散"这一重大事件。1943年5月15日,共产国际执行委员会主席团作出《关于提议解散共产国际的决定》。毛泽东代表中共中央明确表示:"各国共产党更

---

① 中共中央文献研究室编:《毛泽东年谱(1893—1949)》中卷,人民出版社、中央文献出版社1993年版,第329页。

加需要根据自己民族的特殊情况和历史条件,独立地解决一切问题",因此"共产国际之解散,是比较其继续存在,更加有利的"①。他还强调,共产国际的解散,"增加了我们的责任心,每个同志都要懂得自己负担了极大的责任,从而发挥高度的创造力"②。

延安时期的理论学习和研究,使全党特别是党的高级干部系统地学习了马克思主义的世界观和方法论,全党进一步明确了共产主义的价值观和思想作风,主要包括为人民服务、艰苦奋斗、大公无私、集体主义、党的利益高于一切的价值观,理论联系实际、紧密联系群众、批评与自我批评的优良学风。政治信仰要以坚实的理论作为基础。延安整风这一运动充分显示了理论的巨大威力,全党从理论上明确了为什么要坚持社会主义和共产主义,怎样才能实现社会主义和共产主义,以及在实现社会主义和共产主义的过程中,共产党员应该有什么样的政治修养,怎样去做才能成为一名真正的共产党员。正是因为我们解决了关于社会主义和共产主义的一系列基本理论问题,正是通过延安整风,全党的理论水平大大提高了,才有了"七大"党的正确路线、方针、政策的形成。也正是因为有了"七大"正确的路线、方针、政策,我们才很快取得了解放战争的伟大胜利,建立了新中国。

(三) 解放战争初期的基层组织建设

抗战胜利前后,尽管中国共产党的力量不断壮大,根据地也日益巩固,但国民党蒋介石的力量也在不断壮大。第一,国民党蒋介石政权的威信如日中天。从某种意义上说,蒋介石的领袖地位已经奠定,蒋介石和国民党的政治影响远远大于中国共产党。第二,国民党内部也空前团结,以蒋介石为代表的国民党主流派仇视共产党的本质也是无法改变的。正是在这个意义上说,中国共产党面临着严重的挑战。

---

① 中共中央文献研究室编:《毛泽东年谱(1893—1949)》中卷,人民出版社、中央文献出版社 1993 年版,第 441 页。

② 同上书,第 442 页。

第三,蒋介石国民党的国际地位也在日益提高。第二次世界大战胜利前后,中国成为联合国的创始国,中国的大国地位被世界所承认,蒋介石也成为大国的领袖。正是在这种背景下,国民党召开的第六次全国代表大会以及后来召开的六届二中全会,都明显体现了坚持一党专政、消灭共产党的方针,这对共产党是个严峻的考验。特别是建立联合政府同坚持自己的政治信仰的关系问题,尖锐地摆在共产党面前。毛泽东当时对这个问题有过系统的论述。

解放战争初期,中国共产党和解放区面临着被动局面。以东北解放区为例,1946年5月东北民主联军展开四平保卫战之后,国民党趾高气扬大规模北进。在东北的中国共产党人没有气馁,发扬了中国共产党重视基层建设的优良传统。当时的中国共产党东北局副书记陈云明确提出,什么是群众的迫切要求,就是迅速解决土地问题,"土地是发动群众基本的办法之一"①。中国共产党便将主要精力放到农村,开展了大规模的土地改革运动,给农民分土地,同时落实各项民生政策,向农民宣传进入共产主义社会就有房子住,有土地,能过上好日子,把普遍抽象的共产主义理想和农民的实际生活紧密联系起来,很快就扭转了被动局面。当时中国共产党东北局所属的松江省仅有210万人口,1946年至1948年,就向主力部队输送了12万兵源,充分显示了广大人民群众高度的革命热情。② 其他解放区的情况同东北解放区的情况大体相似。山东解放区广泛开展了土地改革和拥军优属运动,这才有了百万农民支前的壮观场面。正如时任华东野战军司令员的陈毅所说,淮海战役的胜利,是人民群众用小车推出来的。解放战争初期,中国共产党和国民党的实力悬殊,国民党共有军事力量将近五百万,其中相当一部分是美械装备,占领了全国几乎全部的大中城市;而共产党的军事力量共有一百万,装备就是小

---

① 《陈云文集》第1卷,中央文献出版社2005年版,第478页。
② 张秀山:《我的八十五年——从西北到东北》,中共党史出版社2007年版,第217页。

米加步枪。正因为如此,毛泽东和党中央十分自信地估计,要用十年时间打败蒋介石。战争进行过程中,毛泽东又提出"准备五年左右(从一九四六年七月算起)根本上打倒国民党"①,结果仅仅用了三年多一点的时间,中国共产党就取得了全国解放战争的胜利,这充分显示了信仰的伟大作用。

加强基层组织建设,是中国共产党领导中国革命的建设所形成的基本特点,也是中国共产党取得胜利的主要原因:(1)从理论上分析,中共的政治信仰是要解放最广大的人民群众,要代表最广大人民群众的根本利益,因此,其政策要惠及最广大的人民群众,惠及的人越多越好。任何一种政治主张和具体的政策,只能通过基层组织来执行,只有基层组织的建设抓好了,才能让人民感受到政治和政策的效力。(2)从历史经验上分析,只有抓好基层组织的建设,才能将政治信仰和具体的主张落到实处。中国共产党历史上在基层组织建设方面有几个成功的例子:建党时期,中共通过基层组织建设迅速发展,毛泽东在韶山建立了第一个农村党支部。三湾改编时支部建在连上,红军也迅速发展。抗战和解放战争时期建立武装工作队,发动群众,实行土地改革。解放战争时期,东北的武装工作队广泛发动群众,先后动员了近一百万农民参军。豫皖苏地区的武装工作队带领群众抗击土匪的袭击,最后将土匪消灭。② 新中国成立以后,中国共产党正是抓好了基层组织建设,很快就赢得了全国人民对新生政权的认同。"自 1950 年起,遍布上海的 11 155 条里弄就逐步建立居民委员会。到 1954 年 1 月,全市共有居民委员会 1 847 个,居民小组 36 000 个,居民委员会委员 95 284 人,形成了一个自上而下的覆盖到社会基层的组织网络。"③到 1955 年 4 月,山西省建立了 31 926 个农业初级社,入社农户

---

① 《毛泽东选集》第 4 卷,人民出版社 1991 年版,第 1334 页。
② 杨成武等:《星火燎原》第 8 集,解放军出版社 2009 年版,第 94 页。
③ 复旦大学历史系编:《切问集》下卷,复旦大学出版社 2005 年版,第 348 页。

占农户总数的41%,初级社中的党组织都是健全的。① 改革开放以后,又创造出了很多加强基层建设的好形式,比如各级干部到基层挂职、基层设第一书记、专项驻村代表、大学生村官、领导干部联系基层制度等,这些举措都是很成功的。(3)从现实来分析,中国最紧迫的任务,就是抓好基层组织建设。比如反腐败问题,相对严重的是基层的腐败,基层干部多,直接接触广大群众,小官大贪,小官小贪。相关机构进行了多次调查,发现老百姓对基层干部的满意度是很低的。诚然,基层干部相对辛苦,待遇也相对低下,但这些都不是原谅基层腐败的理由。中国共产党在解放战争初期取得的伟大胜利,充分说明了基层组织建设的伟大作用。中国共产党到农村去建立基层政权,这同政治信仰是相吻合的。中国共产党的政治信仰是要解放天下劳苦大众,而基层政权直接触及广大人民群众,这就是重视基层组织建设的内在逻辑,也是我们必须坚持的一个基本原则。

关于基层组织建设,现在有一种很流行的观点,认为中国共产党领导的农村革命,破坏了农村的宗法关系,而传统农村中的宗法关系带有很强的自治性质,保证了中国农村多年来的稳定,在稳定的基础上农村也有一定的发展。实际上,在清末民初就有"强化宗法"的观点,主张通过"强化宗法"来推动中国农村,特别是基层农村的发展。"宗法"的概念是以人们对作为"三代"之一的西周的解释为背景的。周灭商后,将周宗族各支分封到各地各管一方,周王和诸侯既是"政府"领导,又是家族首领,政治体制和家族体制融为一体。魏晋南北朝时期,在宗族的基础上又形成了门阀政治。发展到了宋代,随着土地的兼并,民间的宗法制度有了很大的发展。龚自珍在1823年写的《农宗》里,就提出以西周宗法的模式来重新组织基层社会,对长子与其余的儿子作等级区分,实行大宗、小宗体制。咸丰年间冯桂芬写的《宗法

---

① 陶鲁笳:《毛主席教我们当省委书记》,辽宁人民出版社2012年版,第196页。

论》,强调"人人有大小宗,自尊祖敬宗,驯至庶民"[①]。其实,这个问题是很复杂的,也是很明确的。一句话,依靠中国农村传统社会的宗法制度,不可能将中国农村引上现代化的道路。原因如下:(1)农村的宗法关系,是指农村基层的家庭、家族、宗族等一整套制度体系,祖先崇拜和嫡长子继承制是其中的核心内容。这种关系和制度将家庭、家族、宗族中的传统因素继承下来,通过这些传统因素维持整个家族的权威。这些传统因素中,既有精华的东西,比如诚信、有序,也有落后腐朽的因素,比如封闭和排外等。(2)农村中的宗法关系的发展是不平衡的。宗法关系在历史悠久的村落中普遍存在,像陕西、山西、湖南、四川等省份;在较早的移民地区,如客家人聚集的地区部分存在;但在新的历史较短的移民地区,如整个东北地区、新疆,或者近代比较动荡的地区,如河南、河北,都不是普遍存在的,反而是"流民"文化占据主导地位。(3)农村中的宗法关系对于中国的现代化是严重的阻碍。陈忠实所著的《白鹿原》尽管对农村的地主和族长有很大的美化成分,但对在宗法制度下,人们逆来顺受、维护封建陋习、扼杀新思想、无法抗拒天灾和瘟疫的侵扰的揭露可谓淋漓尽致。其中最主要的就是,宗法制度和关系具有强烈的封闭性和落后性,不接受新事物,固守封建的伦理道德和陈规陋习,维护建立在地主土地所有制基础之上的封建剥削。诚然,宗法关系中也有一些积极因素,其中最重要的就是,从宗法关系当中派生出来的荣誉感具有信仰的成分。近代的湘军和淮军之所以有战斗力,重要的原因就是他们为家族的荣誉而战。流民成为土匪的很多,然后又很快被剿灭,就是因为他们不知道为什么而战,仅仅是为了生存,很容易被收买。此外,宗法制度有助于维持家庭的稳定、兴办公益事业和从事社会救济活动,这些都是应该给予肯定的。但这些都不是宗法制度的主流,主流就是封建性和封闭性。

[①] 彭明、程歗主编:《近代中国的思想历程(1840—1949)》,中国人民大学出版社1999年版,第79页。

(四) 新中国成立初期的思想政治教育

新中国成立初期,中国共产党加强了对全国人民的思想政治教育,很快就获得了人们对国家的认同。这种对国家的认同又促进了国民经济的迅速恢复和新生政权的巩固。

首先,这种思想政治教育是全面的,由中国共产党统一领导。中共中央多次召开会议研究思想政治教育问题,并决定:第一,"加强工人阶级的组织与教育工作",提高工人阶级的觉悟,使之能够担负起领导责任;第二,进行爱国主义教育,"铲除帝国主义首先是美帝国主义在中国长期侵略所遗留下的政治影响";第三,"党中央发出建立宣传网的决定"。① 当时的宣传网(主要是指从中央到基层),都要有人专门负责宣传工作。在党中央的统一领导下,从小学到大学的教科书,从中央的广播到基层工厂和部分农村的广播站,从基层单位的文艺活动到各种专业文艺演出,都加入了浓厚的政治教育的内容。很多老同志回忆说,新中国成立初期到处是歌声和标语口号,人们的革命热情被充分调动起来。

其次,这种政治教育是深入联系实际的。客观地说,当时我们的物质条件是极其艰苦的,可以用"困难重重,百废待兴"来概括当时的状况。毛泽东坚持的一条基本原则,就是"需要发展共产主义的情操、风格和集体英雄主义的气概"② 以教育人民。这种共产主义的思想教育体现在以下几个方面:(1)密切联系群众。具体来说,包括:干部参加集体生产劳动③;坚持调查研究的方法④;"必须重视人民的通信,要给人民来信以恰当的处理,满足群众的正当要求,要把这件事看成是共产党和人民政府加强和人民联系的一种方法"⑤;主张"干部子弟学

---

① 《杨尚昆日记》上,中央文献出版社 2001 年版,第 67 页。
② 《毛泽东文集》第 7 卷,人民出版社 1999 年版,第 398 页。
③ 同上书,第 294 页。
④ 同上书,第 133 页。
⑤ 《毛泽东文集》第 6 卷,人民出版社 1999 年版,第 164 页。

校应逐步废除"①。（2）发扬艰苦奋斗的革命精神。毛泽东说："艰苦奋斗是我们的政治本色。锦州那个地方出苹果，辽西战役的时候，正是秋天，老百姓家里很多苹果，我们战士一个都不去拿。我看了那个消息很感动。""我们的纪律就建筑在这个自觉性上边。这是我们党的领导和教育的结果。"②（3）加强党的建设。"发扬正确的思想作风，纠正主观主义、官僚主义、宗派主义的错误的思想作风。"③从毛泽东的一系列指示中，可以看出毛泽东所设想的未来社会的大致轮廓，即官民平等、艰苦奋斗、深入实际、为了群众、加强教育、严格纪律。诚然，今天的情况同建设初期大不一样，但用共产主义思想教育人民这个基本原则是必须坚持的。

三、简要的总结

纵观三次信仰危机，它们分别出现在宏观、微观和中观层面，并且由于中国共产党的努力，都得到了化解，或者看到了化解的曙光。这从历史发展的角度进一步证明了共产主义信仰是一个体系，信仰体系内部的协调发展是维持信仰体系的基本条件。

纵观体现信仰作用的四大事件：伟大的长征充分说明了理想的作用。正是因为有了伟大的理想，每个红军战士都知道为什么要长征，为什么要同国民党反动派进行坚决的斗争，原因在于要解放天下劳苦大众。而延安整风充分说明了理论在信仰体系中的重要作用。理论是连接信仰和实际的桥梁，特别是对于世俗的信仰来说，理论显得极其重要。理论说明了为什么我们需要政治信仰，政治信仰为什么是正确的。当我们走进"七大会址"的时候，谁都不会怀疑中国革命一定会胜利，因为中国共产党在这个时候就已经把中国革命的基本理论问题

---

① 《毛泽东文集》第6卷，人民出版社1999年版，第232页。
② 《毛泽东文集》第7卷，人民出版社1999年版，第162页。
③ 同上书，第294页。

都搞清楚了,胜利只是时间问题。解放战争时期东北战局的扭转,充分说明了基层建设的重要。中国共产党东北局扩大会议通过"七七决议"之后,广大干部一竿子插到底,深入农村开展土地改革,将中国共产党的政治信仰传播到广大农村,为广大农民所接受,很快中国共产党就解放了全东北。这些历史的经验都值得我们认真思考。新中国成立初期的思想政治教育工作,对新生政权的巩固起到了巨大的作用。

　　进一步具体分析,这三次信仰危机和四次重大历史事件,告诉我们必须坚持几个基本原则:坚持理论创新;坚持发展民生;坚持从严治党;坚持发扬共产党员的模范作用;坚持深入实际制定出正确的路线、方针、政策;坚持加强基层组织建设;坚持正确的共产主义思想的指导和教育。就是靠着这七个坚持,中国共产党维护和发展了自己的政治信仰体系。

第十一章　中国共产党的政治信仰与当代中国政治发展

当前我国出现了一些新的现象和问题,归纳起来主要有:

(1) 如何促进经济持续发展,解决发展过程中的"不平衡不充分"的问题。政治发展主要是由经济发展推动的,但政治发展反过来又能刺激经济持续发展。如何让两者互相促进、步入良性循环的轨道,这是政治发展需要解决的重要问题。很多国家标榜自己的政治制度是先进的,政治发展是健康的,但经济发展却长期落后,这就缺少说服力,比如像以前一些传统的社会主义国家。

(2) 如何促进社会公平。有些国家如拉美的巴西、智利、阿根廷等,经济确实有了很大的发展,但分配非常不公,两极分化严重,直接导致社会动荡,这也是值得研究的。政治发展的基本要求,是经济发展成果要惠及广大人民群众,不能仅仅惠及少部分人。今天在我们国家,要求社会公平的呼声越来越高,十八大以来国家出台了许多措施促进社会公平,比如"精准扶贫"、保证养老金水平的不断提高、扩大医疗保障的范围、提高最低生活保障标准等。

(3) 如何清除社会的腐败现象。诚然,腐败是一种世界现象,很多发达国家也有腐败现象,但问题在于如何预防腐败,将腐败限制在一定的范围之内。比如像中国,在一个时期内腐败现象严重,引起了人民群众的强烈不满。

(4) 如何不断进行改革。改革是政治发展的重要途径。从广义上来说,改革是一个常态的过程,像西方国家的行政改革几乎从没间断过,但是要确保改革对政治发展的促进作用,而不是相反。苏联改革的直接后果就是苏联解体,这个教训要认真吸取。

(5) 如何对国家实行有效治理。治理不是一般的管理,国家治理是政治发展的重要内容,要保证对国家的有效控制,又要激发国家发展的活力。要做到控制和活力的平衡,这是政治发展的基本要求。

(6) 如何保证依法治国。早期发展起来的国家的经验已经证明,依法治国是促进社会发展的有效手段和途径。问题在于,很多发展中国家的法律都是比较健全的,但违犯法律的现象却很普遍,像泰国一段时间内的动荡,非洲很多国家的持续动荡。很多事情都是有法律依据的,为什么还是存在社会动荡呢?

以上种种现象和问题折射出政治发展的重要性和基本内涵。而这些问题应该说也同政治信仰紧密相连。结合中国的实际,对这些问题展开论述,既可以进一步理解政治发展的内涵,又可以深刻认识政治信仰极其重要的作用。

研究政治发展的目的是探求政治发展的规律,以便更好地推动社会的发展。政治发展的规律通过政治发展的基本原则表现出来。从某种意义上说,规律和基本原则是一致的。当代中国的政治发展接续在历史上的政治发展之后,离不开历史传统和特定背景。当代中国的政治发展除了有一般规律之外,又有其特殊的规律。如果从政治信仰的角度来研究,这些规律会更清晰地展现在我们面前。

一、当代中国政治发展的历史传统——以解放战争为例

之所以以解放战争为例,是因为那是国共两党的决战时期,各种规律和原则充分展现,政治发展过程中政治信仰的作用也十分明显。这自然又回到本书开篇提出的问题,即共产党为什么能在短时间内打

败国民党,国共两党的力量对比为什么变化得那么快。抗战胜利后,"国民党当时拥有正规军约二百万人,加上其他军事力量共四百三十万人,人民解放军只有六十一万人,加上地方部队和后方军事机关共一百二十七万人。双方兵力的对比是三点四比一。至于武器装备,双方更是悬殊",国民党"还控制着几乎所有的大城市和主要交通线"。① 毛泽东估计在五到十年内打败蒋介石,有人建议蒋介石两年内消灭共产党,蒋介石认定"六个月就可以做到"②。结果仅用了三年多一点的时间,共产党就将国民党打败。究其原因,中国共产党遵循了政治发展的基本规律和原则。

(一)以实现最广大人民的利益为宗旨

这是中国政治发展的最基本的规律和原则,其他一切所谓的规律和原则在这个原则和规律面前都显得苍白无力。可能国民党的精英,包括蒋介石在内,到最后都没有看到这个最基本的规律和原则,这导致了他们的历史悲剧。在抗战即将胜利之时,1943年1月11日,国民政府分别与英美签署平等新约,从原则上宣布废除了不平等条约。1943年蒋介石又写了《中国之命运》,明确认为"没有中国国民党,那就是没有了中国"③。抗战胜利后,蒋介石和国民党的威信达到了顶峰。这时他们理应带领中国人民走向和平和富强。中共顺应历史潮流,1945年8月毛泽东赴重庆谈判,1946年1月政治协商会议闭幕,在中国共产党和其他民主党派的努力下,会议通过了政府组织案、国民大会案、和平建国纲领、军事问题案、宪法草案等五项协议,中国人民终于看到了和平的曙光。可是在随后召开的国民党六届二中全会上,反对政协决议的呼声甚嚣尘上,蒋介石也公然宣称"政治协商会议

---

① 金冲及:《决战——毛泽东、蒋介石是如何看待三大战役的》,北京大学出版社 2012 年版,第 3 页。
② 同上。
③ 蒋中正(蒋介石):《中国之命运》,正中书局 1943 年版,第 195 页。

在本质上不是制宪会议",如它"果真成了这样一个会议",那"是绝不能承认的"。① 可谓不成熟的政党造就了不成熟的领袖,不成熟的领袖又将这个党变得更加不成熟。国民党六届二中全会对国民党的影响是极其深远的,具体表现就是助长了一些好战分子的内战情绪。随后的四平之战,国民党占领四平,更使国民党的所谓"精英"忘乎所以,似乎天下就是他们的了。政治发展是一定要遵循自己的内在规律的。中国共产党在四平保卫战之后,发布了著名的"七七决议"和"五四指示",要求党的干部脱下西装换上布衣,脱下皮鞋换上布鞋,到农村去、到农民中去,开展土地改革,真正实现孙中山倡导的"耕者有其田"。其后仅用了两年多时间,东北野战军一百多万军队浩浩荡荡开进山海关。试问,是什么力量能造就如此的结果呢?这就是人民的力量。反观国民党,抗战刚一胜利,"他们以征服者的姿态回来,轻蔑地对待沦陷区的民众,好像民众都曾是汉奸和叛徒似的。这些官员只是关心私利并接收敌产,都不理会在日占时期经受了那么多苦难的民众之疾苦"②。国民党在抗战以前就依靠江浙财团,根本没把广大农民放在眼里,"不仅是民生主义的原则——节制资本和平均地权——从未得到实现,就连较为温和的将地租减至年产量的 37.5% 的规定也从未兑现。孙中山的'耕者有其田'的理想始终只是镜花水月而已"③。加上通货膨胀和经济崩溃,这样的党怎能赢得民心呢?回头看一看国民党六届二中全会上的那些精英,他们或者是久经沙场的高级将领,或者是留学英美的高级知识分子,或者是游刃于政坛的高级政客,但今天谁还记得起他们呢?他们或是隐居山林,客死他乡;或是独居一隅,望洋兴叹。造成这种悲剧的根本原因,就是他们始终不知道百姓的真实想法和困境。诚然,改朝换代的代价是巨大的,但是政治发展的规律

---

① 中共中央党史研究室:《中国共产党历史·第一卷(1921—1949)》下册,中共党史出版社 2011 年版,第 702 页。

② 〔美〕徐中约:《中国近代史:1600—2000,中国的奋斗(第 6 版)》,计秋枫、朱庆葆译,世界图书出版公司 2008 年版,第 648 页。

③ 同上书,第 517 页。

和逻辑是不可抗拒的。

（二）波浪式的发展形式,是中国政治发展的又一原则和规律

中国社会错综复杂,各种力量交织到一起,使得政治发展的波动性非常明显,而且这种波动性是隐藏在很多假象之后的,表面上看不是很显著。在政治发展陷入低潮的时候,认真总结经验教训为高潮的到来做准备就显得尤为重要。1946年5月的四平之役,很难说是"中共最为严重的一次军事失利"①。中国共产党的主力部队伤亡八千人左右,而国民党军队伤亡超过万人。② 但中国共产党却认真总结经验,于是有了"七七决议",到农村去发动群众,部队迅速壮大。而国民党却日益骄傲,1946年6月以后,在南京谈判中提出了极其苛刻的要求,即"胶济铁路沿线之共军,须于签字协定后十日内全部退出,由中央政府军接收","苏北各共军,须于签字后一个月内全部让出","凡自六月七日以后被共军侵占地区,如山东、山西、河北等省所属城镇乡村,共军概须于签字后十日内退出,由中央政府军进驻",此即"最后规定"。③ 受东北四平战役影响,国民党主战派占据主导地位,这种短视行为表现得十分明显。实际上,国民党的军队"在装备和训练上,比以往任何时候都更加精良,但却是一支疲惫不堪的队伍。这支军队在抗战最后阶段已显出了疲惫的迹象,只是靠着民族主义、爱国主义和对盟军即将胜利的憧憬勉力支撑着。日本的投降给了这些部队一种解脱感和一种完成使命的情绪,他们期盼着刀枪入库,马放南山。对他们来说,再打一场内战的想法简直是讨厌至极"④。一句话,他们没有

---

① 邓野:《民国的政治逻辑》,社会科学文献出版社2010年版,第327页。
② 中共中央党史研究室:《中国共产党历史·第一卷(1921—1949)》下册,中共党史出版社2011年版,第704页。
③ 转引自邓野:《民国的政治逻辑》,社会科学文献出版社2010年版,第340页。
④ 〔美〕徐中约:《中国近代史:1600—2000,中国的奋斗(第6版)》,计秋枫、朱庆葆译,世界图书出版公司2008年版,第515页。

信仰,不知道为什么还要去打内战。"相反,共产党生气勃勃,斗志昂扬,对前途充满信心。"①正是伟大的信仰在支持着他们。既然是这样,尽管在战争开始的时候中国共产党处于低潮,但是战争的胜负不是已经决定了吗?

(三) 政策和策略是中国政治组织的生命,在政治发展中占有极其重要的地位

毛主席说:"政策和策略是党的生命,各级领导同志务必充分注意,万万不可粗心大意。"②抗战胜利前后,中共面临着极其复杂的政治形势。有的学者认为:"中共七大主题报告所制定的联合政府政治路线"在重庆谈判中被迫收回,"中共则以暂时维持现状的名义保住了解放区,双方应互有胜负,基本战成平局"。③ 这种判断是不准确的。实际上,中国共产党在正式文件中,从来没有把建立联合政府作为自己的政治目标。七大政治路线的规范表述是:"放手发动群众,壮大人民力量,在我党的领导下,打败日本侵略者,解放全国人民,建立一个新民主主义的中国。"④毛泽东在七大的口头政治报告中指出:关于共产主义,"在我的报告里已经提到了,但是没有强调"⑤。"报告中对共产主义提过一下以后,仍着重说明民主革命,指出只有经过民主主义,才能到达社会主义,这是马克思主义的天经地义。"⑥这就是原则和策略的统一。至于联合政府,毛泽东说得更加清楚,即"联合政府有三种可能性:一种是坏的我们不希望的可能性,即要我们交出军队去做官"。"第二种可能性,也是以蒋介石为

---

① 〔美〕徐中约:《中国近代史:1600—2000,中国的奋斗(第6版)》,计秋枫、朱庆葆译,世界图书出版公司2008年版,第515页。
② 《毛泽东选集》第4卷,人民出版社1991年版,第1298页。
③ 邓野:《民国的政治逻辑》,社会科学文献出版社2010年版,第265页。
④ 中共中央党史研究室:《中国共产党历史·第一卷(1921—1949)》下册,中共党史出版社2011年版,第653页。
⑤ 《毛泽东文集》第3卷,人民出版社1996年版,第323页。
⑥ 同上书,第275页。

首,形式是民主,承认解放区,实质仍是蒋介石的独裁政府。""第三种可能性,是以我们为中心,在我们有一百五十万军队、一亿五千万人民时,在蒋介石的力量更加缩小、削弱,无联合可能时,就要如此做,这是中国政治发展的基本趋势和规律,我们要建设的国家就是这样一个国家。这个问题不在报告上写。"①毛主席在1945年3月前后多次在党内讲到联合政府问题。中国共产党要建立一个新民主主义国家,这是原则问题,但建立联合政府以实现和平,只要有一线希望也要争取,这就是政策和策略。谈到政策和策略,可能有人会立刻将其与权术和阴谋混同起来。实际上,政策和策略同权术和阴谋的区别有两点:一是信仰;二是制度,或者说是目标和手段的统一。中国共产党有明确的信仰,这就是社会主义和共产主义,同时中国共产党严格按照签字的协议行动,包括重庆谈判确定的"双十协定"和政协的各项议案,这就是目标和手段的有机统一。

政治发展的这三个规律同政治信仰是紧密相连的。实现最广大人民的利益这个最基本的规律本身就是政治信仰的核心内容;在波浪式发展中,能够从低潮走向高潮正在于政治信仰是政治发展主体的精神支柱,是走向高潮的基本条件;政治策略能够成立,也是因为有政治信仰作为依托,这样政治策略才能够称其为策略,而不至于沦落为低级的政治手段。总之,政治信仰是政治发展的精神支柱。

二、当代中国政治发展的基本背景——以改革开放前三十年为例

中国改革开放能够成功启动,与前三十年的特殊历史直接相关。改革开放以前的历史呈现出以下几个特点。

(1) 国民经济整体稳步发展,但人民生活水平提高缓慢,成为影

---

① 《毛泽东文集》第3卷,人民出版社1996年版,第277页。

响政治信仰的主要因素。由此引申为社会矛盾单一,主要表现为落后的生产力同人民群众日益增长的物质文化需要的矛盾。改革开放前,中国重工业比重由1966年的32.7%上升到1976年的38.9%;农业同期却由35.9%下降到30.4%;轻工业同期由31.4%下降到30.7%。由此导致生活需求亏空太多。"一五"住宅建设投资占非生产性投资的9.1%,而"文化大革命"头五年即"三五"仅占4%,后五年占5.7%。同时期人口又增长很快,粮食人均占有量,1956年是409斤,1966年是381斤,1976年是383斤;棉布的人均消费量,1956年是29.2尺,1966年是20尺,1976年23.7尺。①

(2)基尼系数相对较低,社会比较公平。当然,并不是说基尼系数低社会就公平,而是说尽管社会普遍存在平均主义的倾向,但人们还是觉得公平。虽然人们感觉到贫穷,但上到级别较高的领导,下到一般的平民百姓,收入的差距不大,更没有出现两极分化。根据世界银行的估计,我国城镇居民个人收入的基尼系数,改革开放初期的1978年为0.16,到1986年才达到0.19;农村居民个人收入的基尼系数,1982年为0.22,1984年才达到0.27。整体来说都是比较低的。②

(3)经过多次政治运动的洗礼,广大干部同人民群众联系密切,党和政府内部没有形成官僚特权阶层。党在人民群众中还是有着较高的威信的。广大人民群众把自己对幸福生活的希望寄托在中国共产党身上。之所以没有形成官僚特权阶层,首先是毛泽东对这个问题有所警觉。毛泽东一生都在同官僚主义和特权阶层进行斗争,他通过群众政治运动、严格的制度规定、理想主义的教育、自己以身作则等多种手段,阻止了官僚特权阶层的形成。其次是中国传统文化的影响。中国传统文化本质上是平民性质的文化,民生为本、均等为重是中国传统文化的重要特征,这在大众心理上也防止了官僚特权阶层的形

---

① 参见席宣、金春明:《"文化大革命"简史》,中共党史出版社2005年版,第318页。
② 中国发展研究基金会:《转折期的中国收入分配:中国收入分配相关政策的影响评估》,中国发展出版社2012年版,第320页。

成。最后，中国当时普遍贫穷，在这种背景下搞特权，会引起人们的普遍反感。

（4）经过"文化大革命"，政治体制的弊端充分暴露，为政治改革留下了广阔的空间。邓小平指出："从党和国家的领导制度、干部制度方面来说，主要的弊端就是官僚主义现象，权力过分集中的现象，家长制现象，干部领导职务终身制现象和形形色色的特权现象。"[①]这些现象严重阻碍着中国政治的健康发展。

（5）政治信仰使人民对社会主义仍然抱有信心，人民群众的积极性亟待焕发出来。实际上，这种判断经过改革开放初期的实践已经得到充分证明。中共中央和国家的改革政策一出台，广大人民群众积极行动起来，像家庭联产承包责任制、搞活流通市场的各项政策等，迅速得到落实。

上述五个特点可以概括为"三个一"：一个尖锐的问题，那就是要通过发展摆脱贫困；一个突出的优势，就是全体人民有着坚定的政治信仰，在中共的领导下建设中国特色社会主义；一个明确的目标，就是建设小康社会。正因为我们在信仰的引导下，努力发展自身，积极应对存在的问题，才逐步向小康社会迈进。

三、政治信仰与当代中国的政治发展

当代中国的政治发展面临着一个尖锐的问题，那就是富起来怎么办，或者说，实现了小康社会以后怎么办。诚然，我们还在为建设小康社会不断奋斗，但不可否认，我们已经看到了富裕的曙光，可以预见，按照现有的正常发展速度，实现小康社会已不成问题，因为小康主要是以经济指标来衡量的。问题是经济发展起来之后，如何保持原有的政治优势，具体说来，就是如何坚持原有的政治信仰，将全国人民团结起来。从实际情况来说，一定要处理好以下几个方面的关系。

---

① 《邓小平文选》第2卷，人民出版社1994年版，第327页。

(一) 政治信仰与社会转型

始于20世纪70年代末的中国改革开放的伟大事业,其重要内涵就是从社会主义计划经济体制向社会主义市场经济体制转型。从这个意义上说,改革开放也可以称作社会转型。毫无疑问,时至今日,中国的社会转型取得了初步的成功,我们建立了相对完整的社会主义市场经济体系。我们在分析中国社会转型成功的原因时,更多的是关注体制调整的政策选择。实际上,这其中最重要的成功原因,就是我们始终坚持原有的政治信仰,即社会转型一定要惠及广大人民群众,一定要坚持社会主义和共产主义的政治方向。如果我们将中国的社会转型同苏联和俄罗斯的社会转型相比较,政治信仰在社会转型过程中的作用就可以看得更加清楚。

中国和苏联都是社会主义国家,都坚持共产主义的政治信仰,但在程度不同地实行了市场经济之后,在信仰这个问题上,两个国家都面临着严重的挑战。在中国社会转型的初期,由于人民生活水平相对低下,特别是中国共产党在"文化大革命"中犯了严重的错误,加上国门打开,有关西方发达国家富裕生活状况的信息传到国内,否定中国政治信仰的声音开始出现。不仅在人民群众中,就是在中国共产党内部,政治信仰动摇的现象也有所发生。在这种背景下,邓小平在1979年3月明确提出了要坚持"四项基本原则",即坚持社会主义道路,坚持无产阶级专政,坚持共产党的领导,坚持马列主义、毛泽东思想。[①] 在随后的中央全会上,特别是中国共产党十二大上,旗帜鲜明地强调要坚持四项基本原则。坚持四项基本原则,实质上就是坚持社会主义和共产主义这个政治信仰。正是因为坚持了这个政治信仰,中国共产党解决了社会转型过程当中一系列艰难的问题。首先,破解了社会转型的目的性问题,即为什么要进行社会转型。实行社会转型就是要更好地发展社会生产力,惠及广大人民群众,实现人民群众的根本

---

① 《邓小平文选》第2卷,人民出版社1994年版,第164—165页。

利益。在这个政治信仰的指导下,我们帮助相当一部分人摆脱了贫困,也将社会分化控制在一定限度之内,全国人民都从社会转型中受益。其次,有效地调节了各种利益矛盾。社会转型从某种意义上说就是一个利益调整的问题。有些时候利益冲突还是很严重的,如中央和地方的矛盾、发达地区同落后地区的矛盾、沿海开放地区同内陆地区的矛盾、先富起来的人同后富起来的人的矛盾等等。我们化解这些矛盾的最主要的手段就是坚持服务于最广大人民群众的政治信仰,以这个为基本原则,调节各种利益冲突,如实行分税制、转移支付制度、财政补贴制度、扶贫政策等,都收到了较好的效果。再次,就是保证了经济的持续发展。经济发展需要动力,直接的动力就是利益,此外还有精神激励、文化创新等等。但是如果我们要保持经济持续发展,就必须解决信仰问题,或者说为什么要发展经济的问题,答案就是为了广大人民的根本利益。最后,保证了国家的稳定和统一。在社会转型过程中,矛盾的发展很容易导致国家动荡,民族问题、宗教问题、社会分化问题都会引起严重冲突,但有了统一的信仰就不一样了。信仰是一个国家的精神支柱,有了这个精神支柱,就会小道理服从大道理,小目的服从大目的,就不容易出现社会动荡和分裂。

反过来看,苏联和俄罗斯转型前也信仰社会主义和共产主义,但是在转型启动不久之后,就否定了苏联宪法第九条,即坚持苏共的领导地位,这实际上是放弃了原先的政治信仰,由此导致全民的思想混乱,不知道苏联该向哪个方向发展。信仰的缺失很快就导致了1991年的苏联解体。进入俄罗斯时期,思想更加混乱,上街游行的人有的举着列宁、斯大林的画像,有的举着圣母玛利亚的画像,还有的举着戈尔巴乔夫、叶利钦的画像。一直到叶利钦执政的后期,即1998—1999年前后,信仰东正教的人逐渐多了起来。到了普京执政的2000年以后,信仰东正教的人日益增多,俄罗斯通过宗教解决了俄罗斯人的信仰问题。

中国和俄罗斯在转型过程中以不同的方式解决信仰问题,充分显现了政治信仰和宗教信仰的作用。此外还要特别强调,我们是从计划经济向市场经济转型,市场经济本身的负面影响是人们公认的,通过坚持政治信仰,可以减少市场经济的负面影响。至于政治信仰和市场经济如何有效地协调发展,那就需要我们不断探索了。

(二) 政治信仰与反腐败

这个问题实质上是从严治党的问题。中国共产党十八大以来,反腐败取得了有目共睹的成绩。我们的反腐败工作也有三个层次:一是不敢腐,即形成一种高压态势,起到相当的震慑作用;二是不能腐,即通过制度建设堵塞各种制度上的漏洞;三是不想腐,保持共产主义的理想和信念,这是最高的境界。要想达到最高的境界,绝大多数领导干部和共产党员必须始终坚持共产主义的政治信仰。诚然,我们抓的贪官越多,越能说明我们的反腐败工作有成效,但同时反映了我们的制度不健全和理想信念的缺失到了相当严重的程度。通过反腐败的斗争,既要形成一种高压的态势,也要不断地完善制度,修补制度的漏洞,特别是要完善监督机制,现在成立监察委员会、改革监督制度进行试点,这些都是被动的,而主动的做法就是进行理想和信念教育,形成"不想腐"的氛围。从某种意义上来说,政治信仰是遏制腐败的最重要的手段,因为这样可以使人们达到"不想腐"的崇高境界。

当前通过从严治党实现反腐败的既定目标,有三个基本的途径:一是"补足共产党人精神上的'钙'"。习近平总书记反复强调,"理想信念坚定,骨头就硬,没有理想信念,或理想信念不坚定,精神上就会'缺钙',就会得'软骨病'"。"崇高信仰、坚定信仰不会自发产生",要"通过坚持不懈学习,学会运用马克思主义立场观点方法观察和解决问题"。① 二是培养选拔党和人民需要的好干部。"成长为一个好干

---

① 中共中央宣传部编:《习近平总书记系列重要讲话读本(2016年版)》,学习出版社、人民出版社 2016 年版,第 106、108、109 页。

部,一靠自身努力,二靠组织培养。"①三是用制度治党、管理治吏。"用制度治党,就是要依法依规治党";"用制度管权,就是要把权力关进制度的笼子里";"用制度治吏,就是要用制度从严管理干部"。②

(三) 政治信仰与经济发展

历史唯物主义认为,经济关系决定政治关系,政治关系对经济关系具有反作用。经济发展的动力是什么?自然有利益和其他因素,但政治信仰肯定是其中的重要因素。经济发展了,人们不一定有幸福感。全世界幸福感指数比较高的国家,尽管都是经济比较发达的国家,但绝大多数都不是经济强国。诚然,经济要有一定的发展速度和一定的规模,但最重要的是社会和谐,社会分化不是很严重,人们的精神就会很充实,普遍具有很崇高的信仰。因此,政治信仰对经济发展的影响集中表现在两个方面:一是可以推动经济的持续发展,为经济的发展注入长久的动力;二是可以保证经济的健康发展,具体来说,即处理好经济发展同环境保护、惠及广大群体、不以牺牲一部分人和后代人为代价等问题。一句话,政治信仰决定着经济发展的方向和方式。西方早期资本主义的发展,是以攫取全世界的资源和破坏环境为代价的,那种残酷的掠夺和剥削,导致全世界广大人民的普遍落后和贫穷。我们今天要想全面和健康地发展,就一定要有正确的信仰为指导,反复强调和明确发展的目的,不能再走传统发展的老路。

关于经济发展的动力,可以分为三个层次:第一个层次就是利益需求,这是最基本的。按照马克思主义的观点,人们首先要满足吃、穿、住这些基本的需求,才能从事其他工作。可以说,利益的需求带有永恒的性质。这种利益的需求也是不断发展的,正是这些需求的演化,推动社会不断前进。第二个层次就是满足价值的需求。每个人都

---

① 中共中央宣传部编:《习近平总书记系列重要讲话读本(2016年版)》,学习出版社、人民出版社2016年版,第110页。

② 同上书,第116、117、118页。

逐步形成了自己的价值观,要想实现自己的理想,程度不同地需要以经济作为依托,像和谐社会、绿色发展、共同繁荣等等;个人价值获得了社会的承认,人们也就获得了成就感。第三个层次就是信仰,信仰也是经济发展的永恒动力。当人们大致满足了利益上的需求,也满足了基本的价值需求,信仰就成为追求的基本目标,这也就是我们通常所说的"自我实现"的需求。

政治信仰对经济发展的影响还表现在,政治信仰派生出来的信任体系,是促进经济发展的不可缺少的重要条件。人们有了共同的政治信仰,才会产生强烈的社会责任心,而这种社会责任心是培育社会信任体系的基本条件,因为只有大家的责任心相同,才能互相信任和合作。社会的信任体系是促进经济发展的最重要的条件。人们彼此信任,可以减少摩擦成本和交易成本,并且形成稳定的预期,还可以使大家都认同的游戏规则相对稳固,更好地激发人们工作和创新的热情。

(四)政治信仰与深化改革

政治信仰主要解决改革的目标问题。改革一定要有正确的目标。我们的改革实际上是社会主义制度自身的不断完善。我们要建立社会主义市场经济,在这个过程中,我们一是要坚持社会主义的方向,让绝大多数人受益,而不是少数人受益;二是要防止市场经济的负面影响,诸如残酷竞争、尔虞我诈、破坏环境、道德滑坡等等;三是在改革过程中保持政治力量和改革之间的良性循环。破坏这种良性循环的重要力量就是利益集团。在改革的过程中,各种利益集团几乎都从自己的利益出发,设计出各种改革方案。这时候就需要有一种超越各种利益集团的力量,站在更高处领导改革,防止利益集团利用改革达到利己的目的。而只有坚持政治信仰,才能更好地实现我们的目标。有了政治信仰,我们才可能在更高的层次上,对各种利益集团的改革方案进行验证,防止各个利益集团打着改革的旗号来实现自身的利益,保障改革的善良目的不改变。对改革过程中的政治和经济的关系进行分析，更能证明上述观点。

在改革中，政治和经济的关系非常复杂。改革寻求实现构建民主制度和发展经济双重目标。要实现这样的目标，政治经济的互动最为重要。改革过程中，国家的政治制度与经济制度之间的互动关系，可能是恶性循环，也可能是良性循环。为什么东欧很多国家移植了西方的政治制度，但效果并不好，特别是俄罗斯，恶性循环表现得更加明显，主要原因就是利益集团在起作用，请看下图。

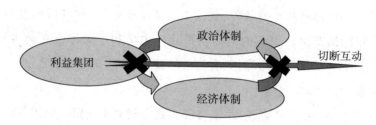

要防止恶性循环，最重要的是切断利益集团的连续性联系。俄罗斯原有的利益集团非常强大，戈尔巴乔夫没有解决这个问题；叶利钦采取赎买政策，集团分化，但主体转为新的利益集团，这种联系没有切断。政治制度的发展为保守集团或某些特殊利益集团提供了某种特权保障，而要做到良性循环，请看下图。

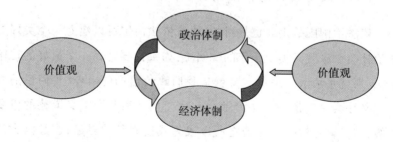

要做到良性循环，最重要的是要落实三个条件：上层和下层的信仰和价值观基本一致；有坚强的领导集体，能协调各种矛盾；中间阶层不断扩展，或者说多数人利益不受损。具体说来：

（1）上层和下层的信仰和价值观基本一致。渐进改革的合理性主要是在这里。不要轻易改变以前的信仰，而要以信仰为基石，形成阶段性成果；以此为坐标，认识逐步统一，形成新的价值观。激进的改革导致价值对立，没有依据，谁也说服不了谁。特别要形成核心的价值体系，要从传统中找到"支点"。普京最成功的是找到了"大国意识"这个支点，中国也找到了一个"支点"，就是社会公平和和谐，从公平到和谐。核心价值体系的形成也有利于避免"利益集团"干政，政策制定上下一致，无空子可钻。

（2）有力的垂直控制体系。要有坚强的领导集体，能协调各种矛盾。这种控制最基本的条件，就是要有统一的信仰，这种信仰能将全体人民团结起来。中国的信仰就是共产主义和中国特色社会主义。在这个统一的信仰的指导下，有科学的政策选择；在政策制定过程中，有独特的民主程序。

（3）中间阶层不断扩展，或者说多数人利益不受损。中国的政治信仰就是实现最广大人民的根本利益，以此为出发点，改革的每一步都要考虑让更多的人受益，其中最重要的就是防止两极分化。防止两极分化的重要标志，就是中间阶层不断扩大，或者说，就是让广大人民群众共享改革发展成果。

（五）政治信仰与依法治国

依法治国既是手段也是目的，通过依法治国可以建立一个美好的法治社会。纵观人类上千年的文明史，如果说要选择一个最好的治国原则，那就是法治。法治本身就是我们政治信仰的内容，我们说的共产主义社会一定是一个法治社会。社会主义和共产主义道德的重要内容，就是遵守法律。法治之所以成为我们崇拜的对象，这是因为法治具有人们都能接受的特点。法治具有稳定性，使人们能形成较好的预期；法治具有告知性，使人们可以事先防范；法治具有强制性，对人们会产生威慑作用；法治具有引导性，驱使人们健康地生活。因此，政治信仰会更好地引导人们相信法治。

依法治国的内容是十分丰富的。根据现有的实践，起码包括三个层次:第一个层次,就是每个公民都要遵守法律,这是公民最基本的素质。只有每个公民都遵守法律,这个社会才能变得平稳和有序。第二个层次,就是公民有效地依据法律监督政府。即使在法律平等的背景下,也是政府强势而公民弱势,政府的特殊地位决定了政府更容易犯错误,也更容易造成严重的后果,因此,公民监督政府就显得特别重要。第三个层次,就是全社会形成重视法治的氛围,全社会的道德标准、价值观念、行为方式都能以法制作为重要的准则。这就涉及依法治国和以德治国的相互关系。

讲到政治信仰和依法治国的关系,其中间环节就是以德治国。政治信仰的中观部分就是以道德为主的价值观。"必须坚持依法治国和以德治国相结合。法律是成文的道德,道德是内心的法律,法律和道德都具有规范社会行为、维护社会秩序的作用。""要发挥好道德的教化作用,以道德滋养法治精神、强化道德对法治文化的支撑作用。"① 政治信仰是道德的灵魂,更能起到滋养法治精神的作用。

在实践过程中,更要处理好依法治国和以德治国的关系。一方面,要强化道德对法治的支撑作用。通过道德的教化作用,提高全社会的文明程度,为全面依法治国创造良好的人文环境。如果社会大大小小的矛盾和冲突都通过法律途径来解决,那也是不可能的。另一方面,要运用法治手段解决道德领域的突出问题。法律是道德的底线,也是道德的保障,对失德行为加以严厉的惩戒,可以驱使人们更加注重道德形象。还有一个更重要的问题,那就是道德和法律的共同基础就是信仰,它们都是人们实现信仰的基本手段。

(六)政治信仰与国家治理

中共十八届三中全会通过的《中共中央关于全面深化改革若干重大问题的决定》明确指出:"全面深化改革的总目标是完善和发展中国

---

① 中共中央宣传部编:《习近平总书记系列重要讲话读本(2016年版)》,学习出版社、人民出版社2016年版,第90页。

特色社会主义制度,推进国家治理体系和治理能力现代化。"国家治理体系,包括国家法律体系、执政党的制度体系以及社会的制度体系。国家治理能力,包括国家机构(党的机构)履职能力、人民群众的依法管理能力以及国家制度的自我更新能力。而国家治理能力的现代化,其实就是追求国家治理的制度化、规范化和程序化,其中最重要的是依法治国,从而降低治理成本,提高治理收益。中国是个超大规模的国家,有着十四亿人口,其执政党是个超大规模的党,有八千五百多万党员。其原有治理体系最大的优点,就是有统一的领导以及国家意识形态,可以集中力量办大事;但也带来了相关的问题,就是如何调动各方面的积极性,提高决策的质量和执行的效率。

在中国传统的政治思想中,国家治理通常是指统治者的"治国理政",其基本含义是统治者治理国家和处理政务。西方的"治理"概念原为控制、引导和操纵之意。20世纪末西方学者赋予"治理"以新的含义,主张政府放权和授权社会,实现多主体、多中心等治理的多元化,强调弱化政治权力,甚至去除政治权威,期望实现政府与社会的多元共治、社会的多元自我治理。

中国当代的国家治理与其他国家的相比,有相同之处,也有其特殊性,这个特殊性表现在三个方面:第一,治理的领导力量是中国共产党;第二,治理的根本出发点是人民的根本利益;第三,治理共同遵循依法治国的基本方略。除此之外,研究国家治理有两个维度是不能忽略的:一是时间维度,即每个国家发展的不同阶段,有其特定的治理内涵;二是现实维度,即国家当前面临的问题是什么,如何解决,通过这些问题的解决,能够提高国家的治理能力。

(1)时间维度。1949年中华人民共和国成立解决了民族独立问题,1978年以后经过四十年的发展解决了温饱问题。然而随着市场经济的发展,原子化"个人"出现,个体摆脱了对原有共同体如合作社的依赖,获得了一定程度的自主性。中国正处在个体化和社会化不断强化,但同时现代国家建构和一体化也在进行中的过程中。国家认同、新的信仰体系在不断建构的过程中,也面临着认同危机、价值缺失等问题。因而,提高国家"软实力"是今天国家发展的重要任务,也是国家治理的重要任务。

(2)现实维度。随着四十年经济的迅速发展,各种社会问题逐渐显现,如贫富分化、价值缺失等。其中最重要的,显然还是文化领域的转型严重滞后。当不再采用刚性意识形态和行政命令的手段进行价值观整合时,中共中央提出了以共产主义思想道德为基础的社会主义核心价值体系,然而这一价值体系却未能有相应的机制予以保障,由此产生的问题就是社会范围内的价值缺失。

显然,两个维度归结到一起,表现的还是一个问题,就是现代国家认同的建构和国家"软实力"的提升问题。从目前的情况来分析,国家"软实力"主要有三个内涵:一是政治信仰,也就是价值观的创建问题;二是道德底线;三是规则意识。其中政治信仰是核心,决定着其他因素的发展方向。基于上述分析,在当前的特定时间段和特定环境下,提高国家的"软实力",构建完整的社会主义核心价值观,完善国家的政治信仰体系,就是国家治理体系的核心任务。

(七)政治信仰与社会公平

社会公平是非常复杂的问题,如果我们抽象地谈论社会公平,非常容易走向平均主义,因为社会公平和平均主义没有严格的区分标准。社会公平和社会效率也是有矛盾的,"当我们要纠正一种不公平现象的时候,我们必须慎重考虑这样做了会不会损害某种生气勃勃的行动的鼓舞力量,因为生机勃勃的行动,整个说来,是对于社会有用的"[①]。当代中国的社会不公平现象出现的原因是很复杂的,有历史的原因,也有体制的原因,同时还有现实的原因。一个完全均等化的社会是不可取的,因为那样无法刺激社会快速发展。但是,一个收入

---

① 〔英〕伯特兰·罗素:《社会改造原理》,张师竹译,上海人民出版社2001年版,第41页。

悬殊的社会也是不可取的,因为那样会引起社会动荡。从最一般的意义上说,国家调节社会收入的途径有两个:一是硬性的手段。国家通过法律和制度的建设,规范人们正当的收入来源,禁止其非正当的来源;通过税收和转移支付等手段对社会财富实行二次分配,以促进社会公平;国家通过社会救济和社会保障等手段保证社会困难群体的正常生活。二是软性的手段。国家通过教育等措施,提高人们特别是困难群众的综合素质,帮助他们摆脱贫困;国家通过宣传教育和政策引导等手段,鼓励富裕起来的人参与社会公益事业。无论是硬性手段还是软性手段,都离不开政治信仰的支撑作用。从硬性的措施来分析,有了政治信仰,人们才能更好地理解国家的社会政策,认识到一个国家就像一个大家庭一样,社会成员互相帮助才能实现每个人的幸福。从软性的措施来看,政治信仰的作用就更直接了,政治信仰本身就是综合素质的重要内容。对于困难群众来说,有了政治信仰才能知道为什么要接受教育,才能既从物质上又从精神上摆脱贫困。对于富裕阶层来说,才能真正认识到社会公益事业的延伸作用。

我们再结合理论和实践来具体分析一下中国的状况。从理论上分析,可以称得上系统公平理论的有三种:(1)结果的公平。这种公平是最为人们向往的,因为它符合人类生存的最高法则,即每个人生来就是平等的,都应该公平地享受均等的社会财富。但实际上是做不到的,原因就是这同人性的弱点产生了矛盾。人性是有弱点的,如果均等地享受社会财富,就会助长懒惰行为,社会也就无法健康发展。中国改革开放以前的实践证明了这一点。中国在改革开放以前是一个均等化程度很高的社会,"中国在改革前夕或者改革之初,收入分配的基尼系数比世界上大多数发展中国家都要低。城市的基尼系数在0.2以下,农村的基尼系数略高,但多数估计都在0.21至0.24之间"①。一些落后的农村长期吃返销粮和救济粮,很多条件好的地方也效仿。

---

① 参见赵人伟、李实、〔美〕卡尔·李思勤主编:《中国居民收入分配再研究——经济改革和发展中的收入分配》,中国财政经济出版社1999年版。

更重要的是,由于干多干少都一样,农民没有生产的积极性,导致中国粮食产量增长缓慢,1976年我国粮食人均消费量383斤,比最高的1956年的409斤还低26斤。① 平均主义和大锅饭有不断蔓延的趋势。(2)机会的公平。机会的公平是指给每个人的发展机会是均等的。这看似很公平,其实也是不公平的,因为机会的公平对客观条件的要求是很高的,当每个人在发展过程中面对的客观条件极为不同时,这种不公平就显露出来。中国就是一个客观条件差别很大的国度,试想,生长在北京和上海的人与生长在西部的人,其机会能够一样吗?因此,如果没有其他的手段,机会的公平就会导致两极分化,中国改革开放以来的实践说明了这一点。(3)认同的公平。这是一种主观概念,实际上是衡量人的承受能力。既然均等化的社会是不可取的,那就一定要有差别,但这种差别是多少为好,这就要看人们的认同了。这种认同一定要有两个基本点:一是不能导致社会动荡,二是要使社会充满活力。根据人们认同的程度来制定相应的政策,可以实现认同的公平。

改革开放以来,中国实行的政策在某种程度上是将上述三种公平理论结合起来。在中国,最能反映社会公平的就是解决贫困问题。"我们成功走出了一条中国特色扶贫开发道路,使7亿多农村贫困人口成功脱贫,为全面建成小康社会打下了坚实基础。我国成为世界上减贫人口最多的国家,也是世界上率先完成联合国千年发展目标的国家。"② 究其根本原因,就是我们有统一的信仰,全国一盘棋,一方有难,八方支援,这充分体现了社会主义制度的优越性。截止到2014年底,全国仍有7 000多万农村贫困人口,习近平总书记提出了精准扶贫的思想,他指出,必须"在精准施策上出实招、在精准推进上下实功、在精准落地上见实效"③。扶贫的实践充分证明,统一的信仰是实现社

---

① 席宣、金春明:《"文化大革命"简史》,中共党史出版社2005年版。
② 《习近平谈治国理政》第二卷,外文出版社2017年版,第84页。
③ 同上。

会公平的基本前提。

（八）政治信仰与国家能力的提升

国家能力的研究在近代逐步走向专门化和系统化。20世纪80年代兴起的"回归国家学派"，以国家为中心进行研究，强调国家与国家能力，对国家能力进行了系统的分析。① 斯考切波（Theda Skocpol）将国家能力（state capacity）界定为国家实现其正式目标的能力。② 简单地说，国家自主性是指国家独立于社会自我决策的程度，国家能力则是指国家通过社会执行其政策的能力。米格代尔（Joel S. Migdal）将国家能力定义为一国中央政府"影响社会组织，规范社会关系，集中国家资源并有效地加以分配或使用的能力"③。我国学者王绍光和胡鞍钢则认为，"国家能力是指国家将自己意志、目标转化为现实的能力"。他们所指的国家能力主要是指中央政府能力，不是公共权威的能力。因为只有中央政府才能代表国家意志，而其他公共权威以及地方政府是无法代表国家意志和国家利益的。④ 2004年美国学者弗朗西斯·福山（Francis Fukuyama）在其所著的《国家构建——21世纪的国家治理与世界秩序》中提出，国家构建是当今国际社会最重要的命题之一，因为软弱无能或失败的国家已成为当今世界许多严重问题（从贫困、艾滋病、毒品到恐怖主义）的根源。他认为，国家构建分为两个层面，即国家体制的运作范围以及国家体制的能力强弱，前者是指政府施政范围与功能，后者则是政策执行的效能与力量。这两个层

---

① 参见 Theda Skocpol, "Bringing the State Back In: Strategies of Analysis in Current Research", in Peter B. Evans, Dietrich Rueschemeyer and Theda Skocpol, eds., *Bringing the State Back In*, Cambridge University Press, 1985, pp. 1–28。

② Ibid., p. 9.

③ Joel S. Migdal, *Strong Societies and Weak States*, Princeton University Press, 1989, p. 4.

④ 王绍光、胡鞍钢：《中国国家能力报告》，辽宁人民出版社1993年版，第6页。

面的交集代表着国家政府的强弱程度。① 他强调,国家能力是政府制定并实施政策和执法的能力,特别是干净的、透明的执法能力。② 总而言之,国家能力是政府使国家的政策目标和意志有效地浸透到社会各部门或发挥影响的能力,其核心一是政府规范合理的职能范围的能力,二是政府为实现国家职能规范的目标和任务制定合理的政策以及有效、干净、透明地执行政策的能力。衡量国家能力强弱的标准有两条:一是政府的权威性,即政府能在多大程度上得到群众的支持与拥护;二是政府的有效性,即政府能在多大程度上贯彻其方针、政策。③

1. 国家能力的构成

米格代尔认为国家能力包括以下四种能力:第一,国家对社会各部门发挥影响的浸透能力;第二,社会内多种关系的调节能力;第三,社会内存在的各种资源的吸收能力;第四,把汲取的资源适当地分配或使用的能力。④ 按照他的看法,强国家普遍具有上述四种能力,相反,弱国家则很难具备上述四种能力。王绍光、胡鞍钢则认为国家能力可以概括为四种能力:(1)汲取能力,是指国家动员社会经济资源的能力,国家汲取财政的能力集中体现了国家汲取能力。(2)调控能力,是指国家指导社会经济发展的能力。(3)合法化能力,是指国家运用政治符号在国民中制造共识,进而巩固其统治地位的能力。(4)强制能力,是指国家运用暴力手段、机构、威胁等方式维护其统治地位的能力。其中财政汲取能力是最重要的国家能力,是国家能力的核心和实现其他能力的基础。他们明确主张以前两种能力作为衡量国家能力的指标。这两个指标值高,就是强政府和强中央,对经济发展和制度

---

① 参见〔美〕弗朗西斯·福山:《国家构建——21 世纪的国家治理与世界秩序》,黄胜强、许铭原译,中国社会科学出版社 2007 年版,第 5 页。
② 同上书,第 7 页。
③ 谢庆奎等:《中国政府体制分析》,中国广播电视出版社 1995 年版,第 155 页。
④ Joel S. Migdal, *Strong Societies and Weak States*, Princeton University Press, 1989, pp. 4-5.

变换就有利;反之,就是弱政府和弱中央,就不利于经济发展和体制转轨。①

国家能力可以分为宏观、中观和微观三个层次。

(1)从宏观层面来讲,国家能力是政府随着时代的变化,在环境的多重刺激、压力甚至挑战下,能够正确把握一个国家和民族大的发展方向,锐意进取、创新发展,带领国家人民走在时代的前面、世界的前列,使国家的政治、经济、社会持续稳定发展,并确保国家和民族获得竞争优势,最终实现绝大多数人的利益的能力。作为一个政治经济实力强劲的大国,其宏观的国家能力还包括在国际政治经济中承担大国责任的能力,以及维护现有的国际政治经济秩序与规则,参与解决全球共同面临的日趋严重的政治经济环境等问题的能力。

(2)从中观层面来讲,国家能力是政府科学、及时地制定政策,合理、有效地动员和调节政治、经济和社会资源,协调不同层级政府之间的关系,协调各种不同利益,使国家的政治、经济、社会持续稳定发展的能力。具体来讲,这一层面的国家能力由五个方面的相互交织、互为条件的能力构成:第一,合理规范中央和地方关系的能力,即设置合理有效的中央和地方的权力架构,在保证中央对地方有效宏观控制的基础上,建立权属清晰、运行规范、高效有序的中央和地方关系;第二,经济管理能力,即政府采取恰当的干预手段,以保障经济持续稳定发展的能力;第三,社会管理能力,即通过制定社会政策和法规,依法管理和规范社会组织、社会事务,有效协调和化解各种利益冲突和社会矛盾,维护社会基本秩序,维护社会公正,达成社会谅解和实现社会整合,保持社会稳定的能力;第四,资源提取的能力,即政府可以合理、有效地动员和调节社会的政治、经济和社会资源,用于扩大目标、成就的能力;第五,服务能力,即有效地向公众全面提供公共产品和公共服务的能力,以及不断增加政府产出和提高政府产出质量的能力。

---

① 参见王绍光、胡鞍钢:《中国国家能力报告》,辽宁人民出版社1993年版,第1—20页。

（3）从微观层面来讲，国家能力是指政府准确、有效、干净透明地执行公共政策的能力。这一层次的国家能力主要涉及的是国家行政能力：一是行政管理体制问题，即设置合理的政府机构，明确职能，理顺政府部门间的关系；二是对政府公职人员越轨行为的防范和控制的能力，确保政府公职人员能够干净透明高效地执行政策。

2. 国家能力的性质

国家能力包括硬国家能力和软国家能力：硬国家能力是涉及制度、体制、科技、经济等的有形的国家能力；而软国家能力则是涉及文化、意识形态以及政府公职人员的素质等方面的无形的国家能力。对于一个国家而言，国家能力的提升除了建立合理、先进的制度，发展政治、经济、科技之外，还需要提升软国家能力，即通过文化、道德、意识形态等产生巨大的凝聚力、感召力和影响力，最大限度地获取公民的认同、合作和支持，并通过提升政府公职人员的素质以有力地推行政府的各项政策。[①] 在国家软实力中间，起核心作用的就是信仰，它是其他精神因素的"支柱"。

通过上述分析，我们可以清晰地看到政治信仰在政治发展过程中的重要作用，然而我们在政治改革的实践中，更多关注的是政治体制、制度调整、管理模式等方面的问题。这也有一定的道理，因为这样可以很快见效，人们可以很快得到实惠。但改革不断深入之后，政治思想领域的问题就应该引起我们的关注了，特别是政治信仰等问题，因为这关系到政治发展的方向和原则，关系到政治改革的成果能否巩固。一句话，关系到政治发展的灵魂。

---

① 皇娟：《国家能力与政治发展的逻辑关系分析》，《辽宁行政学院学报》2010年第7期。

第十二章　当前坚定政治信仰要防止的几种倾向

中国共产党在坚持政治信仰的过程中,除了前面论述过的,由于对政治信仰体系的片面理解,从内部产生的空想社会主义和利益至上的实用主义的倾向之外,还同各种各样的外部的错误思想和倾向进行了坚决的斗争。由于不同时期所面临的任务不同,错误思想的表现形式也不同。在民主革命时期,主要是同从书本出发的空谈共产主义理想的教条主义进行斗争,强调马克思主义要同中国实际紧密结合。后来在社会主义建设时期,毛泽东多次指出要用共产主义思想教育广大群众。对于领导干部,毛泽东则提出反对经验主义,强调要学习革命理论。反对经验主义的实质,就是希望我们的各级领导干部不要被事务主义缠住,要站在一定的理论高度上努力工作。同时,由于革命条件的艰苦,也经常要同丧失革命理想的悲观主义进行斗争。

进入 21 世纪,我们面临的客观环境发生了翻天覆地的变化。一是信息化的飞速发展,互联网、微信、微博和支付宝的出现,极大地改变了人们的生活方式,从一般的信息化走向智能化已经成为不可抗拒的趋势;二是世界格局越来越复杂,世界多极化的脚步没有停止,地区冲突、恐怖主义、新民粹主义、难民危机都有所发展;三是中国四十年的飞速发展日益引起世界的关注,中国的发展面临着更加复杂的环境,特别是"中国威胁论"等陈词滥调又开始活跃起来。从上述背景出发,关于坚持政治信仰要防止的几种倾向,可以从以下三个视角来分析:一是整体的视角,即从普遍意义上说应防止的倾向;二是领导干部的视角;三是一般群众的视角。

一、整体的视角

从整体的视角来看,一是要防止悲观主义的倾向,二是要防止思想僵化的倾向。

(一)悲观主义的倾向

悲观主义的倾向就是对社会主义和共产主义丧失信心。对于存在悲观主义倾向的人来说,最重要的就是,要掌握正确认识世界和认识中国的科学方法和视角。的确,我们今天存在很多问题,但是我们要辩证地看待。

第一,任何社会在发展过程中都会出现问题,正确的选择应该是有什么问题就解决什么问题。在这里需要借一句老话:前途是光明的,道路是曲折的。我们想一下,如果从英国资产阶级革命算起,资本主义经历了几百年的发展历程,然而到了今天,发达资本主义国家比较集中的欧洲,接连出现了希腊债务危机、右翼势力抬头、围绕接收难民而产生分歧、各种恐怖主义猖獗、金融危机之后经济发展缓慢、英国退出欧盟等一系列问题。至于其他一些发展中国家,问题就更多了:如拉美国家的两极分化,低收入阶层的强烈不满引起社会动荡;非洲一些国家的长期贫困,以及部族之间的大规模冲突;等等。

第二,中国社会的主流是健康向上的。改革开放以来,中国经济发展迅速,社会稳定,人民安居乐业,人们的生活水平不断提高,人均寿命不断延长等等。更要看到,很多问题是需要做出取舍和进行价值判断的:要想让经济发展得快一点,就要鼓励投资,使社会发展具有内在的动力,收入差距就会大一些;要想让人们更健康,就要进行医疗改革，使受益的人群更多，个别集团的利益就会受损；等等。当今中国各种极端的倾向不断被克服，社会日益走向和谐，这是社会发展的主流。

　　第三，在社会急剧变革的背景下，信心是解决问题的关键。中国共产党建立不到一百年，新中国成立只有七十年，而且我们人口多，基础差，改革开放过程中发展得又太快，有些问题来不及解决，因此，急剧变革之后总要有一个清理和解决的过程，这个过程中最重要的就是信心。有了信心，才能产生一种积极的态度。信心决定态度，态度决定行为。任何时候都不要忘了，社会是向前发展的，有一部分问题随着发展自然就会解决；有些问题经过努力可以解决；即使是最难解决的问题，当人们都认识到必须要解决，达成共识，齐心协力也会解决。比如说我们今天的中国，从政治角度分析，最难解决的问题有三个：（1）对权力的监督问题。这不仅仅是防止腐败的问题，实际上也是个民主问题，具体包括对权力特别是一把手权力的制约、如何防止权力的腐败、如何集中集体的智慧、如何保证政策的连续性等。集中力量的确可以办大事，但可能办好事，也可能办坏事。当今国际竞争十分激烈，这是一个智慧竞争的时代，其他国家如果能够集中人们的智慧，我们却做不到，仅靠几个人来研究和做决策，就竞争不过人家。美国信息产业的发展、应对金融危机的政策、重返亚太的战略都收到了较好的效果，这是值得我们深思的。（2）发展和创新机制的建立。也就是防止僵化的问题，下面要专门论述。（3）信仰问题。我们今天学习了很多西方的技术和管理经验，比如行为科学、目标管理等等，但是如果人们都没有责任心，所有的技术和具体办法即使再先进，也起不到应有的作用。而信仰是责任的灵魂，如果没有信仰和责任心，不但技术和办法会失灵，而且会成为违法获得个人利益的手段，或者称为"精致的利己主义"。上述问题人们都认识到了，在以后的实践中一定能够解决，何况我们从事的是人类历史上最伟大的事业，我们没有理由退缩，只能树立信心不断进取。

(二) 思想僵化的倾向

要通过深入理解和完善世俗的信仰以增强国家的创新能力。这个问题说到底,就是如何在信仰与独立及自由的精神之间寻求一个均衡点。北美大陆上的早期欧洲移民,他们中的大部分人深受基督新教的影响。基督新教在信仰的原则上没有变化,但在很多细节上有所改革,最重要的是,更加尊重人的独立和创造精神。无怪乎马克斯·韦伯说,经过宗教改革的国家发展都很快,其中很重要的原因就是充分尊重每个人的自由和独立思考。

如何防止思想僵化,的确是任何一种世俗的信仰都应该警觉的问题。世俗的信仰也确实容易走到思想僵化的方向上去,这是因为世俗的信仰关注的是社会中的实际问题,而实际问题是变化的,有时又变化得非常快。正确的世俗信仰应该是将思想中最普遍的、最高的原则上升到信仰的高度。诚然,这个最普遍和最高的原则同一般的思潮的界限,有时是很难把握的。至于同宗教的信仰相比较,宗教信仰一般说的是出世,而世俗的信仰则指向在世。同时,在社会发展过程中,社会现象越来越复杂,这也容易让一些人打着世俗信仰的旗号来论证某些具体方案的合理性,所有这些都会限制人们的独立思考,进而影响到人们的创新能力。正因为世俗的信仰容易走到思想僵化的方向上去,就不排除国家和政党的某些部门、某些政策,包括个别领导干部,从维护国家统一和整体性利益出发,对不认同世俗信仰的人采取帮助、批评甚至是惩戒等手段,这会在不同程度上影响到一些人的独立精神,进而影响到国家的创造力。社会主义在其发展过程中,也多次出现过这方面的教训,如斯大林的肃反、勃列日涅夫的排除异己、中国"文化大革命"时期的人身迫害,都说明了这个问题。更为重要的是,一定要防止个别人打着信仰的旗号获取个人和家族利益,这方面的教训是相当惨痛的。原保加利亚共产党第一书记日夫科夫、原罗马尼亚共产党第一书记齐奥塞斯库,他们最初都是优秀的共产党员,有着坚定的政治信仰,坐过敌人的监狱,但是后来都成了独裁者,还把共产党的领导变成了家族统治。

从理论上来分析,世俗的信仰不仅不应该成为人们创新的障碍,反而应该成为人们创新的动力。创新的动力有三个层次:第一个层次是利益的诱导,通过创新可以满足人们物质生活的需要。第二个层次是人们的兴趣和价值观,即人们喜欢这方面的工作,这种工作符合人们的价值观。第三个层次就是信仰,以及由信仰产生的进取心和责任心。这种进取心和责任心是创新的持久动力。中华人民共和国成立初期,一大批科学家在极其艰苦的条件下创造了许多奇迹,就是有力证明。

在科学技术飞速发展的今天,国家的创新能力是十分重要的。并不是说我国的创新能力不强,不如欧美等西方国家和地区,在这方面我们已经做得很好了。在很短的时间内,完善了社会主义制度,形成了门类齐全的经济体系,个别领域如高铁等走在世界前列。但在这个问题上,没有最好,只有更好,创新是无止境的。我们应该站在一个更高的起点上,将世俗的信仰变成强有力的创新动力。那如何做到这一点呢?其中最主要的就是政治民主。这种政治民主首先要尊重人们的选择,信仰是自愿的;其次,要通过制度建设保证每个人的政治权利;最后,在中国共产党内部营造一种良好的氛围。

二、领导干部的视角

近些年,我国各级领导干部队伍建设取得实效,主要表现为:学历层次的提升,一大批具有硕士、博士学位的干部走上领导岗位;综合素质的提高,知识面宽广,既有丰富的实践阅历,又有深厚的专业知识;领导能力的增强,具备处理复杂事件和突发事件、平衡各方面利益等的能力。但是,随着社会的飞速发展,理想信念缺失也是带有普遍性的问题。影响理想信念的因素很多,应该引起各级领导干部的高度关注。

(一) 脱离群众的新官僚主义倾向

之所以叫新官僚主义,同传统的官僚主义是有区别的。官僚主义泛指"不负责任的领导作风"①。传统官僚主义的特征是领导脱离实际、高高在上、无所作为、办事拖拉、讲求官样文章等,表现形式有命令主义、文牍主义、事务主义等。而当代的新官僚主义有三个基本特征:(1)严重的形式主义。主要表现为庄严的空洞。各种各样的论坛、纪念活动、剪彩仪式、专题讲座、签约仪式,兴师动众,大张旗鼓,场面隆重,但事后绝大多数承诺都不能落实。(2)严重的特殊化。这种特殊化既表现在生活待遇方面,也表现在工作上和具体的日常行为方面,更为可怕的是表现在基本的价值观方面,即如果同一般群众一样,就感觉有失身份。某高校举办了很多期领导干部的培训班,请来讲课的都是著名教授和系统内的专家。但负责培训的人员做过粗略的统计,几乎没有一个带队的领导同志善始善终参加完培训的。一般都是举办完开学典礼,带队的领导就说自己单位有重要的会议,便离开课堂,也不知做什么去了。不排除有个别领导确有重要工作,但试想一下,地球离开谁不也是照常转动吗?单位里离开谁不也是照常运转吗?说到底,还是要表现出自己同一般群众不一样,这种价值观发展下去是极其危险的。(3)轻视群众的倾向。即从骨子里看不起群众,以为他们素质低,是乌合之众,只有自己才是高明的。出了问题,从来不从自己身上找原因,而只是怪罪群众如何如何。上述三种倾向已经严重侵蚀我们党的肌体,同我们党的信仰是格格不入的。

(二) 新民粹主义倾向

"所谓民粹主义(populism),又译为平民主义、民众主义,是一种

---

① 《中国大百科全书·政治学》,中国大百科全书出版社1992年版,第114页。

社会思潮和政治哲学，最早出现在19世纪的俄国。"①当时在俄国出现的民粹主义属于小资产阶级社会主义思潮，他们拒绝在西欧出现的资本主义，也拒绝主张无产阶级革命的马克思主义，认为无产阶级的出现是历史的不幸，俄国实现社会主义的主要力量是农民，因此，提出"要到农民中去寻找真理"，他们认为必须要向农民学习，而不是向农民说教。民粹主义的核心理念就是"平民至上"，到今天可以理解为"群众说的就是合理的"。众所周知，马克思主义的一个基本原理是，自发的工人运动只会产生工联主义，马克思主义这种先进的思想，只能是由资产阶级的知识分子，背叛了本阶级，代表工人阶级的利益创造出来，因此，马克思主义只能从外面向工人阶级"灌输"，而灌输的人，只能是代表工人阶级利益的先进的知识分子。这个原理，实际上就是充分肯定先进的知识分子，也就是"精英"的作用。而当前随着社会经济的发展，在人民群众中有两种倾向非常明显：(1)由于一些法律和制度相对滞后以及个别领导干部的自身原因等，领导干部中的腐败现象有所滋长，人民群众中的仇官仇富心理也充分表现出来。某些地区出现一些刑事案件也往领导干部身上靠，什么犯罪分子是书记县长的亲属等，个别地方受谣言的蛊惑，还出现了恶性的群体事件。在这种背景下，我们的一些领导干部不作为，不敢坚持原则。(2)群众提出了很多只顾眼前利益的经济要求，有些要求暂时是无法实现的，或者会影响到长远利益，很多干部却认为群众的要求都是合理的。在处理具体问题的时候，不坚持原则，不得罪任何人，你好我好大家都好。这种既不能对群众的仇官仇富心理加以遏制，又不能正确引导群众的不作为现象，称作新民粹主义。实际上，坚持正确的政治信仰既要保证群众的眼前利益，更要考虑到群众的长远利益。同时，为了坚持政治信仰，更要发挥政治精英的作用。从一般意义上说，任何国家的有效治理，都是由人民群众选出的精英来实现的。这些精英代表着人民在

---

① 周穗明：《21世纪民粹主义的崛起与威胁》，《国外理论动态》2016年第10期。

行使职权。诚然,这其中极少数的精英蜕化成为腐败分子,但这丝毫不能否认治国理政的基本原理。正确的选择应该是,通过思想教育和制度建设,提高精英的素质,防止腐败现象的滋长。从特殊的意义上说,要想坚持政治信仰,更要发挥政治精英的作用,让这些精英为全社会做出榜样,这样全社会的信仰程度才会不断提高。

(三) 历史虚无主义的倾向

历史虚无主义是历史学研究中的一种思潮。历史虚无主义否认历史学研究中的标准,认为历史过程没有什么准则可言,可以根据自己的需要任意选择。在这种理念的指导下,一些人对我国主流的历史进行挑战,对很多定论的东西加以否定,例如,认为什么刘文彩①的水牢是杜撰出来的、刘胡兰②是区干部的情妇、雷锋的事迹很多是后来补编的、中华苏维埃共和国临时中央政府在 1931 年不应该成立等等。任何历史的研究都是有标准的。我们承认历史永远都是胜利者书写的,这是客观存在的。正因为如此,历史一般情况下都是两部:正史和民史。胜利者在书写历史的时候,正面的东西写得就多一些,因此,学者要把民史作为研究的重点,通过挖掘史料,探索规律,补充正史的不足,将丰富多彩的历史展现在人民面前。但无论是正史还是民史,都是有标准的,就是推动社会前进,为现实服务。历史唯物主义为我们提供了正确认识历史的科学方法论,使我们对杂乱无章的历史有了清晰的认识。我们研究历史的基本原则,就是从基本的史实出发,客观地分析历史资料,找出带有规律性的东西,给人民群众以信心和力量。我们判定历史事件和历史人物的基本标准,就是看其是否能促进社会的发展、给人民群众带来幸福的生活,从而推动人类的进步。

---

① 四川省的一个大地主。

② 刘胡兰(1932—1947),女,山西文水人。1946 年加入中国共产党,曾任区妇救会干事。1947 年 1 月 12 日在云周西村参加土改时,被阎锡山军队逮捕,后壮烈牺牲。毛泽东为她题词:"生的伟大,死的光荣"。

中国共产党的历史就是一部光辉的历史。以蒋介石为代表的大地主、大资产阶级不可能将中国引向光明，与之形成鲜明对比的是，中国共产党举起了新民主主义革命的旗帜，建立了新中国，实现了中华民族的独立，又通过改革开放，让中国人民走上了富裕之路。中国共产党代表了中国历史发展的正确方向。随着社会问题日益显露，社会上反思中共历史的人也逐渐增多，一些人抓住历史上的若干阴暗面大肆渲染，个别人甚至对一些原则问题也用虚假的材料加以否定。我们的一些领导干部也跟着乱说，甚至瞎起哄，像抗美援朝、陈独秀功过、西路军问题，本来史实已经很清楚，观点已有定论，也提出要重新评价。诚然，有些问题是可以重新评价的。重新评价历史人物和历史事件，一般是有以下几种情况：一是原来有重大理论失误的，比如"文化大革命"。二是发现了颠覆性的历史资料。比如改革开放以前，普遍认为西路军是张国焘擅自决定的，后来随着一些档案材料的公布，才明确西路军的组成是党中央决定的。三是人们的认识不断深化。比如中国农村的联产承包责任制，开始的时候人们认为这是中国农村现代化的方向，后来人们逐步认识到责任制不能代表农村现代化的方向。再比如乡镇企业，一开始人们也认为这是中国工业化的方向，后来事实证明，乡镇企业也不能代表中国工业化的方向。第二次世界大战中的斯大林格勒保卫战，最初人们只认为这是一场重要的战役，后来才认识到这是第二次世界大战的转折点。但是，这些转变丝毫不能改变评价历史事件和人物的基本标准。特别要提到的是，我们的领导干部，担负着大量的事务性工作，没有时间从事专门的学术研究，要对原则问题持谨慎的态度，没有充分的证据，没有经过反复的思考，就不能轻易地下结论，否则很容易被一些人利用。

（四）新经验主义的倾向

　　政治信仰要有坚实的理论基础，因为政治信仰是科学的，有着严密的内在联系，正是这种严谨的理论性才让人们愿意相信。而经验主义直接否认了理论的重要性,也间接否定了政治信仰的重要性。毛泽东一生都在同教条主义和经验主义做斗争。在 1949 年 10 月以前重点是反对教条主义,在 1949 年 10 月以后重点是反对经验主义。因为新中国成立以后,中国共产党成为执政党,战争时期成长起来的人们走上领导岗位,他们的文化水平偏低,很自然地凭借丰富的经验从事领导工作。毛泽东反复强调,要防止经验主义,多次告诫全党要学习理论,不能仅凭经验办事。毛泽东带头读书,学习理论,搞调查研究。然而,到了今天,这种经验主义的现象又重新出现了:一是由于事务性工作比较多,一些领导干部没有时间进行系统的学习;二是有些领导干部夸大经验的作用,认为靠经验就可以实行正确的领导;三是一些领导干部没有认识到掌握理论的重要意义。

的确,靠经验是可以处理大量的领导事务。同很多领导同志攀谈,能够发现他们对本职工作、本地区的特点如数家珍,概括得非常形象,还能总结出一些精彩的格言,什么"交高人,近能人,远小人","讲实话,干实事,勇担当"。这些都很有道理,但他们忘记了一个大道理,那就是"老鹰有时比鸡飞得低,但鸡永远飞不了老鹰那么高"。中国是一个国情比较特殊的国家,做一个领导者的首要条件就是要有理论和思路。正是因为毛泽东创造了"农村包围城市,武装夺取政权"的理论,我们才能取得新民主主义革命的胜利;正是因为邓小平创造了改革开放的理论,我们才能取得改革开放的伟大成就。理论是指引我们前进的灯塔。有了理论,才能将大家团结起来,我们也才能在理论的指引下处理好具体问题。掌握革命和建设的理论,首先要深刻认识基本理论。基本理论不多,但要熟练和准确把握,包括中国国情论、中国特色社会主义理论、新时代中国特色社会主义思想,也包括市场经济的基础理论等等。其次,要掌握科学的研究方法,如历史唯物主义的方法、社会调查的方法,还包括行为主义、结构主义、新制度主义等方法。最后,是勇于实践,在实践中学习。掌握基本理论有三个重要的途径:一是要阅读经典,主要是马克思主义的经典著作,也包括中西文化的经典著作;二是学会休闲,养成良好的习惯,将独处和头脑风暴很好地结合起来;三是要善于总结经验,选好切入点,从事理论研究。

综上所述,新官僚主义严重脱离人民群众;新民粹主义不能正确对待人民群众;新虚无主义不能正确对待历史;新经验主义不能正确对待理论。如果我们克服了这四种倾向,认真学习理论,正确依靠群众,从历史中总结经验教训,就能使我们各级领导干部的综合素质大大提高;以此为切入点,就能够更加坚定我们的政治信仰。

三、一般群众的视角

从一般群众的视角来分析,当前最重要的倾向就是利益至上的倾向。利益至上的倾向的出现不是偶然的,有其内在的原因:

第一,人性的特点所驱使。关于人性是恶还是善,已经争论了很多年。西方国家的管理理论假设人性是恶的,所以对人要严加管束,实施科学管理,即用制度和法制予以制约。中国传统文化强调人之初,性本善,对人要说服教育。这些都从一个方面说明了对人进行管理的重要途径。但是,更多的人认为人性不存在善和恶的区分,人性中既有最善良的一面,如同情心、爱心等,也有最恶毒的一面,如嫉妒、排斥他人等,更有不善不恶的中性成分,如希望别人赞赏、正常的物质和精神的追求、求胜的愿望等。理想的状态,就是将人性中恶的成分扼杀在萌芽之中,而将人性中善的成分发扬光大。这其中最重要的人性特点就是追求物质享受,而这种对享受的追求,随着社会经济的发展是无止境的,如果处理不好,就会走向利益至上。

第二,市场经济使然。中国正处于全面建成小康社会的关键阶段,也处于建立社会主义市场经济的重要阶段。客观地说,广大群众的生活水平还不是很高,加上物价和房价的上涨,关注自己的切身利益无可非议。

第三,各种激励手段所导致。从总体上说,中国还是属于发展中国家,追求效率、看重效果是发展中的主要特点。为了达到这个目标,国家采取了各种各样的激励手段和措施,比如不同职务、级别、职称的人在住房分配、工资领取、待遇获得等方面的差别都是很明显的。问题的关键是,在关注自己切身利益的同时,也要关注社会的公共利益。如果财产安全、出行安全都无法保证,还能谈得上其他的切身利益吗?与此同时,更要关注自己的长远利益。如果我们把自然资源都消耗完了,那么子孙后代如何生活呢?如果那样,就是自己眼前的切身利益也无法保证。

  对于这种倾向,首先,我们要了解人民群众,知道人民群众的真实想法,特别要发现人民群众中的积极因素。最要防止的就是,听到个别人的消极言论和看到个别不良行为,就任意夸大,而忽视了广大人民群众积极向上的主流。其次,要一切为了人民群众,这是我们安身立命的宗旨。所做的每一件事情,惠及的人越多越好。对所有的官僚主义、腐败行为和各种丑恶现象之所以要彻底抛弃,就是因为这些行为同我们党的宗旨背道而驰。最后,要引导人民群众。中国共产党是无产阶级的先锋队,是中国人民的领导核心,是中国人民中最有远见的领导力量。对于中国共产党来说,一个主要的任务就是要帮助和指导群众。群众的要求不一定都是对的,有些可能完全不对,因为群众掌握的信息有限、所处的环境也不一定很好,这就需要领导干部和共产党员出面去讲清道理,提高他们的认识,为他们指出方向。这是实现政治信仰的一个重要条件。想成就一个伟大的事业,就要有一个先进的群体带领全体人民不断奋斗。

第十三章 当代中国政治信仰状况的调查

一、关于当代大学生政治态度的调查

(一)某大学学生政治态度的状况

从 2007 年开始,某大学连续六年对大学生的思想政治状况进行调查,每年发放问卷 1 000 份,回收率都在 95% 以上。其中涉及信仰方面的数据如下:

1. 2007 年的基本状况

对于大学生入党动机的分析中,"谋求仕途发展""理想和信念的追求""增强就业竞争力"三项比例最高,均在 20% 以上,说明在大学生的观念中这些是入党的主要动机,与上一年的调查相比,"增强就业竞争力"的比例大幅度提升。

调查对象中 61.5% 的同学都有加入中国共产党的愿望,18.1% 的同学尚未想清楚,总的说来,大多数同学都有加入中国共产党的愿望。对于还没想好或者尚无入党愿望的同学而言,其顾虑集中于"感觉自己不符合条件""对政治不感兴趣""身边党员干部先进性不明显,部分党政干部腐败"等几个方面。由此看来,党员干部特别是学生党员的模范带头作用对非党员同学影响较大,需要进一步加强针对学生党员的教育工作。

表 13-1 和表 13-2 展示了 2007 年调查所了解到的大学生基本政治信念和基本信念态度的状况。

表 13-1 2007 年基本的政治信念(%)

	同意	不同意	说不清
社会主义必然替代资本主义	41.6	16.3	42.1
社会主义和资本主义有本质的区别	53.6	18.3	28.1
中国共产党有能力把自己建设好	73.0	6.8	20.2
只有社会主义才能发展中国	48.3	15.9	35.8
中国共产党是中国特色社会主义事业的领导核心	82.3	5.3	11.8
必须坚持马克思主义在我国意识形态领域的指导地位	53.3	17.1	29.6
要借鉴人类政治文明的有益成果,但绝不照搬西方政治制度的模式	87.3	6.6	6.1
宗教信仰自由不等于宗教活动自由	76.4	9.5	14.1

表 13-2 2007 年基本信念态度(%)

	同意	不同意	难以判断
金钱是人生幸福的决定性因素	16.0	65.3	18.7
在考虑利益问题时,应首先考虑国家利益和集体利益	61.7	11.7	26.6
诚信受益	91.9	2.7	5.4
人民是历史的创造者	79.4	10.0	10.6
思想政治素质是大学生最重要的素质	45.3	30.7	24.0
人生的价值在于奉献	64.2	15.0	20.8
个人只有在集体中才能得到更好的发展	78.1	7.9	14.0
做人比做事、做学问更重要	83.6	5.3	6.2
职业没有高低贵贱之分	63.0	21.1	15.9

(续表)

	同意	不同意	难以判断
贫困的经历也是一种人生财富	85.3	6.6	8.1
在问社会为你做了什么之前,先问问自己为社会做了什么	81.5	8.1	10.4

从表13-1中可以看出,"要借鉴人类政治文明的有益成果,但绝不照搬西方政治制度的模式"和"中国共产党是中国特色社会主义事业的领导核心"这两种政治信念赞同度最高,比例分别为87.3%和82.3%。"中国共产党有能力把自己建设好"和"宗教信仰自由不等于宗教活动自由"这两项政治理念的赞同度较高,分别为73.0%和76.4%。赞同程度最低的是"社会主义必然替代资本主义",只有41.6%的人赞同这个观点,不同意的比例为16.3%,而且表示"说不清"的比例也非常高,超过了40%。

2. 2008年大学生基本价值观念和态度

通过表13-3可以看出:92.1%的同学认为"诚信受益",91.7%的同学认为"做人比做事、做学问更重要",86.5%的同学同意"人民是历史的创造者",85.6%的同学认为"贫困的经历也是一种人生财富",57.4%的同学不同意"金钱是人生幸福的决定性因素"这一说法。在"难以判断"这一选项中,排在前三位的是"思想政治素质是大学生最重要的素质"(25.4%),"在考虑利益问题时,应首先考虑国家利益和集体利益"(24.3%),以及"人生的价值在于奉献"(23.3%)。

表13-3 2008年基本价值观念和态度(%)

	同意	不同意	难以判断
人民是历史的创造者	86.5	4.2	9.0
做人比做事、做学问更重要	91.7	2.3	5.8
诚信受益	92.1	1.8	6.0
金钱是人生幸福的决定性因素	18.7	57.4	23.2
个人只有在集体中才能得到更好的发展	71.1	7.7	20.6

(续表)

	同意	不同意	难以判断
职业没有高低贵贱之分	61.1	21.0	17.6
在考虑利益问题时,应首先考虑国家利益和集体利益	64.5	10.6	24.3
思想政治素质是大学生最重要的素质	42.1	31.9	25.4
人生的价值在于奉献	66.0	10.4	23.3
贫困的经历也是一种人生财富	85.6	5.8	8.4

关于对重大问题的观点态度(见表13-4),77.3%的同学认为"推进改革开放就必须坚持中国共产党的领导",这说明绝大多数同学积极拥护党的领导地位;75.9%的同学同意"中国特色社会主义理论体系是马克思主义中国化的最新成果";77.4%的同学认为"宗教信仰自由不等于宗教活动自由";67.4%的同学认为"在当代中国坚持中国特色社会主义道路就是真正坚持社会主义";另有61.9%的同学认为"我国可以通过和平方式解决台湾问题";最后,超过一半(54.9%)的同学相信"本世纪头二十年中国能够实现全面建设小康社会的目标"。以上数据显示了同学们对于重大问题的清醒认识和坚定立场。

表13-4 2008年对重大问题的观点和态度

	同意	不同意	说不清
中国特色社会主义理论体系是马克思主义中国化的最新成果	75.9	7.3	16.5
在当代中国坚持中国特色社会主义道路就是真正坚持社会主义	67.4	10.5	21.6
本世纪头二十年中国能够实现全面建设小康社会的目标	54.9	16.8	27.9
推进改革开放就必须坚持中国共产党的领导	77.3	6.4	15.2
宗教信仰自由不等于宗教活动自由	77.4	9.2	12.9
我国可以通过和平方式解决台湾问题	61.9	10.0	27.7

关于党员和非党员的态度,有数据显示,在 2007 年的国内外大事当中,"党的十七大胜利召开"在党员关注的所有大事中排在第一位,比例达到 60.5%;而非党员关注十七大的比例只有 30.4%。这说明,党员对于十七大的关注程度明显高于非党员。不过,在对十七大所有五个关注方面中,党员和非党员之间并没有明显的差别。"科学发展观的内涵、精神实质、根本要求""实现全面建设小康社会的奋斗目标"是同学们最为关注的方面,比例都超过了 60%。数据还显示,党员的政治信念更加坚定,在总共六项有关政治信念的选项中,仅有两项表明党员和非党员没有差异,其他则表现出了党员与非党员的明显差异。没有差别的两项分别为"我国可以通过和平方式解决台湾问题"(Sig=0.431)和"本世纪头二十年中国能够实现全面建设小康社会的目标"(Sig=0.118)。这说明无论是党员还是非党员,对于我国建设小康社会和实现和平统一这两个问题,其信心是一致的。在其他四个选项中,党员和非党员相比就存在较大差别(见表 13-5)。此外,对于"中国特色社会主义理论体系是马克思主义中国化的最新成果",86.4% 的党员表示同意,74.5% 的团员表示同意;民主党派和群众表示同意的比例分别为 50.0% 和 58.6%,明显低于党团员比例。同样,对于"推进改革开放就必须坚持中国共产党的领导""在当代中国坚持中国特色社会主义道路就是真正坚持社会主义""宗教信仰自由不等于宗教活动自由"这几项,党员表示"不同意"和"说不清"的比例最低,共青团员其次。可见共产党员较群众、团员来说政治态度更加清晰,政治信念更加坚定。

表 13-5 2008 年党员和非党员在重大问题上的态度差异(单位:%)

	党员			非党员		
	同意	不同意	说不清	同意	不同意	说不清
中国特色社会主义理论体系是马克思主义中国化的最新成果	86.4	4.9	8.7	65.9	18.8	15.3

(续表)

	党员			非党员		
	同意	不同意	说不清	同意	不同意	说不清
在当代中国坚持中国特色社会主义道路就是真正坚持社会主义	81.5	4.4	14.1	63.2	22.4	14.6
推进改革开放就必须坚持中国共产党的领导	91.2	2.9	5.9	70.1	10.3	19.6
宗教信仰自由不等于宗教活动自由	82.5	7.3	10.2	70.4	18.6	11

3. 2009年大学生的入党意愿以及对重大问题的态度

调查对象中61.4%的同学有入党意愿,17.3%的同学尚未想清楚。对于还没想好或者尚无入党愿望的同学而言,主要原因在于"身边党员干部先进性不明显,部分党员干部腐败""对政治不感兴趣""对自身发展意义不大"和"感觉自己还不太成熟",其比例分别为28.9%、22.1%、16.1%和15.7%。由此看来,党员干部,特别是学生党员对非党员同学的影响较大,需要切实加强针对学生党员的教育工作,发挥其模范带头作用,提升其对非党员同学的正面影响。

关于重大问题的观念和态度,76.9%的同学同意"推进改革开放就必须坚持中国共产党的领导";76.0%的同学认为"宗教信仰自由不等于宗教活动自由";69.2%的同学同意"只有社会主义才能救中国,只有改革开放才能发展中国、发展社会主义、发展马克思主义";68.1%的同学同意"中国特色社会主义理论体系是马克思主义中国化的最新成果";68.0%的同学认为"我国可以通过和平方式解决台湾问题";67.2%的同学同意"社会主义核心价值体系是社会主义意识形态的本质体现";63.7%的同学认为"在当代中国坚持中国特色社会主义道路就是真正坚持社会主义"。(参见表13-6)

表 13-6 2009 年对重大问题的观点和态度(单位:%)

	同意	不同意	说不清
中国特色社会主义理论体系是马克思主义中国化的最新成果	68.1	7.4	24.5
社会主义核心价值体系是社会主义意识形态的本质体现	67.2	7.9	24.4
在当代中国坚持中国特色社会主义道路就是真正坚持社会主义	63.7	11.2	24.9
只有社会主义才能救中国,只有改革开放才能发展中国、发展社会主义、发展马克思主义	69.2	8.3	22.4
本世纪头二十年中国能够实现全面建设小康社会的目标	61.5	13.5	24.8
推进改革开放就必须坚持中国共产党的领导	76.9	6.5	16.1
2009 年我国能够实现经济平稳较快增长	62.8	8.8	27.5
宗教信仰自由不等于宗教活动自由	76.0	10.1	13.8
我国可以通过和平方式解决台湾问题	68.0	10.9	21.1

关于基本价值观念和态度,通过表 13-7 可以看出:同意"诚信受益"的比例为 91.1%;88.3%的被访者同意"做人比做事、做学问更重要";84.7%的同学同意"人民是历史的创造者";82.4%的同学认为"贫困的经历也是一种人生财富"。在被访同学"不同意"的各个选项中,选择"金钱是人生幸福的决定性因素"这一说法的比例最高,达到 57.6%。在"难以判断"这一选项中,排在前三位的是"思想政治素质是大学生最重要的素质"(25.5%),"金钱是人生幸福的决定性因素"(25.0%),以及"在考虑利益问题时,应首先考虑国家利益和集体利益"(24.8%)。党员和非党员的政治态度也表现出了一定程度上的不同(见表 13-8)。

表 13-7 2009 年基本观念态度(单位:%)

	同意	不同意	难以判断
人民是历史的创造者	84.7	7.7	7.4
做人比做事、做学问更重要	88.3	3.3	8.1

(续表)

	同意	不同意	难以判断
诚信受益	91.1	1.5	7.3
金钱是人生幸福的决定性因素	17.2	57.6	25.0
个人只有在集体中才能得到更好的发展	64.1	14.7	20.6
职业没有高低贵贱之分	51.2	27.5	20.6
在考虑利益问题时,应首先考虑国家利益和集体利益	61.5	13.1	24.8
思想政治素质是大学生最重要的素质	43.2	30.7	25.5
人生的价值在于奉献	61.2	14.3	24.0
贫困的经历也是一种人生财富	82.4	7.2	9.8

表 13-8　2009 年党员和非党员在重大问题上的态度差异(%)

	党员			非党员		
	同意	不同意	说不清	同意	不同意	说不清
中国特色社会主义理论体系是马克思主义中国化的最新成果	83.7	3.7	12.6	59.3	9.5	31.2
社会主义核心价值体系是社会主义意识形态的本质体现	79.8	5.2	15.0	60.6	9.5	29.9
在当代中国坚持中国特色社会主义道路就是真正坚持社会主义	77.2	7.7	15.1	56.1	13.3	30.6
只有社会主义才能救中国,只有改革开放才能发展中国、发展社会主义、发展马克思主义	82.5	4.6	12.9	61.7	10.4	28.0
推进改革开放就必须坚持中国共产党的领导	90.4	2.2	7.4	69.8	9.0	21.1
本世纪头二十年中国能够实现全面建设小康社会的目标	69.8	9.5	20.6	57.0	15.9	27.1
宗教信仰自由不等于宗教活动自由	81.9	8.3	9.8	72.9	11.1	16.1
我国可以通过和平方式解决台湾问题	75.2	7.1	17.8	63.8	13.1	23.1

4. 2010 年大学生对主流人生观、价值观的认同情况

如表 13-9 所示,同学们对"诚信受益""做人比做事、做学问更重要""大学生应走在公民道德建设的前列"和"人民是历史的创造者"这四项的认可程度最高,比例分别为 94.1%、91.8%、91.4% 和 90.0%。而对"金钱是人生幸福的决定性因素""思想政治素质是大学生最重要的素质"和"职业没有高低贵贱之分"三项的认可程度相对较低,选择"不同意"的比例分别为 57.0%、26.8% 和 22.7%。以上数据显示,同学们对于涉及个人修养方面的价值观认可度较高。

表 13-9 2010 年学生对人生观、价值观的评价(%)

	同意	不同意	难以判断
人民是历史的创造者	90.0	1.8	8.2
做人比做事、做学问更重要	91.8	2.1	6.1
诚信受益	94.1	1.4	4.5
金钱是人生幸福的决定性因素	15.8	57.0	27.2
个人只有在集体中才能得到更好的发展	71.4	5.2	23.4
职业没有高低贵贱之分	56.7	22.7	20.6
在考虑利益问题时,应首先考虑国家利益和集体利益	64.7	7.9	27.4
思想政治素质是大学生最重要的素质	48.8	26.8	24.4
人生的价值在于奉献	66.3	10.3	23.4
贫困的经历是一种人生财富	86.3	4.1	9.6
见义勇为是中华民族的传统美德	82.8	5.5	11.7
大学生应走在公民道德建设的前列	91.4	1.7	6.9

2010 年大学生对入党动机及愿望的认识,如图 13-1 所示:28.1% 的同学(73 人)认为大学生入党的主要动机为"增强就业竞争力",27.3% 的同学(71 人)认为是"追求理想和信念",27.3% 的同学(71 人)认为是"谋求仕途发展",14.2% 的同学(37 人)认为是"寻求政治荣誉感",

3.1%的同学(8人)认为是"对党的执政地位和执政理念有信心"。

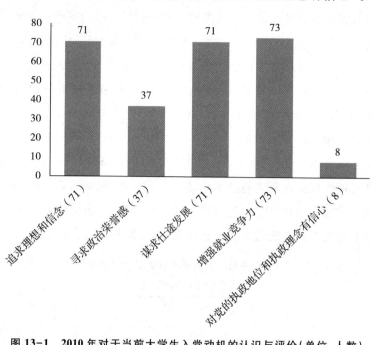

图 13-1 2010年对于当前大学生入党动机的认识与评价(单位:人数)

就尚未加入中国共产党的学生而言,68.3%的学生表示有加入中国共产党的意愿;17.0%的学生表示没有这种打算;14.7%的学生表示还没有想好是否要加入中国共产党。没有入党意愿的同学,影响其意愿的主要因素为"身边的干部先进性不明显,部分党员干部腐败""感觉自己不太成熟"或"对政治不感兴趣",所占比例分别为43.3%、20.9%和17.9%。

综合上述多组数据,可以发现:一方面,党对于大多数学生具有较强的吸引力,有入党意愿的学生也基本上有正确的入党动机;另一方面,反映出部分学生对于入党的认识有偏差,对于党的建设工作有一些负面的评价。

调查表明,党员的政治立场更加坚定,对中国特色社会主义理论体系的理解更加深刻。如表13-10所示,在总共11项对党的基本认识和基本观点中,党员和非党员对"我国必须坚持改革开放不动摇,而不能走回头路"和"科学发展观是发展中国特色社会主义必须坚持和贯彻的重大战略思想"两项的评价差异不明显。而在其他9项中,党员与非党员的立场存在着显著差别。其中,对于"必须坚持马克思主义在我国意识形态领域的指导地位,不能搞指导思想多元化"这一项,党员表示同意的比例为87.4%,非党员表示同意的比例为51.2%；对于"中国特色社会主义理论体系是马克思主义中国化的最新成果"这一说法,90.3%的党员表示同意,而非党员仅有72.5%。同样,对"只有社会主义才能救中国,只有中国特色社会主义才能发展中国,而不能搞民主社会主义和资本主义"和"中国共产党有能力把自身建设好"这些观点,党员表示同意的比例均超过非党员。由此可见,明确的政治身份对于学生的政治立场和政治态度具有显著影响,学生党员能够在重大政治问题上坚决拥护党的领导与方针政策,体现出坚定的政治立场。

表13-10 2010年不同政治面貌的学生对于中国特色社会主义理论体系的认识(%)

	党员			非党员		
	同意	不同意	说不清	同意	不同意	说不清
必须坚持马克思主义在我国意识形态领域的指导地位,不能搞指导思想多元化	87.4	4.4	8.2	51.2	26.9	21.9
中国特色社会主义理论体系是马克思主义中国化的最新成果	90.3	6.8	2.9	72.5	8.8	18.8
只有社会主义才能救中国,只有中国特色社会主义才能发展中国,而不能搞民主社会主义和资本主义	88.2	2.9	8.9	55.0	18.1	26.9
必须坚持人民代表大会制度,而不能搞"三权分立"	87.7	1.4	10.9	60.6	13.1	26.2
我国必须坚持公有制为主体、多种所有制共同发展的基本经济制度,而不能搞私有化和单一公有制	87.9	5.3	6.8	75.0	6.2	18.8

（续表）

	党员			非党员		
	同意	不同意	说不清	同意	不同意	说不清
我国必须坚持中国共产党领导的多党合作和政治协商制度,而不能搞西方的多党制	90.3	6.8	2.9	70.6	9.4	20.0
我国必须坚持改革开放不动摇,而不能走回头路	93.9	3.0	3.0	90.0	4.4	5.6
科学发展观是发展中国特色社会主义必须坚持和贯彻的重大战略思想	92.4	0.8	6.9	89.3	1.3	9.4
中国共产党是中国特色社会主义事业的领导核心	91.6	4.6	3.8	85.6	2.5	11.9
中国共产党有能力把自身建设好	93.2	3.1	3.7	70.0	6.9	23.1
汉族离不开少数民族,少数民族离不开汉族,各少数民族之间也相互离不开	96.2	2.3	1.5	86.9	3.8	9.4

与非党员相比,党员对于中国特色社会主义事业的发展更加乐观。数据显示,在有关中国特色社会主义理论体系的11项判断中,党员与非党员对于"中国特色社会主义事业进一步发展,综合国力增强,国际地位提高""我国能够实现经济持续平稳较快增长""人民生活水平稳步提高"和"本世纪头二十年中国能够实现全面建设小康社会的目标"四项判断的预期基本一致。而残奥会、新中国成立六十周年庆典、汶川大地震抗震救灾等重大事件和重大活动中,党和政府的表现得到了大学生的广泛赞同,大学生对党和政府工作的认同感在不断攀升。

2009年基本政治态度和政治信念的调查显示(见表13-11),同学们对新时期党的理论成果的认同度有显著的提升,其中有两项内容的认同度超过了91.0%,而在这之前较为少见。纵观2004年至2009年的调查结果,大学生对中国共产党领导下的政治体制的认同度呈现持续上升的态势。针对"中国共产党是中国特色社会主义事业的领导核心"的观点,2004年、2005年、2006年的认同度分别是79.9%、82.0%、82.3%,表明大学生对中国共产党执政地位的肯定和拥护;针对"中国共产党有能力把自己建设好"的观点,2005年和2007年的认同度分别为69.8%和73.0%,呈现出明显的上升趋势,表明大学生对中国共产党的领导越来越有信心;针对坚持改革开放的观点,2007年和2008年为77.3%和76.9%,2009年为91.8%,反映了大学生对改革开放成果的认同度总体上在提升,也表明了大学生坚决拥护改革开放政策的决心。

数据显示,当代大学生坚定地拥护党的领导,对关系国家命运、前途发展的重大问题能冷静思考、消化并予以接受,对党的路线、方针、政策表示认同并积极响应,表明同学们在政治信仰、政治态度上与党中央保持高度一致。

表13-11 2004—2009年基本政治态度调查中列前三位的内容及其认可度(%)

年份	主要内容	认可度
2004	坚持以人为本,树立全面、协调、可持续的发展观	93.5
	我们要借鉴人类政治文明的有益成果,但绝不照搬西方政治制度模式	86.7
	中国共产党是中国特色社会主义事业的领导核心	79.9
2005	我们要借鉴人类政治文明的有益成果,但绝不照搬西方政治制度模式	83.9
	中国共产党是中国特色社会主义事业的领导核心	82.0
	中国共产党有能力把自己建设好	69.8
2006	我们要借鉴人类政治文明的有益成果,但绝不照搬西方政治制度的模式	87.3
	中国共产党是中国特色社会主义事业的领导核心	82.3
	宗教信仰自由不等于宗教活动自由	76.4

（续表）

年份	主要内容	认可度
2007	宗教信仰自由不等于宗教活动自由	77.4
	推进改革开放就必须坚持中国共产党的领导	77.3
	中国特色社会主义理论体系是马克思主义中国化的最新成果	75.9
2008	推进改革开放就必须坚持中国共产党的领导	76.9
	宗教信仰自由不等于宗教活动自由	76.0
	只有社会主义才能救中国，只有改革开放才能发展中国、发展社会主义、发展马克思主义	69.2
2009	我国必须坚持改革开放不动摇，而不能走回头路	91.8
	汉族离不开少数民族，少数民族离不开汉族，各少数民族之间也互相离不开	91.1
	科学发展观是发展中国特色社会主义必须坚持和贯彻的重大战略思想	90.7

5. 2011年大学生对人生观、价值观的态度

表13-12展示了学生对人生观、价值观的态度情况。其中，被调查学生认同度最高的三项分别是"诚信是做人之本""孝是做人之根，百善之首""大学生应当走在公民道德建设的前列"（比例分别为94.8%、91.2%、90.7%）。这一方面说明学生对传统美德有着高度认可，另一方面也说明当代青年学生对自己在社会道德建设、社会风气引领方面所承担的责任与使命有着清醒认识。被调查学生持"不同意"态度最多的三项分别是"金钱是人生幸福的决定性因素""思想政治素质是大学生最重要的素质""职业没有高低贵贱之分"（比例分别为64.0%、33.9%、15.7%）。对"金钱决定幸福"的否定态度，表明大多数青年学生有正确的金钱观念，能自觉抵制和摒弃拜金主义倾向；被调查学生对"思想政治素质是大学生最重要的素质"持否定态度，体现了学生希望自身德才兼备、全面发展，也对新时期的教育工作者提出

了更高要求。被调查学生在"在考虑利益问题时,应首先考虑国家利益和集体利益""思想政治素质是大学生最重要的素质""人生的价值在于奉献"这三项上表示"难以判断"的比例较高(分别为26.7%、24.4%、20.4%),对这三项持否定态度的比例也相对较高,反映了少部分受访学生的人生观、价值观有待进一步端正。

表13-12 2011年学生对人生观、价值观的态度(%)

	同意	不同意	难以判断
人民是历史的创造者	87.5	4.2	8.3
诚信是做人之本	94.8	2.8	2.4
金钱是人生幸福的决定性因素	16.5	64.0	19.5
个人只有在集体中才能得到更好的发展	69.9	9.9	20.2
职业没有高低贵贱之分	64.7	15.7	19.6
在考虑利益问题时,应首先考虑国家利益和集体利益	62.0	11.3	26.7
思想政治素质是大学生最重要的素质	41.7	33.9	24.4
人生的价值在于奉献	66.4	13.2	20.4
贫困的经历也是一种人生财富	85.3	6.9	7.8
见义勇为是中华民族的传统美德	77.1	9.4	13.5
大学生应当走在公民道德建设的前列	90.7	4.4	4.9
滴水之恩当涌泉相报	86.7	5.7	7.6
孝是做人之根,百善之首	91.2	4.0	4.8
爱情是婚姻的前提,婚姻是爱情的升华	77.5	8.7	13.8

另外,从表13-13中我们也可以看出,在数项测量指标中,均有极少数党员表示"不同意"或"说不清",这说明当前有少数学生党员存在着政治立场不坚定、对党的理论成果认识不清晰等问题,这也从一个侧面强调了新时期党员思想政治宣传工作的重要性。因而,在新的历史条件下,我们要继续加强宣传工作。

表 13-13 2011 年不同政治面貌的学生对于中国特色社会主义
理论体系的认识(%)

	党员			非党员		
	同意	不同意	说不清	同意	不同意	说不清
必须坚持马克思主义在我国意识形态领域的指导地位,不能搞指导思想多元化	90.4	4.4	5.2	55.2	22.9	21.9
中国特色社会主义理论体系是马克思主义中国化的最新成果	92.3	4.8	2.9	70.5	10.8	18.3
只有社会主义才能救中国,只有中国特色社会主义才能发展中国,而不能搞民主社会主义和资本主义	92.2	2.9	4.9	55	17.1	27.9
我们必须坚持人民代表大会制度,而不能搞"三权分立"	89.7	1.4	8.9	63.6	13.1	23.2
我国必须坚持公有制为主体、多种所有制共同发展的基本经济制度,而不能搞私有化和单一公有制	87.9	5.3	6.8	75	6.2	18.8
我国必须坚持中国共产党领导的多党合作和政治协商制度,而不能搞西方的多党制	94.3	2.8	2.9	77.6	9.4	13
我国必须坚持改革开放不动摇,而不能走回头路	96	3	1	91	5.4	3.6
科学发展观是发展中国特色社会主义必须坚持和贯彻的重大战略思想	91.4	2.8	5.9	89.3	4.3	6.4
中国共产党是中国特色社会主义事业的领导核心	91.6	4.6	3.8	85.6	2.5	11.9
中国共产党有能力把自身建设好	93.2	3.1	3.7	70	6.9	23.1

(续表)

	党员			非党员		
	同意	不同意	说不清	同意	不同意	说不清
汉族离不开少数民族,少数民族离不开汉族,各少数民族之间也相互离不开	96.2	2.3	1.5	86.9	3.8	9.4

6. 2012年大学生的基本政治观点和价值观

表13-14、表13-15和表13-16展示了2012年大学生政治态度调查的部分结果。

表13-14 2012年学生的基本政治观念和态度(%)

	非常赞同	比较赞同	说不清楚	比较不赞同	非常不赞同
(1)必须坚持马克思主义在我国意识形态领域的指导地位,不能搞指导思想多元化	27.0	37.5	19.8	10.6	5.1
(2)我国必须坚持走中国特色社会主义道路,不能搞民主社会主义和资本主义	30.4	36.5	18.8	10.2	4.1
(3)我国必须坚持人民代表大会制度,不能搞"三权分立"	30.0	34.5	21.8	10.9	2.7
(4)我国必须坚持公有制为主体、多种所有制经济共同发展的基本经济制度,不能搞私有化和单一公有制	30.7	42.7	15.4	9.2	2.0
(5)我国必须坚持中国共产党领导的多党合作和政治协商制度,不能搞西方的多党制	31.1	34.1	20.5	11.6	2.7

(续表)

	非常赞同	比较赞同	说不清楚	比较不赞同	非常不赞同
(6)我国必须坚持改革开放不动摇,不能走回头路	49.0	37.3	12.3	0.7	0.7
(7)科学发展观是发展中国特色社会主义必须坚持和贯彻的重大战略思想	47.4	37.5	12.3	2.0	0.7
(8)中国共产党是中国特色社会主义事业的领导核心	37.2	42.3	15.0	3.8	1.7
(9)中国共产党有能力把自身建设好	31.5	42.1	17.1	6.2	3.1
(10)汉族离不开少数民族,少数民族离不开汉族,各少数民族之间也相互离不开	59.4	29.4	9.2	1.4	0.7
(11)增强各族人民对伟大祖国的认同、对中华民族的认同、对中华文化的认同、对中国特色社会主义道路的认同,是巩固各族干部群众共同团结奋斗、共同繁荣发展思想基础的重要内容	56.8	32.9	8.6	0.7	1.0
(12)社会主义核心价值体系是兴国之魂,是社会主义先进文化的精髓	43.6	38.1	13.1	3.8	1.4

表 13-15 2012 年对当前大学生各项素质的评价

	非常强(好)	比较强(好)	一般	比较弱(差)	非常弱(差)
(1)爱国热情	23.0	51.9	18.6	5.5	1.0
(2)理想信念	18.2	42.3	28.9	8.6	2.1

(续表)

	非常强（好）	比较强（好）	一般	比较弱（差）	非常弱（差）
(3) 文明素养	18.2	50.5	24.1	6.2	1.0
(4) 奉献精神	11.7	26.6	45.9	12.4	3.4
(5) 社会责任感	16.8	42.3	29.2	9.6	2.1
(6) 集体观念	13.4	36.4	34.0	13.1	3.1
(7) 团队合作精神	16.6	40.7	34.8	6.2	1.7
(8) 诚信意识	14.4	45.4	30.9	7.9	1.4
(9) 人际交往能力	26.8	47.7	19.9	5.2	0.7
(10) 吃苦耐劳精神	9.6	26.1	37.5	23.0	3.8
(11) 创新精神	19.9	39.9	25.8	11.0	3.4
(12) 实践能力	16.5	41.6	31.3	8.9	1.7
(13) 心理素质	13.1	32.3	37.1	15.8	1.7
(14) 法制和纪律观念	16.2	49.1	23.0	10.0	1.7
(15) 维权意识	26.6	43.8	19.3	6.2	4.1
(16) 身体素质	9.3	27.8	37.5	20.6	4.8

表13-16 2012年党员和非党员学生群体的基本政治观点和态度(%)

	党员					非党员				
	非常赞同	比较赞同	说不清楚	比较不赞同	非常不赞同	非常赞同	比较赞同	说不清楚	比较不赞同	非常不赞同
(1) 必须坚持马克思主义在我国意识形态领域的指导地位，不能搞指导思想多元化	34.6	40.8	14.6	7.7	2.3	20.9	35.0	23.9	12.9	7.4

第十三章 当代中国政治信仰状况的调查 257

（续表）

	党　员					非党员				
	非常赞同	比较赞同	说不清楚	比较不赞同	非常不赞同	非常赞同	比较赞同	说不清楚	比较不赞同	非常不赞同
(2)我国必须坚持走中国特色社会主义道路,不能搞民主社会主义和资本主义	40.0	36.2	16.2	4.6	3.1	22.7	36.8	20.9	14.7	4.9
(3)我国必须坚持人民代表大会制度,不能搞"三权分立"	34.6	37.7	20.0	6.9	0.8	26.4	31.9	23.3	14.1	4.3
(4)我国必须坚持公有制为主体、多种所有制经济共同发展的基本经济制度,不能搞私有化和单一公有制	36.2	43.1	13.1	6.2	1.5	26.4	42.3	17.2	11.7	2.5
(5)我国必须坚持中国共产党领导的多党合作和政治协商制度,不能搞西方的多党制	40.0	35.4	18.5	4.6	1.5	23.9	33.1	22.1	17.2	3.7
(6)我国必须坚持改革开放不动摇,不能走回头路	59.2	32.3	8.5	0.0	0.0	40.5	41.1	15.3	1.2	1.2

(续表)

	党　员					非党员				
	非常赞同	比较赞同	说不清楚	比较不赞同	非常不赞同	非常赞同	比较赞同	说不清楚	比较不赞同	非常不赞同
(7)科学发展观是发展中国特色社会主义必须坚持和贯彻的重大战略思想	56.9	36.2	6.9	0.0	0.0	39.9	38.7	16.6	3.7	19.0
(8)中国共产党是中国特色社会主义事业的领导核心	49.2	38.5	9.2	2.3	0.8	27.6	45.4	19.6	4.9	2.5
(9)中国共产党有能力把自身建设好	39.5	44.2	10.9	3.9	1.6	25.2	40.5	22.1	8.0	4.3
(10)汉族离不开少数民族,少数民族离不开汉族,各少数民族之间也相互离不开	63.1	28.5	8.5	0.0	0.0	56.4	30.1	9.8	2.5	19.0
(11)增强各族人民对伟大祖国的认同、对中华民族的认同、对中华文化的认同、对中国特色社会主义道路的认同,是巩固各族干部群众共同团结奋斗、共同繁荣发展思想基础的重要内容	65.4	28.5	6.2	0.0	0.0	49.7	36.2	10.4	1.2	1.8

(续表)

	党员					非党员				
	非常赞同	比较赞同	说不清楚	比较不赞同	非常不赞同	非常赞同	比较赞同	说不清楚	比较不赞同	非常不赞同
(12) 社会主义核心价值体系是兴国之魂,是社会主义先进文化的精髓	52.3	36.2	10.8	0.0	0.8	36.2	39.3	14.7	6.7	1.8

当代中国政治信仰的状况,可以通过考察不同群体对入党动机和重大问题的看法,以及个人的基本价值观等来了解。

(二) 其他高校大学生人生观的状况

2013年10月,中国社会科学院社会学研究所完成了"大学生就业、生活和价值观追踪调查项目"的基期调查,该项目选取12所高校,使用网络调查方式对超过8 000名大学生进行追踪调查,结果如下①:

1. 对官员的满意程度

命题一"大多数官员有足够的专业素质处理他们负责的事务",同意和比较同意的大约占60%。命题二"现在大多数官员只关心政绩,不关心老百姓的实际生活",同意和比较同意的大约占55%。命题三"大多数高级官员都将资产或子女转移到了国外",同意和比较同意的大约占60%。

2. 大学生对"中国梦"理想的认同情况

命题一"'中国梦'的实质内涵应该具有普世意义,尊重自由、民主、人权",同意和比较同意的大约占85%。命题二"我的'中国梦'首先是实现个人理想,然后才是民族复兴",同意和比较同意的大约占

---

① 李培林、陈光金、张翼主编:《2014年中国社会形势分析与预测》,社会科学文献出版社2013年版,第253—258页。

70%。命题三"'中国梦'只与社会精英有关,与普通人尤其是社会下层无关",同意和比较同意的略超10%。命题四"'中国梦'是政府提出的概念,与我无关",同意和比较同意的大约占15%。

(三)关于高校学生入党动机的调查

2012年,北京大学和中山大学课题组对广州6所高校进行问卷调查,共发放问卷900份,回收有效问卷810份。部分调查结果见表13-17和表13-18。

表13-17 广州6所高校学生入党动机情况统计

申请入党的动机	对共产主义理想的追求	积累政治资本,为找工作及工作之后打基础	接受党的教育和培养,提高个人素质	父母长辈们的要求	看其他人入党,也就申请入党
比例(%)	13.9	27.8	48.1	6.3	3.8

表13-18 广州高校学生认为其他同学申请入党动机统计

其他同学积极要求入党的主要原因	对共产主义的追求	积累政治资本,为找工作及工作以后打基础	随大流、赶时髦	接受党的教育和培养,提高个人素质	受优秀共产党员的影响	父母长辈们的要求	老师发动,师兄师姐的劝说
比例(%)	14.40	87.8	30.0	41.10	28.9	42.2	30.0

现代社会日益多元化,不可能再有绝对单一正确的入党动机,我们应该分析各种动机中积极成分所占的比例。首先要正确看待"功利性"这一争议性最大的问题,大学生希望找到一份好工作,是合情合理,不能将其与加入党组织的要求简单对立起来。总之,我们应该从积极的角度来看待大学生这一反应,大学生把找一个好工作的希望与加入党组织的要求相联系,是青年进取心的表现。

二、当代青年人的政治信仰状况

(一) 新生代产业工人的状况

2011年,共青团广东省委和北京大学联合对近万名新生代产业工人进行了问卷调查。其中务工的目的,赚钱型占28.27%,争取历练型的占34.93%。①

(二) 企业青年政治态度状况

2015年6月,由中央财政专项资助、中国青少年研究中心负责执行的"中国青年价值观现状及社会主义核心价值观培育研究"项目,在中国八个省市进行抽样调查,共获得有效样本量3 617个,涵盖国有、私营、外资、合资四类企业,涉及青年政治信仰方面的数据大致有:

有73.5%的企业青年认为当前我国的国际地位较高,42.8%的人认为中国是发展中国家的代表,19.8%的人认为中国是地区大国的领导角色,25.1%的人认为中国是世界大国的领导角色。有84.8%的人拥护党的领导,75.8%的人认为当前党惩治腐败的措施有一定成效,61.1%的人对到2020年实现构建社会主义和谐社会的总体目标有信心。

企业青年对重大社会政治问题比较关心。调查显示,企业青年认为当前影响社会和谐的前三个因素分别是收入差距过大(55.9%)、贪污腐败(33.4%)以及看病难、看病贵(26.9%)。企业青年对当前国家治理腐败问题的效果比较认同。57.3%的人对当前的反腐败工作满意,75.8%的人认为党和政府惩治腐败措施比较有效果,48%的人认为党和政府反腐工作力度较大。

但是青年对社会总体的信任状况不容乐观,如果以满分10分来计

---

① 共青团广东省委员会:《广东新生代产业工人务工、生活与精神文化情况调研报告》,2012年11月。

算,信任得分水平最高的前三位分别是农民工(7.28分)、教师(6.66分)和专家技术人员(6.33分),得分最低的三位分别是政府官员(4.43分)、网络"大V"(4.43分)和企业家(5.32分)。①

三、普通百姓的信仰和政治态度状况

(一) 一般市民的状况

2014年5月,本课题组在包头就市民的一般信仰状况进行了社会调查。调查采用随机发放问卷的方式,共计发放问卷700份,回收有效问卷640份。其中75.3%的受访者对社会主义核心价值观有正确的理解;83%的受访者认为社会主义核心价值观非常重要。在以什么为核心构建社会主义价值观的问题上,13%的人认为要以共产主义为核心;48%的人认为要以民主法治为核心;30%的人认为要以中国传统文化为核心。在对社会主义的看法方面,有31.6%的人认为社会主义很好,必须坚持;也有53.4%的人认为社会主义很好,但距离现实太远,还是要把眼前事情做好。市民认为我国面临的最为紧迫的问题,依次是控制物价上涨、提升社会保障水平、缩小贫富差距、反贪腐。在对共同富裕的认识上,多数人认为共同富裕是长远目标,也是现实任务。其次是先富不一定带动后富,目前中国社会很不公平。对党员干部腐败的看法,66%的人认为反腐败是一项长期而艰巨的任务。在调查问卷中,自认为有宗教信仰的人的比例达到了26.5%。关于信仰在生活中的重要程度,绝大多数人认为信仰非常重要。信仰最让人信服的因素有两个:42%的人认为是理论与现实一致;39%的人认为是给人以精神指导和物质帮助。

2016年11月,本课题组赴河南省三门峡市就市民的信仰状况进行

---

① 李培林、陈光金、张翼主编:《2017年中国社会形势分析与预测》,社会科学文献出版社2016年版,第214—215、222页。

了调查,共发放问卷400份,回收386份,主要结论如下:关于生活愉快的原因,最多选择的是家人和自己的身体健康,占总数的35.8%;生活不愉快的原因,最多选择的是收入不如意,占总数的34.9%;对国家经济发展非常认可的占总数的19.3%,比较认可的占55.7%;对于中国社会的和谐程度,认为非常和谐的占24.4%,认为比较和谐的占50.3%;对于增进社会凝聚力中最重要的因素,选择政治指导思想的占59.4%,选择传统文化的占39.0%,选择宗教的占1.6%;对于如果要推广一套大多数人认可的价值观,认为应该是共产主义的占37.7%,认为是传统文化的占22.2%,认为是民主和法治的占29.7%,认为是宗教信仰的占10.9%;对于中国政治信仰的主要内容,认为是社会公平的占19.3%,认为是国家综合能力的占18.7%,认为是人口素质高的占14.1%;对于实现政治信仰的主要途径,选择社会公平的占24.3%,选择民生政策的占22.9%,选择新闻宣传的占18.3%,选择基层建设的占14.5%。

(二) 农民工的状况

2014年6月到8月,为了完成教育部2013年度哲学社会科学研究重大课题攻关项目"户籍限制开放背景下促进农民工中小城市社会融合的社会管理和服务研究",课题组在山东等七省市对农民工进行问卷调查,其中农民工对政府的信任程度如表13-19所示。

表13-19 政府信任评价(2016年)①

	信任程度(%)					平均得分
	很不信任	不太信任	一般	比较信任	非常信任	
中央政府	2.53	5.72	36.43	31.16	24.16	3.69
省级政府	3.28	7.86	46.25	32.52	10.09	3.38

---

① 李培林、陈光金、张翼主编:《2015年中国社会形势分析与预测》,社会科学文献出版社2014年版,第151—152页。

(续表)

	信任程度(%)					平均得分
	很不信任	不太信任	一般	比较信任	非常信任	
市政府(地级)	3.84	10.16	49.38	29.95	6.68	3.25
市政府(县级)	3.94	10.32	49.45	30.36	5.93	3.24
社区居委会	3.44	9.98	55.44	27.54	3.59	3.18
街道办	3.04	10.32	56.63	26.62	3.39	3.17

注：从"很不信任"到"非常信任"为1—5分。

（三）一般群众的状况

2013年6月至10月，中国社会科学院社会学研究所开展了第四次"中国社会状况综合调查"，这次调查覆盖了全国31个省、自治区、直辖市的151个县（市、区）、604个村（居民委员会），共成功入户访问了7 388位18～69岁的城乡居民。部分调查结果如下[①]：

1. 公众对腐败状况的评价

表13-20 公众对腐败问题严重程度的评价

	2011年		2013年	
	人数	占比(%)	人数	占比(%)
很严重	2 622	37.3	2 492	33.7
比较严重	2 589	36.9	3 069	41.6
不太严重	953	13.6	991	13.4
没有腐败问题	48	0.7	40	0.5
不好说	811	11.5	794	10.8
合　计	7 024	100.0	7 386	100.0

---

① 李培林、陈光金、张翼主编：《2014年中国社会形势分析与预测》，社会科学文献出版社2013年版，第113—117、118—119、120—121页。

2. 公众对反腐败的评价

表 13-21　公众对党和政府反腐败工作效果的评价

	2011 年		2013 年	
	人数	占比(%)	人数	占比(%)
很明显	382	5.4	590	8.0
比较明显	1 690	24.1	2 490	33.7
不太明显	2 822	40.2	2 731	37.0
很不明显	1 120	16.0	587	7.9
不好说	1 006	14.3	987	13.4
合　计	7 020	100.0	7 385	100.0

3. 公众对领导干部工作作风的评价

表 13-22　公众对党政领导干部工作作风变化的评价

	占比(%)					
	明显加重	有所加重	没有变化	有所改善	明显改善	不清楚
到基层调研走过场、搞形式主义	2.3	6.6	19.6	42.8	7.6	21.1
到基层调研讲排场、前呼后拥、超标准接待	1.5	6.6	16.7	38.8	11.7	24.6
频繁召开各类会议和举办庆典活动	1.0	5.1	16.8	37.5	11.9	27.7
公款大吃大喝	2.7	7.2	13.7	37.3	17.4	21.7
滥发钱物,讲排场、比阔气,搞铺张浪费	2.2	7.0	15.3	38.2	12.6	24.6

4. 公众对反腐败的信心

表 13-23　公众对今后 5 年至 10 年反腐败取得明显成效的信心

	2011 年		2013 年	
	人数	占比(%)	人数	占比(%)
很有信心	1 300	18.5	1 883	25.5
较有信心	2 738	39.1	3 557	48.2
较没信心	1 256	17.9	889	12.1
很没信心	874	12.5	405	5.5
不好说	841	12.0	642	8.7
合　计	7 009	100.0	7 376	100.0

5. 公众的国家认同状况

表 13-24　公众的国家认同

	很不符合		不太符合		比较符合		很符合		不好说	
	人数	占比(%)	人数	占比(%)	人数	占比(%)	人数	占比(%)	人数	占比(%)
当别人批评中国人的时候，我觉得像在批评自己	169	2.3	806	10.9	3 876	52.5	2 158	29.2	372	5.0
我经常因国家现存的一些问题而感到丢脸	243	3.3	1 593	21.6	3 670	49.7	1 317	17.8	556	7.5
我经常为国家取得的成就而感到自豪	60	0.8	285	3.9	3 721	50.4	3 090	41.9	224	3.0
如果有下辈子，我还是愿意做中国人	99	1.3	349	4.7	2 926	39.7	3 655	49.5	349	4.7

(续表)

	很不符合		不太符合		比较符合		很符合		不好说	
	人数	占比(%)	人数	占比(%)	人数	占比(%)	人数	占比(%)	人数	占比(%)
不管中国发生什么事情,即使有机会离开,我也会留在中国	152	2.1	547	7.4	2 981	40.4	3 316	44.9	384	5.2

6. 公众对社会主义核心价值观的认同状况

表 13-25　公众对社会主义核心价值观的认同

	人数	占比(%)		人数	占比(%)
平等	3 410	46.3	公正	2 895	39.3
民主	3 128	42.4	和谐	2 691	36.5
富强	3 016	40.9	尊崇宪法	1 749	23.7
文明	2 895	39.3	爱国	1 733	23.5
团结	1 726	23.4	包容	670	9.1
尊重人权	1 616	21.9	崇尚科学	654	8.9
诚信	1 528	20.7	友善	640	8.7
法治	1 487	20.2	敬业	278	3.8
自由	1 283	17.4	集体主义	224	3.0
创新	991	13.4	其他	62	0.8

7. 公众对社会公平状况的评价

表 13-26　公众对社会公平状况的评价

	公平评价(%)			不公平评价(%)		
	2006年	2008年	2013年	2006年	2008年	2013年
义务教育	76.7	85.9	82.2	17.2	9.4	11.0
公共医疗	49.9	66.9	68.1	39.9	25.9	25.6

（续表）

	公平评价(%)			不公平评价(%)		
	2006年	2008年	2013年	2006年	2008年	2013年
高考制度	71.4	74.1	68.0	13.7	10.3	14.7
养老等社会保障待遇	37.5	50.4	57.7	50.7	40.0	34.4
公民实际享有的政治权利	62.0	65.6	50.4	25.6	24.1	34.3
司法与执法	55.1	53.0	46.3	29.6	32.9	34.3
工作与就业机会	44.4	41.2	41.7	46.4	51.9	45.8
选拔党政干部	34.4	47.7	35.3	51.0	38.7	47.2
财富及收入分配	40.2	28.9	33.4	49.7	67.6	57.6
城乡之间的权利、待遇	29.0	39.9	30.2	62.8	51.6	57.2
不同地区行业之间的待遇	33.6	38.1	29.9	53.1	50.7	54.6
总体上的社会公平状况	62.3	69.2	60.4	30.6	25.8	34.4

结　论

通过上述调查数据，可以得出以下初步结论：

（1）调查结果总体上是积极向上的。尽管很多数据并没有直接显示被调查者信仰共产主义和社会主义，但提高个人素质、在实践中不断历练、在党的领导下接受教育等都占绝对高的比例。客观地说，即使将赚钱、积累政治资本作为追求的目标，也要作具体的分析。这种积极向上的取向为我们进行理想和信念教育打下了坚实的基础，也是我们做好各项工作的基本前提。

（2）调查结果显示，人们普遍将提高生活水平、健全社会保障体系、促进社会平等、树立良好的社会道德风气作为追求的目标，特别是更加看重共同富裕和社会公平，这同我们追求的共产主义信仰是完全一致的。这既为我们坚持共产主义的政治信仰树立了坚实的信心，也为我们进一步明确共产主义信仰的内涵打下了群众基础，更为我们进一步完善实现共产主义的途径提供了一个基本思路。

（3）调查结果还显示，在坚持政治信仰方面，共产党员较之一般群众立场更为坚定。在对国家前途和重要政治事件的态度方面,在政治理想的坚定性方面,在起先锋作用的自觉性方面,党员都表现出了模范带头作用。这种结果告诉我们:中国共产党无愧于全民族的先锋队,能带领全体人民实现共产主义的信仰。这也为我们坚决抓好党的建设打下了坚实的基础。

(4)调查反映出来的问题也应引起我们的警惕。人们普遍对社会不公、暴富阶层和腐败现象强烈不满,这直接影响到了人们的政治信仰。由此,部分人对社会前途失去信心,自认为信仰宗教的人数在逐步上升,这些问题必须在以后的发展过程中逐步解决。

(5)调查数据显示,公众对党和政府的满意度还是很高的,这一点必须肯定,但是如果仔细研究,公众对中共中央和中央政府的满意度很高,但是越向下满意度越低,到了直接同老百姓接触的基层党组织和政府的满意度就更低了。联想到目前反腐败过程中出现的小官巨贪,以及极个别基层的黑恶势力抬头、极个别基层组织被家族势力把持,加强基层组织建设迫在眉睫。加强基层组织建设,是我们坚持政治信仰的关键。

(6)调查数据还提醒我们,当代青年人的信仰和道德状况应该引起我们的关注。青年是新时代的建设者和政治信仰伟大事业的继承者,有了青年就有了未来。诚然,当代青年的信仰状况总的来说是积极的,但在对社会的整体信任度和对"中国梦"的认同度等方面都有待提高。特别是在将个人的奋斗目标和国家的发展目标紧密结合方面,更是有待提高。在这方面要有大的举措,要有切实可行的措施,而且要引起全社会的关注。

(7)问卷调查还告诉我们,我们对树立正确的政治信仰要有一种紧迫感。目前社会的主流价值观是好的,但反映出来的问题也是严重的,一定要抓紧时间解决这些问题。社会风气和价值体系一旦出现崩塌的状况,再想解决就比较难了,而且这些问题的解决不可能仅靠一两个部门,需要全党动手、全社会协调。与此同时,不能指望很快见效,要从细微之处入手,做好长期作战的心理准备。

第十四章　中国共产党政治信仰体系实现的途径
——自身体系的完善

巩固和践行中国共产党的政治信仰，有多种途径。毛泽东、邓小平等多次提出信仰体系的实现途径问题，这些思想概括起来主要有：根据历史发展行程提出基本的政治口号[1]；每个阶段都有代表那个阶段最广大人民利益的奋斗纲领[2]；共产党"成为实现这些具体目标的模范"[3]；建立与同盟者的适当的关系[4]；要"讲思想政治教育"[5]；坚持共产党队伍思想的统一性和纪律的严格性[6]。习近平总书记也指出："共产党员特别是党员领导干部要做共产主义远大理想和中国特色社会主义共同理想的坚定信仰者和忠实践行者。"[7]根据这些思想，从共产主义的目标和价值取向出发，实现这个政治信仰有三个最基本的途径：一是政治信仰体系自身的完善，二是政治信仰体系支撑条件的完

---

[1]　《毛泽东选集》第1卷，人民出版社1991年版，第262页。
[2]　中共中央宣传部、中共中央文献研究室编：《论文化建设——重要论述摘编》，学习出版社、中央文献出版社2012年版，第58页。
[3]　《毛泽东选集》第1卷，人民出版社1991年版，第263页。
[4]　同上。
[5]　《邓小平文选》第3卷，人民出版社1993年版，第306页。
[6]　《毛泽东选集》第1卷，人民出版社1991年版，第263页。
[7]　《习近平谈治国理政》第一卷，外文出版社2014年版，第23页。

善,三是处理好政治信仰体系同外部多种因素的关系。

政治信仰体系自身的完善,就是要做到理论联系实际。这其中,对理论和实际都要有一种新的认识,特别是要完善理论联系实际的中间环节。

一、要不断完善共产主义的思想体系

(一)从信仰体系的宏观角度,坚持社会主义和共产主义思想体系基础上的理论创新

马克思主义是人类思想发展史上最瑰丽的花朵,代表了人类知识和哲学思辨的较高水平,也是中国共产党一直信仰并推行的意识形态理论的基础,是我们一定要坚持和发扬的。共产主义信仰作为一种非宗教信仰,它同宗教信仰的最大区别就在于,它必须符合认知合理性的要求,具有严谨的理论体系,这是令人信服的基础。正如毛泽东讲到的:"什么是理论?就是有系统的知识。马列主义的理论,就是以马克思主义为基础的有系统的知识。"[1]共产主义信仰作为一种理论体系,首先必须是正确的,即理论可以为现实验证并为人们所认可。其次,它应该是严谨的,拥有完整的理论推导过程及对各种社会现实的解释力。最后,也是非常重要的,就是要持续地进行理论创新,不断修正理论的不足,使理论更好地符合现实,更具解释力和指导力。毛泽东多次强调,"任何国家的共产党,任何国家的思想界,都要创造新的理论"[2]。邓小平曾明确指出,我们不把马克思主义当作教条,"马克思主义必须发展"[3]。习近平总书记也多次指出,"马克思主义必定随着时代、实践和科学的发展而不断发展"[4]。正因如此,我们今天谈到

---

[1] 《毛泽东文集》第3卷,人民出版社1996年版,第342页。
[2] 《毛泽东文集》第8卷,人民出版社1999年版,第109页。
[3] 《邓小平文选》第3卷,人民出版社1993年版,第191页。
[4] 《习近平谈治国理政》第一卷,外文出版社2014年版,第23页。

信仰体系的重构,绝不是与以往信仰体系割裂开,而恰恰应该是对以往信仰体系的继承与发展。从宏观目标来看,必须毫不动摇地坚持走社会主义道路,坚持共产主义的伟大理想。这是因为中国走上社会主义道路不是偶然的,中国传统文化中的"兼爱""大同""共富"等内容同社会主义思想可以兼容,资本主义发展过程中暴露出来的"两极分化""金钱至上"等弊端已经为中国的先进分子所唾弃,而人口同资源之间的紧张和不协调更加决定了社会主义是解决这种矛盾的根本途径。近年来,起源于美国的金融危机和发端于希腊的欧洲债务危机,又充分暴露了资本主义的"追求享受""竞争过度"等固有弊端,社会主义显示出了光明的前途。但是,距离马克思提出共产主义思想已经过去170多年,如果我们继续以马克思的原始定义来解释社会主义,显然是不符合人们的理性认知的。必须要在原有马克思主义的基础上,进一步进行理论创新,推进马克思主义中国化。特别是对共产主义等核心概念进行新的理论阐释,避免共产主义伟大理想受到"空谈"的质疑,建构坚实的宏观信仰理念。毛主席对信仰体系的构建值得我们深入学习,在革命战争年代及新中国成立初期,毛泽东领导进行了一系列理论创新,当时可能在某些具体政策措施上有问题,但总体上信仰体系是牢固坚实的。我们现在也必须进行理论创新,以理论的建设来促进信仰体系的建设。同时在理论创新过程中,一定要积极引导人民参与,充分发挥人的主观能动性,使理论创新闪耀人民智慧的光辉。

从本质上来讲,共产主义的信仰,就是带领人民共同走向文明和富裕。毫无疑问,集体主义、艰苦奋斗、互相关心都是社会主义核心价值观的重要内容,但"自由"同样居于非常重要的地位。马克思指出,共产主义社会是一个"以每个人的全面而自由的发展为基本原则"①的社会形态。同时马克思、恩格斯还强调,"每个人的自由发展是一切

---

① 〔德〕马克思:《资本论》第1卷,人民出版社1975年版,第649页。

人的自由发展的条件"①。中国共产党十八大报告提出:"倡导自由、平等、公正、法治。"这其中自由是重要前提,其实质是保证每个人的各种基本权利。没有这个最基本的条件,平等就缺少必要的依托,公正没有衡量的标准,法治可能走向专制。自由是共产主义价值观的重要内容,但我们说的"自由",同资产阶级以抽象的人性论为依据的,标榜具有普世价值的自由存在着本质的不同。诚然,我们也要保证每个人的诸如生存权、参与权、发展权等各种基本权利,但我们的自由需要同中国的特定国情联系起来。比如,国家现代化的内在规律要求更注重国家的调控;人口与资源之间的极端不协调更强调国家的科学分配;人的综合素质的现状更强调法治和制度的作用等。更为重要的是,它强调实现人的全面发展的基本途径包括:推动生产力的快速发展;公有制条件下的新式分工对金钱的约束;教育普及与公平;极大丰富精神产品;等等。换言之,我们的自由是实实在在的,将"人的自由全面发展"作为完整的过程来认识。如果能通过社会主义核心价值体系的再阐释,以及其他理论创新工作,使信仰体系满足认知合理性的要求,使共产主义信仰由边缘重新成为人们认知的核心,这对我们构建信仰体系将有极大帮助。

(二)从信仰体系的中观角度,构建社会主义核心价值观

这个价值观一定要体现中共信仰体系的时代性和包容性的特点。关于时代性,诚然,价值体系中有些内容具有永恒性,比如诚信、公平、爱国、敬业等,但有些内容随着时代的发展也要发生变化。我国实行社会主义市场经济以后,受到冲击最大的就是信仰体系的价值观部分,因此我们在实践中,要对很多价值观的内容进行调整。比如传统的价值观强调艰苦朴素,以前经常说"新三年,旧三年,缝缝补补又三年",而市场经济则要求要通过各种途径刺激消费;传统的价值体系宣

---

① 《马克思恩格斯选集》第1卷,人民出版社2012年版,第422页。

传大公无私,而市场经济则信奉个人利益的正当性;传统的价值体系强调集体主义和互相帮助,而市场经济则鼓励个人奋斗等。这里不是说以前的价值观不对,而是说有一个在实践中为群众所接受的问题。形成任何一种价值观都是一个长期的过程,何况我们实行的社会主义市场经济是前无古人的事业,更需要在实践中不断探索。关于包容性,最重要的就是处理好同各种宗教的关系。毛泽东多次讲过要处理好同同盟者的关系。从信仰的角度来分析,中国共产党最重要的同盟者,就是信仰宗教或有宗教倾向的群众。这是一个非常大的群体。仅举中国民间信仰为例。尽管民间信仰有很多消极因素,但民间信仰具有民俗性,是老百姓"生生不息的文化过程"①,也是文化建设的重要组成部分;同时具有宗教性,体现多神崇拜的"神圣性";还具有正当性,表现为对社会正义和美好生活的追求。河南对包公的祭拜、浙江对北宋清官"胡公大帝"的崇拜②都是证明。不仅如此,这种正当性还同现实紧密结合。有调查表明,当代中国民间宗教信众基本上是乡村居民,年龄大多在40岁至69岁间,这部分人所信奉的教义思想,虽然与传统的民间宗教有一定的继承关系,但他们在从事各种宗教活动时,均与时俱进地增添了许多当代社会生活的内容。如天地门教的信众在祭祀神灵时,除了供奉"天地三界十方万灵真宰""天地君亲师"等传统的神牌外,还供奉"中国共产党万万岁""革命烈士"等牌位。③对于民间信仰,首先要规范管理,包括组织定位、活动场所的管理。其次要正面引导,如引导其捐资助学、施医赠药。再次要精神关怀。当代中国民间宗教信众所表现出的政治立场,具有与社会主义核心价值观相适应、相和谐的可能性。推而广之,虽然中共的信仰体系同各种

---

① 金泽、邱永辉主编:《中国宗教报告(2008)》,社会科学文献出版社2008年版,第198页。

② 金泽、邱永辉主编:《中国宗教报告(2009)》,社会科学文献出版社2009年版,第293页。

③ 濮文起:《关于当代中国民间宗教信众问题的若干思考》,《中国民族报》2009年9月8日。

宗教信仰有着本质上的区别,但都体现了一种对美好生活的追求。英国前首相布莱尔曾说过,"宗教的本质是人的感情"①。进一步来讲,信仰的本质是人的感情,大凡能被广大群众接受的信仰,都具备一些共性,如共产主义信仰中的"雷锋精神",在基督教中有"爱邻如己",而佛教则认为"救人一命,胜造七级浮屠",这说明如果不纠结于超越性的话题,许多宗教本身与社会主义发展并不矛盾。最后,要充分发挥宗教人士在社会文明建设中的作用。全国人大常委会原副委员长阿沛·阿旺晋美、全国政协原副主席赵朴初等信教人士都曾在社会主义建设中发挥过重要作用,团结了广大的信教群众。天主教北京教区前主教傅铁山曾代表中国宗教界倡议"高扬和平旗帜,维护宗教的纯洁性,提倡宗教宽容与和解,创造和平共处的环境",做出了良好的表率。这样,群体层面和谐共处,个体层面不强迫改变,宗教人士在促进社会和谐发展过程中同样可以发挥重要(从社会发展意义上来说是不可或缺的)作用。

(三)从微观角度,积极建设中共信仰体系的引导机制

任何一套信仰体系的发展,不可能仅靠理念的纯粹宣传,还需要物质和精神的双重引导。这样,才能使追求幸福与追求德性完全契合。在基督教的早期发展历史上,这一点有明显的表现。例如,在精神上树立大批宗教典范,如圣保罗、圣乔治、圣日耳曼等,在物质上给予教徒充分关怀,如早期的信徒免税、发放金币政策等,这些都极大地促进了基督教信仰的传播与发展。我党早期在建立信仰体系的过程中,也对党内同志在生活上十分关心。中共一大山东代表王尽美英年早逝,党组织将他的后代抚养长大,并培养成了党的重要干部。② 总之,中国共产党在这方面积累了丰富的经验,需要我们今天进一步巩

---

① 〔英〕托尼·布莱尔:《全球化世界中的机遇与挑战》,《北京论坛(2004—2015)主旨报告与特邀报告集》,2016年。
② 参见山东诸城王尽美纪念馆相关资料。

固和发展:

其一,根据群众的需求落实各项民生政策。习近平指出:"人民对美好生活的向往,就是我们的奋斗目标。"①中国共产党在大革命失败后和"文化大革命"结束后出现的两次信仰危机,都是在微观层面出了问题:一次是脱离了工农大众,一次是没有更好地发展经济。我们任何时候都不能忘记,关心群众生活,满足群众的多方面的需求,引导群众走向富裕和文明,是我们信仰的实质所在。

其二,充分发挥先进分子的带头作用。信仰不是凭空产生的,必须有一定的社会基础。因此,先进分子的带头作用非常重要。在古代,从孔子的尊仁重义、子路的结缨赴难,到文天祥的"人生自古谁无死,留取丹心照汗青",从戚继光的"封侯非我意,但愿海波平",到林则徐的"苟利国家生死以,岂因祸福避趋之",正是一代代先贤的光辉事迹激励着儒家知识分子为了国家和民族的事业前赴后继、不计荣辱。而在革命战争年代和社会主义建设时期,也是从李大钊、张太雷、瞿秋白、方志敏到王进喜、焦裕禄、蒋筑英等,一连串英雄的名字构建了社会主义信仰的坚实社会基础。而今天,我们社会信仰方面出现的许多问题,很大程度上是由于缺乏先进分子,甚至本应是先进分子的人发生了严重问题,从而导致信仰体系的严重危机。本应扛起社会主义建设大旗的人成了社会主义的蛀虫,他们宣传的思想理念又怎么会被大家认可呢?因此,我们一定要制定一整套政策措施,落实民生问题,扭转腐败局面,发挥党员干部的模范带头作用,使我党重新占据理论和舆论的制高点,构建信仰体系的坚实社会基础,这是实现信仰体系重构的关键。

其三,深入进行政治体制改革,保障广大人民依法享有的政治权利,真正实现权利与义务的统一。信仰最深厚的基础,就是人们将自己所相信的理念精神当成自己毕生的事业追求。实现这一点的基本前提,就是赋予人民应有的权利。权利和义务是相对应的,权利和义

---

① 《习近平谈治国理政》第一卷,外文出版社2014年版,第4页。

务的统一产生了责任,责任推而广之就逐步建立起信仰。有很多统计数字表明,无论是一些相对落后的农村地区,还是整体素质较高的大学生群体,都保持了较高的信仰比例,这与那些地区的村民自治和学生自治团体的健康发展,人们的实际政治权利得到落实有很大关系。改革开放以来,中国农村的基层民主制度有了迅速的发展,截至2008年底,全国共有村委会60.1万个、村委会成员241万人,村委会大部分由村民直接选举产生。一些地方还通过村务公开、设立村务监督委员会等,有效保障了村民的监督权。①

其四,建立公正、完善的社会分配体系和激励机制。改革开放以来,为了更好地激发人们的积极性,分配上的差距逐步拉大,一些垄断行业工资增长较其他行业明显要快,企业高管的工资更是直线上升,这种社会现实对人们的信仰产生了深远的影响。共产主义的实质是共同走向富裕,这是分配制度应遵循的基本原则。当人们信仰的共产主义与现实南辕北辙时(不管这种现实是不是暂时性的),必然会使人们的信仰产生动摇,这是近年来信仰危机的重要现实原因。解铃还须系铃人,想要解决这个问题,也应从现实着手,修正信仰与现实的偏差。在按劳分配的前提下兼顾按需分配,是向共产主义社会过渡的重要政策。但在整个过程中,我们必须从全社会信仰体系的高度去认识分配体系和激励机制,逐步缩小收入差距,增加人民整体幸福感,这对建设信仰体系是十分必要的。

二、对今天的实际也要有一种全新的认识

共产主义的基本价值取向,就是人们共同走向富裕,这种"共同性"是区别于以往各种主义的基本点。实现这种"共同性"一定要有一个过程。在这个过程中,要防止两种倾向:一是时间上的"共同性",这是做不到的空想;二是先和后的时间间隔太久,这就背离了共产主

---

① 《我国农村基层民主政治建设取得显著成效》,《乡镇论坛》2009年第4期。

义的基本原则。在实际中,总是有一些聪明的、有能力的,或者说是有一定天赋的人,只要给他们一定的政策,就能够率先走向文明和富裕。因此,要想实现"共同性",要特别关注那些社会底层的人,也就是我们通常所说的工农劳苦大众,这也是共产主义价值观中一个重要的取向。因此,认识今天的实际,要有一种更宽广的视野。

(一) 把握国情

政治信仰终究是一种预见。预见的东西不一定完备,需要在实践过程中不断完善。基于共产主义的世界观要让人们共同走向文明和富裕,但人们中间总是有差别的,有能人,有庸人。共产主义的目标是高尚的,但同人性的弱点会产生矛盾,人们需要激励,由此产生了差别。资本主义创造了许多调节这种差别的手段,诸如鼓励捐赠、税收调节、转移支付、社会保障等,对这些人类文明的优秀成果,都要有条件地学习和借鉴。同时也要进行理论创新,像我们正在实行的"精准扶贫",就是很好的例子。

今天我们政治信仰的基本背景是社会主义市场经济。市场经济最大的优势是能够促进生产力的发展。诚然,市场经济是有很多弊端的,但从推动生产力发展这个视角来看,还没有找到比市场经济更好的办法。但市场经济的弊端也是十分明显的,它会给人的精神世界造成极大的损伤;市场经济的基本原则是等价交换,它不考虑交换的动机和结果,金钱是衡量等价交换的基本尺度,追求金钱也自然成为市场经济社会的重要价值取向。将这种价值取向当作唯一的目标,势必导致丧失精神世界,诸如对理想、信念的追求。市场经济比较成熟的国家,除了通过制度建设限制市场经济的负面影响之外,宗教在滋养人们的精神生活方面起了重要的作用。难怪有学者指出:有教堂的市场经济和没有教堂的市场经济,其结果是大不一样的。人们在宗教里,或者说在教堂里,可以找到精神的安慰、理想的培育、对上帝的敬畏、良心的反思,一句话,可以产生自律的效果,能够出现"人在做,天在看"的社会效果。而在我们这样一个没有深厚宗教基础的社会里,世俗的信仰,也就是政治信仰,同样会起到这种效果。一句话,在市场经济条件下更需要政治信仰。这种政治信仰的理论一定要有时代感,能正确反映社会发展的规律,并被当前的社会实践所证实,这样才能让大家接受这种信仰。还有,这种理论一定要有制度做保障。党章有明确规定,共产主义是党员的政治信仰,一定要坚持;宪法对每个公民也提出了爱国、敬业等方面的要求。围绕着这种政治信仰的发展方向,党和国家形成了相对完整的制度体系,其规范是每个党员和公民都必须遵守的。

(二)了解世界

我们的政治信仰是有世界意义的,因为我们的目标是要让全体中国人民走向文明和富裕,这个目标的实现将对世界产生深远的影响。这个世界意义还有更深刻的含义,即要借鉴发达国家在走向文明和富裕方面的经验。

一般来说,一个社会发生激烈的变化,特别是经济迅速发展之后,都会出现思想混乱和道德相对下滑的时期,这是因为:(1)在经济发展初期,几乎所有的人都处于相对贫困状态,从这个意义上说,具有很高的平等性。但是随着经济的发展,人们致富的机会增多,不平等会随之扩大。只有经济发展到了一定程度,才可能通过社会政策的调整提高社会平等的程度。这是有一个时间差的,从而造成了人们心理上的不平衡。(2)经济发展之后势必要求进行体制特别是政治体制的改革和调整,这种改革和调整必然会触动一些人的利益,甚至使一部分人的利益受损,因此强化了人们心理上的不平衡。(3)除此之外,中国还有一个特殊的情况,就是我们是从计划体制和模式转向市场体制和模式的,这种转型本身就要求对原有的价值体系和道德观念进行调整,新的价值体系和道德观念的形成有一个过程。中国这方面的问题可能会更多,因为中国人民终于看到了富强的曙光,但富起来以后怎办,这是我们以前没有碰到过的问题,因此出现思想道德层面的问题是很正常的,关键是我们要正确地应对。这其中,我们要很好地吸取其他国家,特别是其他大国的经验教训。

1. 美国应对思想文化领域危机的主要手段就是法律

内战结束以后,即 1865 年以后,美国进入工业革命和高速发展时期。第二次科学革命和新技术革命、管理革命的许多成果都产生于美国。到第一次世界大战爆发为止,半个世纪里,美国国民生产总值平均年增长 4%,农业产值翻番,钢产量、铁路长度均超过欧洲总和。美国经济迅速发展的同时,出现了第二次移民高潮,1865—1920 年,共有 3 000 多万人移民美国。① 1920 年美国人口已超过 9 000 万。② 随着经济的发展和人口的剧增,各种社会矛盾也显现出来。社会问题最突出的表现是贫富分化加剧。19 世纪 90 年代,16 座大城市中,十分之一居民拥挤在贫民窟,纽约贫民达三分之二。1896 年的一项调查显示:1%的人口拥有全国 50%以上的财富,12%的人拥有 90%的财富。1904 年全国有 400 万以上人口靠救济生活,处在贫困中的人则不下 1 000 万。③ 社会问题的另一个表现是社会风气败坏,贿赂风行,假货、商业欺诈比比皆是。社会问题还有一个表现就是,各个地区之间的贫富分化也日益严重,特别是一些贫困的小州,在国家中的话语权也十分微弱。

严重的社会矛盾引发了大规模的工人运动和农民运动。1886 年 5 月 1 日爆发了全国性工人罢工,要求实行 8 小时工作制。5 月 4 日,芝加哥发生镇压罢工的"秣市惨案",激起更大规模的抗争。反对铁路公司垄断土地和工厂主、高利贷者垄断市场的农民斗争,也在 19 世纪 90 年代走向高潮,形成以小农场主为主体的声势浩大的"平民党运

---

① 郭宇立:《美国的大国成长道路——制度治理与战略选择》,北京大学出版社 2011 年版,第 136 页。
② 袁明主编:《美国文化与社会十五讲》,北京大学出版社 2003 年版,第 33 页。
③ 同上。

动"。新闻界出现了许多专事"扒粪",即揭发内幕、暴露丑恶的流行杂志和名记者。①

美国针对这些社会问题直接制定了相关的法律。西奥多·罗斯福在总统任内(1901—1908)大力推行反垄断措施,支持实行累进税制。美国1890年制定《保护贸易及商业免受非法限制及垄断法》,因由参议员谢尔曼提出,又称《谢尔曼反托拉斯法》。1914年又制定《克莱顿反托拉斯法》,制止反竞争性的企业兼并和经济力量的集中。②19世纪末,美国以统一法律为目标,兴起统一州法的运动,全国统一各州立法委员会相继起草、公布了一系列单行商法草案。如1906年的《统一买卖法》《统一货栈收据法》;1909年的《统一提单法》《统一股票转让法》;1918年的《统一附条件买卖法》;1933年的《统一信托收据法》。③ 同时,改变众议院按人口选举众议员的办法,因为这样人口少的小州无法充分表达民意。1912年5月13日,国会通过了宪法的《第十七条修正案》;1913年4月8日,得到足够的州批准后,《第十七条修正案》正式生效。这一修正案规定:"合众国参议院由每州两个参议员组成,参议员由本州人民选举,任期6年。"④这就增加了小州在政治体制中的分量。这些法律的制定,使人们感受到了社会的公正,大大缓解了社会矛盾。

2. 日本应对思想道德领域危机的手段就是文化创新

日本经济在20世纪五六十年代后迅速发展,随之而来的是政治腐败,社会矛盾突出。日本以谋求恢复"普通国家"身份,追求政治、文化大国地位为切入点,"发展本国文化,推动文化外交,向世界进行文化输出"⑤,大大增强了国家的软实力。

---

① 袁明主编:《美国文化与社会十五讲》,北京大学出版社2003年版,第33—34页。
② 夏新华主编:《外国法制史》,北京大学出版社2011年版,第225页。
③ 张彩凤等编著:《外国法制史》,中国人民公安大学出版社2012年版,第211页。
④ 郭宇立:《美国的大国成长道路——制度治理与战略选择》,北京大学出版社2011年版,第120页。
⑤ 孙承主编:《日本软实力研究》,中国政法大学出版社2013年版,第69页。

首先是发掘传统文化资源。1968年日本在文部省下设立文化厅,对日本的文化艺术事业进行专门管理,掌管振兴艺术创作活动,保护文化遗产,保护著作权,改进和普及日语,促进国际文化交流和管理宗教行政事务等。日本文化厅的预算支出稳步增长,2010年的预算达到1 020.24亿日元。① 其次是加强文化的国际交流。日本通过"邀进来"和"走出去"的办法加强文化交流。2017年到日本观光的各国游客达2 800万人。从20世纪50年代开始,日本就在国外举办各种艺术展览。通过文化交流,西方的法治文化、中国的儒家文化都程度不同地融入日本文化中。再次是将教育作为文化建设的重要组成部分。战后日本确立了教育立国的战略,其重要特色就是注重早期教育,在幼儿园和小学的建设上投入了大量的人力物力。1963年,日本高等教育的入学率首次超过15%,正式进入高等教育大众化时期。②

3. 俄罗斯重建信仰的途径就是恢复东正教

俄罗斯从20世纪80年代开始进行社会改革,到90年代初陷入严重的政治经济危机。这种危机直接导致了精神道德领域的危机。俄罗斯是一个崇尚精神价值和道德伦理的民族,这种民族特征植根于"村社制"基础上形成的集体主义精神,植根于近千年的东正教信仰,植根于七十多年里社会主义制度下的共产主义思想的教育和强化。激进改革之后,俄罗斯的社会精神道德危机主要表现为:第一,传统观念与西方阶级观念的冲突。具体来说,维系传统苏维埃社会的爱国主义和集体主义的精神力量,受到金钱高于一切、个性自由、物质享受,甚至严重的个人至上主义的冲击。第二,宗教复兴与邪教蔓延。20世纪80年代,俄罗斯东正教徒约占总人口的10%,90年代以后达到50%,新的教徒大都带着精神失落感走进教堂,企图用"上帝"来填补信仰的空白。严重的精神迷惘使人投向各种邪教,来自美国的克利什那教、来自日本的奥姆真理教、来自乌克兰的"白色修道团",在俄罗斯

---

① 孙承主编:《日本软实力研究》,中国政法大学出版社2013年版,第71页。
② 同上书,第134页。

一度十分活跃。第三,权威失落和信仰危机。苏联时期,执政党和领袖的号召力量和组织力量是权威的体现。叶利钦的激进改革带来严重后果,使其威信扫地,俄罗斯出现了"无权威"的状况。俄罗斯的社会权威失落集中表现在民众的"信仰危机"上。20世纪末,民众对国家上层的信任度始终维持在低水平上,信任指数均在30%以下。

1999年12月31日,普京出任俄罗斯代总统,开始领导俄罗斯。经过十多年的努力,重新构建了俄罗斯的信仰体系。在转型前,苏联信仰社会主义和共产主义的价值体系,这种信仰保证了社会的团结和国家的完整、统一。但转型启动后,这种价值体系受到经济体制改革的影响和西方文化的冲击。俄罗斯已经公开放弃共产主义价值体系的指导,人们的价值观存在分歧是一个基本的社会现象。最新民调显示:38%的人主张继续发扬民主,38%的人主张恢复苏联体制;50%左右的人认为依靠国家才能发展经济,也有50%的人认为生活水平下降主要是官僚对国家的掠夺造成的。[①] 而东正教在维持社会稳定方面起了重要的作用。尽管普京"反对在俄罗斯恢复任何形式的国家官方的意识形态"[②],但他也承认,如果没有统一的信仰,建设国家的任务"在一个四分五裂、一盘散沙似的社会里是不可能进行的。在一个基本阶层和主要政治力量信奉不同的价值观和不同的思想倾向的社会里也是不可能进行的"[③]。普京明确提出,宗教"应该用人类价值观的精神培养正在成长起来的一代人"[④],"只有全国家的价值观、道德和伦理的概念才有可能在今天把所有生活在俄罗斯的民族团结起来"[⑤]。事

---

① 俄罗斯列瓦达民意调查研究中心 2012 年 6 月数据,http://www.levada.ru/25-06-2012/rossiyane-o-vozvrashchenii-putina-na-post-prezidenta,访问日期:2014 年 3 月 21 日。

② 〔俄〕普京:《普京文集——文章和讲话选集》,徐葵、张达楠等译,中国社会科学出版社 2002 年版,第 8 页。

③ 同上书,第 7 页。

④ 〔俄〕普京:《普京文集(2002—2008)》,张树华、李俊升、许华等译,中国社会科学出版社 2008 年版,第 151 页。

⑤ 同上。

实上，普京上台后，将爱国主义、强国意识、国家观念、社会团结视为新价值体系的基本内容，不但借助俄罗斯传统政治文化中的因素，利用"可控民主"和"主权民主"来弥合西方制度和民族传统间的矛盾，还通过扶植东正教会、加强学校宗教教育、重视宗教社会活动等措施，极大强化了东正教信仰在恢复民族传统文化和重建民族国家认同中的作用，社会的核心价值体系由此构建起来。普京不止一次提到国家建设与民族传统道德价值观的关系，肯定这种道德准则与宗教的关系。"我们在解决管理问题，制定管理任务的时候，我们首先依靠的是健康的思维。当然这种健康的思维应该建立在道德准则上。我认为，在当今世界，道德准则不能，也不可能与宗教价值观相分离。"①"俄罗斯文化的基础是基督教价值观。"②"我深信，整个人类社会乃至具体个人失之就无法生存的道德观一定是宗教性质的。"③"俄罗斯的政治体制应该不仅符合民族的政治文化，而且要与民族的政治文化一起发展。只有这样，政治体制才能既是灵活的，又是稳定的。"④普京通过宗教、现实的爱国主义、传统的大国意识这一"三位一体"的思想结构建构起社会核心价值体系并获得了成功。"追溯民族的过去，方可夯实民族的精神和道德根基，方可吮吸其中的力量并扬起自信的风帆。"⑤

2011年8月，俄罗斯列瓦达研究中心对全国45个地区的1 624名18岁以上公民进行了民意调查，并与此前的相同调查做了比较。结果显示，东正教依然是俄罗斯人的第一大信仰，1991年、1994年、2001年、2004年和2007年的调查表明，分别有31%、38%、50%、57%、56%的俄罗斯人表示自己是东正教徒，2010年和2011年的比例更是达到70%和69%。相应地，表示自己没有任何宗教信仰的人的数量正

---

① 〔俄〕普京：《普京文集（2002—2008）》，张树华、李俊升、许华等译，中国社会科学出版社2008年版，第642页。
② 同上书，第544页。
③ 同上书，第666页。
④ 同上书，第686页。
⑤ 同上书，第250页。

在逐年下降,与上面提到的年份对应,比例分别为61%、58%、37%、32%、33%,而2010年和2011年是21%和22%。① 学术界的研究成果也证明了上述结论。② 由此可见,东正教在当今的俄罗斯社会占据着日益重要的地位。俄罗斯的经验可以概括为继承传统、发挥优势、重建信仰。

(三)筑牢基础

这其中的内涵,就是一定要建设好基层。宗教信仰在传播过程中的基本经验,就是要有严密的组织,特别是基层组织。基督教有大主教、教阶、教区,每个小区都有一个教堂,信徒在一起交流。儒家思想能够很好地传播,也与中国的家庭、家族、宗族的健全有直接的关系。中国共产党在革命时期和建设初期的基本经验,就是认真抓好基层组织的建设,从"三湾改编"的支部建在连上,到古田会议加强基层党组织的建设,从农村生产队的党小组建设,到城市的居民委员会制度,基层的组织建设得非常牢固。中国共产党和国家的基层组织十分活跃,党员通过基层组织的活动得到启发和教育,群众通过基层组织深切感受到党和国家的关怀。在革命和建设的曲折过程中,中国共产党多次通过加强基层组织建设,深入基层依靠群众,化险为夷,走上光明的坦途。秋收起义失败后,毛泽东正是通过"三湾改编",在革命军中加强军队的基层组织建设,保存了革命队伍;1947年中国共产党在东北遭受挫折,陈云起草了"七七决议",号召广大干部走出城市,丢掉汽车,脱下皮鞋,换上农民衣服,不分男女,不分文武,不分资格,一律到基层农村发动群众,当时掀起了深入农村、深入基层的高潮,结果很快扭转了被动的局面。中国共产党几次解决信仰危机都同加强基层组织的建设有直接的关系。究其原因,这种深入基层的模式同我们信仰的本

---

① 俄罗斯列瓦达民意调查研究中心2011年9月数据,http://www.levada.ru/26-09-2011/religioznaya-vera-v-rossii,访问日期:2014年3月21日。

② 〔美〕莫斯:《俄国史(1855—1996)》,张冰译,海南出版社2008年版,第507页。

质是相一致的,因为共产主义就是要解放天下劳苦大众,这些劳苦大众都在基层。今天,这种基层组织的状况发生了很大的变化:一是传统的基层组织还广泛存在,但由于个人活动的空间大大拓展,个人的自由也相对扩大,组织的控制力相对削弱;二是出现了很多新型组织和准组织,如中外合资企业的基层组织,还有一些老年人的健身组织等;三是由于网络发达,网络社会逐步形成,以网络为基础也形成了网络组织。总之,基层组织建设面临很多新的问题,一定要认真应对。

笔者带领课题组到河南农村,围绕基层组织建设进行了深入的调研。总的来看,基层组织的建设是好的:定期活动、硬件完善、组织健全、目标明确。但也存在动力不足、活动空泛、脱离实际等问题。当前基层组织的建设要注意以下几个问题:(1)组织民主。基层组织内部的民主建设关系到基层组织的生命力,特别是中共内部的基层组织。一定要发扬民主,要让广大党员和群众畅所欲言,敢说真话。(2)关注民生。每次组织活动都要有实质性的内容。诚然,很多民生问题是比较复杂的,每个成员关注的侧重点不同,所提出的问题可能是相互矛盾,正因为这样,才需要大家讨论,相互理解。这是基层组织活动的动力。(3)形式多样。可以充分利用网络和微信等新的形式,还有组织参观考察等。活动多了,就能增加理解,发现新的问题,解决活动的空泛问题。(4)领导带头。现在有很多地方的基层组织建设薄弱,甚至出现组织涣散和失控的局面,这种状况的出现有很多原因,但最主要的是领导人和领导班子信仰缺失。上级机关要通过巡视、培训、蹲点、挂职等多种措施,全力抓好基层主要领导人的工作。现在我们很多机关机构臃肿,人浮于事,特别是县一级的机构这方面的矛盾更加突出,让这些机关人员到基层开展工作,无论是对基层,还是对这些干部本人都是有利的。

在历史上,中国社会有一个基本的特点,就是皇权不下县,县以下主要靠宗族和家族,封建的宗法关系在基层占统治地位。中国共产党领导的革命改变了这种状况。但中国共产党和国家的"精英"有一种急剧向上流动的倾向,这一方面是因为个人追求进步,个人进步的重要标志就是升迁;而另一方面是中国社会发展十分不平衡,基层特别是农村基层比较艰苦。因此,尽管我们采取了很多措施,比如干部挂职锻炼、基层增设第一书记、大学生"村官"、对口帮助、下派驻村干部等,但基层缺少优秀干部和其他人才的状况没有得到根本改变,而在上层机关,重点大学的优秀毕业生"扎堆",闲置了各种人才。这需要我们加大政策的倾斜力度,对行政级别、工资待遇、各种奖励做重大调整,坚决鼓励优秀人才流向基层。这是一个完整的系统工程,一定要站在信仰的高度来认识这个问题。很多发达国家为我们提供了宝贵的经验,例如法国,基层工作岗位的工资要远远高于上层工作岗位的工资。

(四)引导群众

引导群众的内涵,就是深入群众中去调查研究,帮助群众解决实际问题。其侧重点,就是通过各种途径,提高群众的综合素质,特别是要帮助落后的那部分群众。

西方资本主义的主流价值观批判共产主义,认为共产主义带有相当多的空想成分。他们认为对社会底层的人,就要采取硬性的淘汰方式,包括残酷的竞争、沉重的剥削。经过长时间的社会动荡,经济发展了,再给底层的人以一定的社会救济。我们在当代的扶贫过程早期,也碰到了难以想象的困难,个别地区给贫困者提供资金,他们吃了喝了,帮助他们建企业,不久就将设备卖了。正因为如此,今天才提出精准扶贫。如何对待贫困人口,这确实是一个重要的问题。人人平等这个人类生存的最高准则,同人性弱点之间的矛盾是难以解决的。中国由于贫困人口众多,更需要探索出一条新的途径,因为这是涉及我们的信仰能否实现的重大问题。在扶贫的过程中,最重要的是要坚持,锲而不舍,在这个前提下,防止出现新的"大锅饭",构建对贫困者和贫困地区的激励机制,提高贫困人口的综合素质,这是一个正确的方向。

中国共产党政治信仰价值取向的重要内容就是"共同性",即带领人民共同走向文明和富裕。事实证明,这种"共同性"不可能在时间上是同步的,那样势必走向"大锅饭",使生产力丧失发展的动力,改革开放以前的理论与实践已经证明了这一点。正确的选择只能是让一部分人先富起来,先富帮助后富,最后走向共同富裕。我们现在实行的精准扶贫等工程,证明了这条路是走得通的。但更重要的是提高落后群众的综合素质,这是共同走向文明和富裕的关键。中国是一个平民化的社会,从文化上提高民众的素质,这是实现政治信仰的关键。我们的文化要为"劳苦大众"服务,反映"大众的要求",这是无可非议的。[①] 西方社会有着深厚的"贵族"传统,优厚的生活条件和精英治国的理念,形成了崇尚理性、尽职尽责、精英至上的贵族文化。中国是平民社会,少有贵族的传统。很重要的原因是中国没有长子继承制,平均分配财产,特别是广大人民群众长期贫穷,并伴随着众多无业游民,没有必要也不可能培养出贵族的生活方式。中国当时百分之九十以上都是工农劳苦大众,文化服务于他们是无可非议的,这是文化建设发展的正确方向。毛泽东出身平民,是一个"平民领袖",他在弥留之际反复看的旧照片,就是"他穿着打补丁的裤子在延安给一二零师干部作报告"[②]的照片。但也应该看到,如何处理好为工农劳苦大众服务与发挥知识阶层作用的关系,大众文化同高雅文化之间的关系,文化建设过程中的"普及"和"引领"的关系,都是非常重要的问题。张闻天在延安时期就明确指出:"(文化)通俗化的目的,不是为了使大众停留在今天他们的文化水平,而正是为了要提高他们的文化水平。"[③]新中国成立以后,特别是"文化大革命"时期,主要是受到阶级斗争理论的影响,毛泽东过多地强调文化要服务于"底层"民众,而忽

---

① 《毛泽东文集》第2卷,人民出版社1993年版,第122页。
② 中共中央文献研究室编:《毛泽东传(1949—1976)》下,中央文献出版社2003年版,第1781页。
③ 《张闻天文集》第3卷,中共党史出版社1994年版,第48页。

视了文化要引领民众、提高民众的素质。由于这些问题没有处理好，"文化大革命"最终走向了"反文化"的方面。在打倒"封资修"的口号下，一切高雅文化被统统打倒，只有几个纪录片和样板戏活跃在文艺舞台上，造成文化领域百花凋零的局面。最后连毛泽东自己也十分不满意，批评江青"不要求全责备"，这"不利调整党的文艺政策"①。而在教育领域提出工农兵上大学管大学，用毛泽东思想改造大学，城乡的老工人、老农民纷纷担任各级学校的领导，严重违背了教育规律。这些都是要认真吸取的教训。

实际上，这种以"平民性"为特征的政治文化，在发展过程中应该体现出两个结合：一方面，知识阶层要同工农大众相结合，树立正确的人生观和世界观；另一方面，工农大众更要同知识相结合，这样才能走出贫穷和愚昧。从总体上说要保持"两个结合"的互动和平衡。从发展方向上来说，工农大众知识化是符合社会发展规律的，这是政治发展的一个基本原则。依据这个原则，充分发挥知识分子的作用，将他们看成工人阶级的一部分，这有利于全社会文化事业的发展。改革开放初期，我们重新回到"知识分子是工人阶级的一部分"的认识上来，全社会很快形成了重视文化的氛围，就是有力的证明。从中国国情的特殊性看，中国是在经济和文化极其落后的条件下建设社会主义的，新中国成立初期文盲占总人口的百分之八十。列宁在论证十月革命的必要性时，一个基本的依据就是：尽管社会主义是在落后国家进行的，没有社会化的大生产，劳动群众的文化素质十分低下，但这些完全可以在无产阶级夺取政权后依靠政权的力量改变。十月革命胜利后，列宁多次论述提高劳动群众文化素质的必要性和紧迫性。他指出："我们的任务是要战胜资本家的一切反抗，不仅是军事上和政治上的反抗，而且是最深刻的、最强烈的思想上的反抗。我们教育工作者的

---

① 《毛泽东文集》第8卷，人民出版社1999年版，第444页。

任务就是要完成这一改造群众的工作。"①他还说:"为了革新我们的国家机关,我们一定要给自己提出这样的任务:第一是学习,第二是学习,第三还是学习,然后是检查,使我们学到的东西真正深入血肉,真正地完全地成为生活的组成部分。"②而要完成这样的任务,必须充分发挥知识分子群体的作用,但遗憾的是,我们在这个问题上出现了失误。今天我们要赋予"平民性"以新的内涵,那就是全面提升国民的综合素质,为国家走向文明和富裕打下坚实的社会基础。

---

① 《列宁选集》第4卷,人民出版社1995年版,第307页。
② 同上书,第786页。

第十五章　中国共产党政治信仰体系实现的途径
——支撑条件的完善

政治信仰是一种世俗的信仰,世俗的信仰一定要有一些支撑条件,这些支撑条件同政治信仰内部的相关因素是有区别的。这些支撑条件每一个都自成体系,又与政治信仰有着不可分割的联系。毛泽东反复强调:"共产主义是无产阶级的整个思想体系,同时又是一种新的社会制度。"这种社会制度是包括"最低纲领和最高纲领两部分的",也包括实现这种纲领的各项政策。① 习近平总书记也指出,要"广泛开展社会主义核心价值观宣传教育"②。毛泽东和习近平都是十分强调支撑条件的完善的。

一、政治文化

政治文化是政治信仰的重要基础,政治信仰是政治文化的集中表现。中国共产党在长期的革命斗争中,形成了独特的政治文化,其基

---

① 《毛泽东选集》第2卷,人民出版社1991年版,第686页。
② 《习近平谈治国理政》第一卷,外文出版社2014年版,第163页。

本内涵就是以服务于"最广大的人民大众"为宗旨[①],以阶级斗争的方式推翻大地主、大资产阶级的反动统治,带领中国人民走向独立和富强。中国共产党的政治文化,起步于五四时期,形成于延安时期,受挫于"文化大革命"时期,深化发展于改革开放时期。

(一) 五四时期是中国共产党的政治文化的起点

当时传统的政治模式走不下去了,中国迫切需要一个革命性的变革。这种革命性的变革,需要一场政治文化上的变革作为先导。正在这时,马克思主义系统地传入中国,成为中国革命的指导思想,同时也为中国共产党政治文化的形成打下了坚实的理论基础。从此,中国开始了一场大的政治文化上的变革。五四时期中国共产党政治文化有三个基本的取向:(1)激进主义的取向,即要对中国社会进行根本改造。改良主义在中国行不通,要采用激进的方式进行政治革命。(2)唤起工农劳苦大众的取向。具体来说,就是通过救亡唤起民众。救亡和启蒙的关系是十分复杂的,在中国有着特殊的表现形式,是救亡压倒启蒙和救亡唤醒启蒙并存。先是一部分屡遭挫折的先进知识分子想通过启蒙实现国家的进步,但严重的民族危机使人们迅速地走上救亡的道路。在救亡的过程中,这些先进分子接受了马克思主义等先进的理论,在更高层次上进行了启蒙,紧迫的国家危机使他们自觉呼唤救亡。(3)马克思主义信仰化的取向。由于中国是一个缺少深厚宗教基础的社会,以道德代替宗教是社会的基本特征,寻求世俗的信仰就是一个必然的趋势。五四时期,马克思主义成为先进知识分子的信仰和指导思想。这种信仰主要包括社会主义的目标,注重集体主义和人民大众利益的价值观,通过阶级斗争手段使人民获得解放等等。

五四运动以后,主要是指大革命时期和土地革命时期,中国共产党在进行革命的同时,其政治文化也迅速向前发展,主要表现在:从

---

① 《毛泽东选集》第3卷,人民出版社1991年版,第821页。

"三湾改编"到古田会议,再到中央苏区政治工作的系统化,思想政治教育的功能日益强化;从中央苏区政治工作的系统化到长征和抗战初期的发展,通过普及的政治宣传、深入的思想工作、树立先进典型、层级号召、文化补课等手段,系统的政治动员理论初步形成;通过土地革命的实践,以阶级斗争的方式解放工农劳苦大众的政治目标不断明确;文化的政治功能逐步被人们所认识。到了延安时期,中国共产党领导了轰轰烈烈的新民主主义文化运动,在这个过程中,形成了中国共产党的政治文化。1935年10月中央红军到陕北后,中国共产党就开始了延安时期的系统的文化建设。1938年10月,毛泽东在《中国共产党在民族战争中的地位》中,首次提出了文艺和民族形式问题,强调要发展"中国作风和中国气派","把国际主义的内容和民族形式"结合起来。① 1940年1月,毛泽东又在《新民主主义论》中明确提出,"中国文化应有自己的形式,这就是民族形式"②,即反帝反封建的新文化,应做到民族形式与新民主主义内容的统一。随后延安政治文化运动蓬勃发展,文化为现实的政治和劳苦大众服务成为一种潮流。1942年5月,毛泽东又发表了《在延安文艺座谈会上的讲话》,全面阐述了中国共产党的文化政策。延安时期的革命文化运动不断向前发展,这一时期的新民主主义文化运动直接促进了中国共产党政治文化的形成。中国的政治发展就是由传统政治体系向现代政治体系发展的过程或结果,这个发展过程反映出的政治文化,包括政治心理、政治行为和政治理论。正是通过新民主主义文化建设运动,中国共产党从成立至延安时期的政治心理、政治行为、政治理论上升到政治文化的层次,并对以后的革命和建设产生了深远影响。

中国共产党从成立之日起,就投入到了火热的革命战争中,根据人民群众的政治心理,形成了独具特色的政治行为,在此基础上创造

---

① 《毛泽东选集》第2卷,人民出版社1991年版,第534页。
② 同上书,第707页。

性地创立了系统的革命理论。到了延安时期,有了稳固的革命根据地,得以对这些政治心理、行为、理论进行认真总结,形成了中国共产党特定的政治文化。这种政治文化是对中国政治发展的科学总结,是以新民主主义革命理论为基础的,是新民主主义革命理论和实践在政治和文化领域深化的结果。采用"中国共产党的政治文化"的概念,一是从分类学上可以深刻理解落后国家政党和文化的特殊规律;二是从文化角度可以揭示理论背后的行为和心理等社会基础,更深刻地理解中国共产党的革命理论;三是可以更深刻地理解现实的文化现象。诚然,中国共产党在正式文件里,并没有直接提到"政治文化"这个概念,但多次提到"文化,它是政治、经济的反映,又指导政治、经济"[①]。中国共产党的政治文化,有三个最基本的内容和特征:(1)政治性,"五四运动所进行的文化革命则是彻底地反对封建文化的运动,自有中国历史以来,还没有过这样伟大而彻底的文化革命";(2)平民性,"它提出了'平民文学'的口号,着眼点是广大工农劳苦大众";(3)能动性,这种"文化革命是在观念形态上反映政治革命和经济革命,并为它们服务的"[②]。可以说,五四前期尽管中共还没有成立,但已经形成了革命文化的雏形,是中共政治文化的萌芽。

(二) 中国共产党的政治文化形成于延安时期

中国共产党成立以后经过广泛的革命实践,特别是延安时期的新民主主义文化建设运动,进一步丰富和发展了这三个内容和特征。

1. 政治性的发展

政治文化的基本特征,就是政治和文化紧密结合。但政治和文化结合得如此紧密,是通过中国共产党才得以实现的。这种政治性的基础是阶级性,是以阶级斗争为主线的政治文化。文化上的政治立场是

---

① 《毛泽东文集》第3卷,人民出版社1996年版,第109页。
② 《毛泽东选集》第2卷,人民出版社1991年版,第699—700页。

第十五章　中国共产党政治信仰体系实现的途径——支撑条件的完善

不能放弃的;艺术上每一派都有自己的阶级立场,我们是站在无产阶级劳苦大众方面的。为文化而文化,为艺术而艺术,文化和"艺术至上主义者","是一种艺术上的唯心论,这种主张是不对的"。"艺术上的政治立场是不能放弃的。"①"所谓超政治的文化是不存在的。"②具体说来,中国共产党文化上的阶级立场,就是要把立足点移过来,"移到工农兵这方面来,移到无产阶级这方面来"③。

2. 能动性的发展

中国共产党十分强调文化的能动作用。中央革命根据地时期,就建立了"战士剧社"等文化组织。中国工农红军的长征,使中国共产党对能动性的认识产生了一个飞跃,即"革命理想高于天",更加坚定了坚持文化建设的决心。中央到了延安,立刻开始了大规模的文化建设。"文化是反映政治斗争和经济斗争的,但它同时又能指导政治斗争和经济斗争。文化是不可少的,任何社会没有文化就建设不起来。"④中国共产党将文化和政治力量紧密结合,形成了一套完整的政治理论和动员形式。

3. 平民性的发展

中国共产党的政治文化是反映工农劳苦大众的文化,或者说是最底层人民的文化。当时,广大劳苦大众缺少基本的文化生活,这是一个残酷的现实,并不是不能搞高雅的艺术,而是这种群众喜闻乐见的艺术形式更迫切。还有一个更重要的问题,中国共产党面临着动员广大人民群众夺取政权的任务。正视现实,服务大众,实现目标,这才是中共政治文化的基本取向。政治文化的平民性,主要表现在其与大众情感紧密结合,通过大众能接受的艺术形式反映大众的情感。

---

①　《毛泽东文集》第2卷,人民出版社1993年版,第121页。
②　《邓小平文选》第1卷,人民出版社1994年版,第22页。
③　《毛泽东选集》第3卷,人民出版社1991年版,第857页。
④　《毛泽东文集》第3卷,人民出版社1996年版,第109—110页。

政治文化一经形成就具有相当的稳定性。延安时期是中国共产党在理论上走向成熟的时期。新民主主义文化建设运动过程中形成的中国共产党的政治文化,对中国革命和建设产生了深远影响。在20世纪,同中国共产党相联系的大规模文化运动有三个:五四运动、延安文化建设运动、"文化大革命"。这当中延安时期的文化建设运动上接五四运动,下连"文化大革命",其积极影响主要表现在:发现了中国政治发展的基本规律,指明了政治发展的正确方向,找到了政治文化发展的恰当形式,为中国的文化建设打下了坚实的基础。但也存在一定的问题,即由于有些具体的手段和内容没有及时调整而走向极端。换言之,"文化大革命"的出现,与延安时期形成的政治文化有联系。毛泽东在"文化大革命"前讲到文化问题时明确说过:在延安放了一通空炮,讲了一篇空话,二十几年了,没有抓,修修补补不行。自从说文化部改为帝王将相部,要赶下乡去,才灵了些。天天讲社会主义,搞成修正主义。① 可见,从毛泽东本人的思路来看,这种联系还是很密切的。

(三) 中国共产党的政治文化受挫于"文化大革命"时期

延安时期形成的以政治性、能动性、平民性为特征的中共政治文化,在"文化大革命"时期向"左"的方向进一步发展。

1. 政治性成为阶级性的代名词,一切都以阶级斗争划线

毛泽东将党内的正常分歧看成是阶级斗争的反映。"文化大革命"的导火索之一,就是姚文元写的《评新编历史剧〈海瑞罢官〉》。毛泽东明确指出:海瑞罢官的要害是罢官。1959年我们罢了彭德怀的官,彭德怀也是海瑞。江青更是一马当先,她将"文化大革命"以前的68部电影重看一遍,绝大多数都在批判之列,原因就是这些电影没有突出阶级斗争,为反革命翻案,影射共产党,丑化人民军队等等。江青

---

① 中共中央文献研究室编:《毛泽东传(1949—1976)》下,中央文献出版社2003年版,第1380页。

第十五章　中国共产党政治信仰体系实现的途径——支撑条件的完善

在"文化大革命"之前集中指导了几部现代京剧,如《红灯记》《芦荡火种》(后改名为《沙家浜》)、《智取威虎山》等,基本上都是以阶级斗争为主线的。"文化大革命"发动阶段对很多知识分子和文艺作品的批判,其罪名都是没有突出阶级斗争。著名文人和领导干部邓拓写了《燕山夜话》,都是人生感言和小杂文,如《生命的三分之一》强调要利用好夜晚的时间,《大胆练习写字》突出勤学苦练的重要性等。"文化大革命"初期《燕山夜话》被打成大毒草,邓拓也被迫害致死。

2. 能动性将思想的作用推向极端

"文化大革命"期间,一切物质奖励都被取消。各种艺术形式的内容,充斥着口号式的宣传。革命的正面人物都是"神",反革命的反面人物都是"鬼"。实际上能动性并不否认对正常物质利益的追求,而且现实能动性是需要很多中间环节的,比如信仰体系、激励机制、先进分子起模范作用等。"文化大革命"期间尽管从形式上更强调能动性,但也是新中国成立以后人们道德水平下滑最快的时期之一,特别是中国共产党和国家的信仰体系遭到了严重的破坏。

思想理论想要发挥能动的作用,是需要严格的条件的。我们在战争年代能充分发挥思想的能动性,具备几个基本的条件:一是客观环境艰苦和险恶,这种环境是一个天然的"过滤器",将那些投机分子自然排除在外,参加革命的几乎都是立场坚定的分子;二是思想理论的先进和正确,马克思主义、共产主义思想体系正确揭示了中国革命的客观规律;三是少数最先进分子起带头作用,领导干部和共产党员冲锋在前,舍生忘死,不计个人得失;四是组织纪律严明,奖惩到位,人们从心底体会到公正的力量;五是正确的动员形式,快板、戏剧、大合唱、诗歌等,能促进人们互相感染,并能形成一种氛围。

这些条件,到了和平时期都发生了很大的变化。比如,应该鼓励人们对幸福生活的追求,因为我们共产党人搞革命,就是要让人们过幸福生活,而不是要让人过"穷日子"。由于没有随着时代的发展而形成新的理论体系,最后只能是造成思想混乱。

3. 平民性更是走向极端,同高雅文化和知识分子尖锐地对立起来

毛主席在"文化大革命"前对文艺工作有过重要批示,明确指出:各种艺术形式——戏剧、曲艺、音乐、美术、舞蹈、电影、诗歌文学等等,问题不少,至今还是"死人"统治着。"许多共产党人热心提倡封建主义和资本主义的艺术,却不热心提倡社会主义的艺术,岂非咄咄怪事。"① 毛主席所说的社会主义的艺术,主要内容就是宣传工农兵,这是无可非议的。但这种宣传工农兵的方式有三个方面的问题:(1)将宣传工农兵同高雅文化尖锐地对立起来。宣传工农兵强调民族形式,但艺术形式是多样的,如交响乐、绘画等等。随着人民生活水平的提高,人们可能对阳春白雪更为向往,这是很正常的,不能认为这样就是资产阶级的艺术。还将"培养艺术家的风度"都当作资产阶级来批判,就更不对了。② (2)将宣传工农兵同知识分子尖锐地对立起来。知识分子是工人阶级的一部分,也是劳动者,并且代表了工农兵的发展方向。1954年,毛主席支持两个青年学者在"红楼梦"研究问题上同俞平伯进行学术争鸣,但后来通过宣传"小人物"批判俞平伯,并给他戴上"反动的学术权威"的帽子。到了"文化大革命"时期,这种状况到了登峰造极的地步。(3)将为工农兵服务同为人民服务对立起来。明确将"文艺是全民的事业""文艺要为各种人服务"当作反动口号大加批判。③

这种状况造成了严重的社会后果,政治文化成为阶级斗争的工具,文艺舞台百花凋零。到了"文化大革命"后期,就是毛泽东本人对文学艺术的状况也十分不满意。1975年7月14日,他专门找江青就文艺问题发表谈话,指出"党的文艺政策应该调整一下,一年、

---

① 《建国以来毛泽东文稿》第10册,中央文献出版社1996年版,第436—437页。
② 《永远沿着为工农兵服务的方向前进》,《红旗》1970年第6期。
③ 同上。

两年、三年,逐步逐步扩大文艺节目。缺少诗歌,缺少小说,缺少散文,缺少文艺评论"①。特别是"文化大革命"后期人们出现了严重的"信仰危机",迫切需要对以前的政治文化进行认真的反思。

正是在这种政治背景下,伴随着改革开放的行进,中国共产党的政治文化发生了重大的变化。这种变化主要表现在:第一,政治性日益回归人民性。以前我们将政治性归结为阶级性,这是有其历史原因的,在实际中也起到了重要的作用。而当大规模的经济建设展开以后,阶级性就发生了重大的变化,很多阶级矛盾也转化为社会内部的矛盾,调动广大人民的积极性成为政治文化的基本取向。第二,平民性也转到文明方向,将关注的重点转向提高广大人民的综合素质,进而提高全社会的文明程度。第三,能动性也特别强调事物发展的规律性和人们主观能动性的边界。这些都会对政治信仰产生积极的影响。通过对政治文化中的政治性、能动性、平民性的科学理解和不断深化,政治文化建设会大大促进人们对政治信仰的认同。总之,无论在目的性上,还是在实现的手段上,都要能鲜明地体现出人民性,这就是我们政治文化建设要解决的问题。

二、政治象征

政治信仰是一个完整的思想体系,由此也带来一个问题,那就是如何将这个理论体系用最通俗的语言表述出来,让普通人一听就懂。本课题组在进行社会调查时,询问一些农村的基层干部,他们也说不清楚共产主义具体是什么样的,反而问起基督教,都知道是信仰上帝的。因此,通过塑造政治形象,使人们更加深刻地理解政治信仰,是实现政治信仰的重要途径。

---

① 《建国以来毛泽东文稿》第13册,中央文献出版社1998年版,第446页。

(一) 政治象征是服务于政治信仰的

政治信仰是一种世俗的信仰,世俗的信仰同宗教信仰的主要区别在于,一个是在世,一个是出世。在世,就涉及现实中的人和事,追求现实中的高尚和理想。那么,这个高尚和理想是什么？这就需要有一种象征、一个大致的轮廓体现出未来的美好,鼓励我们向着这个目标前进。因此,政治象征是政治信仰的重要组成部分,而政治信仰是政治象征的灵魂。

(二) 政治象征有其自身的逻辑性

政治象征一定要反映现实,并从现实出发体现理想,政治象征是连接现实与理想的桥梁。这种反映不是抽象的,而是形象的,通过具体的实物和形象的艺术形式反映出来,如纪念碑、口号、典型人物、具体的政治活动等。最后,政治形象在中国有着特殊的意义。近代中国是现代化和工业化的落伍者,进入20世纪之后,中国的现代化突然加速了,建立了新中国,初步形成了完整的工业体系;进入21世纪之后,中国已经成长为一个经济大国。但是人们综合素质的提高是一个渐进的过程,特别是政治素质的提高更是一个长期的过程。提高人们的政治素质,严格来说是没有捷径可走的,如果说有捷径,那就是通过打造政治形象,告诉人们应该怎样去做,在实践中加速政治素质的提高。政治形象的表现形式主要有以下几种。

1. 政治口号

中国共产党在实现政治信仰的过程中,最成功的经验就是在不同时期,能将共产主义的信仰同当时的实际紧密结合起来,提出了老百姓一听就懂的政治口号和政治任务。毛泽东曾深刻指出:我们实现对于全国各革命阶级的政治领导,首先"是根据历史发展行程提出基本的政治口号,和为了实现这种口号而提出关于每一发展阶段和每一重大事变中的动员口号"①。根据毛泽东的总结,要想让人民群众明白中国共产党的政治信仰,政治口号是不可缺少的。改革开放以来,我们也提出了一些鲜明的政治口号,比如"时间就是金钱""建设小康社会""两个一百年"等。但随着市场经济的发展,也存在着将口号庸俗化和商业化的倾向,特别是在农村,各种口号五花八门,什么"要致富,先修路。要购物,先百度","不买大解放,老婆不上炕","海尔空调买得对,老婆才能搂着睡"。这种现象一方面说明我们要加强管理,规范商业广告的内容和形式;另一方面也表明我们的政治口号一定要联系实际,能打动人心,充分反映我们的发展方向。

2. 政治典型

榜样的力量是无穷的。每个时期和每个领域都有其政治典型。共产党员的带头作用在当时是十分普遍的。我们在战争时期和新中国成立初期所树立的典型的作用是非常大的,很重要的原因是那时的典型都是实际生活中的平凡人物,有血有肉,群众有一种认同感。"文化大革命"时期受"左"倾思潮的影响,树立的很多典型都是"高大全"的,离群众的实际生活很远,起不到引领的作用。改革开放以来,我们树立的一些典型又相继出现了一些问题。现在的关键是要认真总结经验,对典型示范的一些原则要有清醒的认识。我们的典型,一定是从实际中产生的、真实的,特别要关注平凡的人物,注意从凡人小事中发现闪光的东西。

3. 中心工作

每个时期都有一个中心工作,这个中心工作应该用通俗的语言概括出来。社会主义优越性的重要特征,就是全国一盘棋,而且每个时期都有一个中心工作,其他方面的工作都要服从于这个中心工作。我们的信仰正是通过这个中心工作反映出来的。但发展到今天,有些问题应该引起我们的关注:一是中心工作要有连续性,一环扣一环,不能

---

① 《毛泽东选集》第1卷,人民出版社1991年版,第262页。

前后矛盾;二是对主要的和次要的不能简单化,今天很多事情需要协调推进。在这里,需要对运动式的工作方式进行一些简单的分析。在中国共产党的历史上,通过"搞运动"解决问题,确实是一种重要的工作方式。有学者统计过,1949—1976年间,全国性的运动就有一百多个。① "搞运动"的弊端,首先是会破坏法制化和制度化的建设。比如说,中央1973年开展了"打击破坏知识青年上山下乡运动",一个犯罪分子抢劫了一个普通老百姓,另一个犯罪分子抢劫了一个知识青年,量刑的标准就大不一样。其次是会影响工作的连续性,运动的主题会严重冲击其他多项正常工作。但要明确,我们说尽量不通过运动的方式解决问题,绝不是否定一个时期要有一个"中心工作"的工作方式,因为这样可以使我们的方向更加明确。

4. 爱国主义教育基地

为了加强爱国主义和革命传统的教育,我们建设了很多纪念碑和纪念馆。随着红色旅游项目的开发,很多纪念地的作用越来越大。但也要看到,这方面的问题还是很多的。这些年新建了很多纪念馆和纪念碑,但日常的维护是一个很大的问题,还有内容的准确性和更新。有一些纪念地硬件设施破损严重,软件方面也没有营造一种良好的氛围,起不到宣传的作用。国家应该通过严格的规章制度,对各种纪念地严格审批,保证资金到位,规范管理,定期维护。

5. 政治宣传活动

现在政治宣传活动是丰富多彩的,如感动中国人物的评选、中华诗词大赛、中华成语大赛等等。但是这些活动如何同政治信仰结合起来,而且要结合得很自然,就非常不容易了。现今的政治宣传活动,既要防止抽象的说教,又要避免庸俗的娱乐,最重要的就是从中国文化和西方文化中挖掘人类文明中最基本的符合人性的元素,加以发扬光大。这种宣传,既要有原则性,符合我们政治信仰的基本原则;又要有

---

① 聂治本:《大陆运动知多少》,香港麒麟书业有限公司1998年版。

包容性，有一种世界眼光，体现世界发展的融合趋势；同时还要有娱乐性，能让人们的生活丰富多彩。总之，政治形象通过通俗的形式更好地反映"人民性"，可以加深人们对政治信仰的理解，更好地把握发展的方向。

三、政治民主

政治信仰与政治民主表面上看似乎是相悖，甚至是冲突的：政治信仰是对特定政治意识形态的心理认同，它诉诸个人内心的道德热情；政治民主是在承认人们各自利益诉求的基础上寻求妥协的制度安排，它更多地诉诸政治上的理性和技艺，太多的道德热情，甚至道德绑架反而会在人们发生冲突时减少回旋余地，使民主难以操作化。然而事实上，政治信仰问题既关乎个人的精神关怀和心理认同，也更需要民主的制度环境。

"民主"一词起源于希腊文，由"德谟"和"克拉西"两个词合成。前一个词是"人民"和"地区"的意思，后一个词是"权力"和"统治"的意思。合起来说，"民主"就是指"人民的权力"，或者是"由人民直接地通过分区选出来的代表来治理、统治"。① 古希腊历史学家希罗多德在其《历史》一书中首次使用了这一概念，用来表述希腊城邦的一种政治实践，即城邦事务由公民所参加的公民大会通过直接讨论和投票表决的方式来做出最终决定。可以看出，雅典的民主是一种公民自治的体制：公民大会拥有无上权力；全体公民直接参与立法与司法活动；官员通过直接选举、抽签和轮流等多种方法产生；官员与普通公民一样不享有任何特权等。

在这里，我们从两个层面界定民主：一个是权力来源的民主，一个

---

① 参见郭栋：《西方民主的重新审视与文化视野下的民主发展》，《公共管理评论》2015年第3期。

是权力运用的民主。前者讨论的是政治权力合法性的来源问题,是理念层面的民主;后者强调的是权力的运用是否合法、合理、合情,是实践过程中的民主。

从政治学的角度来看,权力是迫使对方服从的强制性力量,权力的来源有很多种,例如暴力、世袭等。现代政治区别于传统政治的本质特征,就是社会政治生活从权力本位转为权利本位。这一实质性的转变,从根本上改变了权力的合法性来源,民主而非专制,法治而非人治,成为现代政治权威的主要合法性来源。与此相一致,只有沿着民主、法治和善治的道路,政治权威的增强才符合现代政治文明的要求和趋势。从理念上讲,民主的核心理念就是主权在民,它强调权力源自人民、由人民授予、接受人民的监督制约。

不同于理念层面的民主,实践层面的民主是一种制度安排,主要是一种"参与式民主"。美国学者科恩认为:"民主是一种社会管理体制。""民主即民治,就是因为在这种制度下人民,亦即社会成员,参加决定一切有关全社会的政策。"①强调实践层面的民主的学者认为,政治是一种人类实践,要实践政治的真正内涵,就需要社会成员在公共领域中共同讨论、协商公共事务,充分发挥每个公民的主体性,在公共交往中使社会成员成为一个真正的公民。行动是每个公民的参与行为,只有在行动中,才能展现人的本性。进入21世纪之后,一些学者更加强调协商民主,主张建立一种公民协商会议,这一制度的运作方式是从基层自下而上延伸,人人参与讨论,通过开放、自由的讨论,自然地、逐渐地形成意见领袖,再由这些人代表他们进入上一层协商会议组织,表达大家的意见,最终到达最高的协商会议组织。无论是理念中的民主,还是实践中的民主,都强调民主是一种精神,这种精神本身就包含信仰的成分,因此,民主同政治信仰的关系是十分密切的。

---

① 〔美〕科恩:《论民主》,聂崇信、朱秀贤译,商务印书馆2004年版,第9—10页。

(一) 从民主的视角理解政治信仰

信仰首先具备的特质就是无条件的相信,就是先"仰"而后"信",即"在无充分的理智认识足以保证一个命题为真实的情况下,就对它予以接受或者同意的一种心理状态"①。它不同于"感觉",比"感觉"更加"坚定",是一种坚信一个命题显然为真的状态;它也不同于"理智",信仰不是理智对某一声明的认同,而是一种道德上的忠实态度,在一个不可见的整体中涉及理智的认同和不受各种事实曲解的、无限的信赖程度。② 同时,政治信仰是指在特定的政治场域中,个体在对政治系统、政治原则、政治观念的了解和认知的基础上形成的一种深度认同。但必须明确,这种深度认同,是以自愿为前提的,信仰的前提一定是民主。政治信仰具有特定的主客体,它的主体是公民,客体包括政治体系、政治过程、政治原则、政治观点、政治领袖等等,信仰主体一旦认可了政治信仰,那么政治信仰就会内化为人们的政治态度和价值观,影响人们的政治行为。在中国,政治信仰是以体系的形式存在的,宏观上是共同理想和奋斗目标,即中国古代和近现代一以贯之、亘古弥新的对"共同走向富裕和文明"的追求,中观上是由此展开的一系列价值观的组合,而微观上是能够实现这一理想且具有深远影响的"民生理念"。所以,离开民主谈信仰,就失去了信仰的本意。

(二) 从改革开放的角度理解民主和信仰

改革开放前,中国是一个被意识形态信仰整合而成的社会,有一个统一的主导意识形态,并通过诸如单位制度、户籍制度、城乡二元体制以及政治动员等机制保证政治信仰对社会的整合。一元化的政治体制凸显了政治信仰,其宏观层面以共产主义为最高奋斗目标,中观

---

① 《简明不列颠百科全书》第 8 卷,中国大百科全书出版社 1985 年版,第 659 页。
② 吾淳:《中国社会的宗教传统:巫术与伦理的对立和共存》,上海三联书店 2009 年版,第 5 页。

层面表现为阶级价值观,微观层面表现为建设平均分配的社会主义。在改革开放初期,我们面临的是"文化大革命"之后留下的信仰危机。主要表现为:在中观层面,阶级价值观主导,政治标准成为判断是非的最重要乃至唯一标准;而在微观层面,"以阶级斗争为纲"大大影响了民生的发展。中观、微观层面的问题引发了较为严重的信仰危机。改革开放以后,国家迅速扭转了这种局面,果断调整为"以经济建设为中心",改变单一僵化的政治标准,使发展走上了正轨。然而,改革开放实施一段时间以后,受外部思潮及市场经济特点的影响,拜金主义、享乐主义等不良价值倾向开始出现,微观层次的两极分化等问题也日趋严重,出现了新的危机。

随着市场经济不断发展,"物化"的逻辑不可避免地侵入人们之间的社会关系及个体和群体的心性结构,并对人们的价值观念产生深远的影响。这是所有国家在现代化过程中都会面对的问题。无论是韦伯的"诸神争吵",还是贝尔的"经济冲动力"替代了"宗教冲动力","现代化"评判任何事物的唯一价值标准就是"效率"。任何社会的政治、经济过程,其制度与组织及理性的创造等是"好"还是"坏",其终极价值标准在于理智的功利性和效率性,于是"经济冲动力"逐渐占据主导地位,由它所代表的消费享乐的"贪婪攫取欲"越来越成为压倒一切的力量。

在市场经济的世俗化过程中,"以经济建设为中心"成为唯一的政治任务,同时也成为当代的政治正确和全民信仰。"我国近代的历史和当今世界的现实都清楚表明,经济落后就会非常被动,就会受制于人。当前国际竞争的实质是以经济和科技实力为基础的综合国力较量。世界上许多国家特别是我们周边的一些国家和地区都在加快发展。如果我国经济发展慢了,社会主义制度的巩固和国家的长治久安都会遇到极大困难。所以,我国经济能不能加快发展,不仅是重大的经济问题,而且是重大的政治问题。"①

首先,经济发展成为权力合法性的基础。经过几十年的经济发展,政府在很大程度上成为利益主体,这就使人们对政府的信任发生了改变,特别是"随着意识形态首要性的销蚀,许多党政干部开始形成各种各样的思想,包括物质主义、旧左派和新左派、西方自由主义、民族主义甚至宗教信仰。更严重的是党员干部的腐败。以往党政干部的政治忠诚是衡量他们政治业绩的最重要标准,现在金钱已经替代了政治忠诚"②。这些现象都提示了这样一个重大问题:政府同时作为经济利益主体和政治权力主体,是否还能够继续承担意识形态象征主体这一角色?

其次,承认并保障正当劳动所得到的物质利益。同时,在政治上保障劳动者个人的民主权利。在这一时期,"松绑""扩大自主权""党政分开""民主法治""宪法权威"等概念成为核心词和权利的价值导向,权利本位的价值模式也由此自然地确定下来。这意味着,个人权利价值评价和选择的单向性,使个体利益与群体利益、社会利益之间原本保持平衡的天平向着个体倾斜。一方面,极度强调个人的利益、志向和幸福;另一方面,对群体和社会的利益、志向和幸福则存在相当程度甚至完全的忽视。其结果,不仅导致个体利益与群体利益、社会利益的失衡以及相互关系的紊乱,而且扭曲了人性,造成极端个人主义和私利膨胀的腐败现象及各种消极后果。

这个时候,经济越发展,用于追求经济利益的公共权力越是强大,信仰危机日益加剧,甚至可能不可收拾。所以,重建执政党信仰的根本是,权力合法性不能继续建立在经济发展的基础上,人民当家作主的民主政治便成为社会发展的重要议题。

---

① 《江泽民文选》第 1 卷,人民出版社 2006 年版,第 224 页。
② 郑永年:《中国共产党意识形态的当代转型》,http://info.whb.cn/xxld/view/12070,访问日期:2011 年 7 月 15 日。

（三）政治民主对政治信仰的促进作用

"民主是一种社会管理体制"①，这种体制有利于信仰的构建和发展。因为，第一，民主有利于政治信仰的重塑。自古以来，中国的政治信仰大都源自领导者、公权力掌握者或社会治理代表。传统中国，皇帝是天子，官员是神明，百姓跪拜官员如同跪拜神明，官员不仅是公权力的掌握者，而且需要克己复礼，做道德楷模，而人们对领导、官员、统治者的信从，根源于他们人品道德的高尚。天人之际，替天行道，足可为天下典范。然而，在这种文化背景下，当公权力的掌握者腐败，甚至利用手中的公权力求神拜佛，从事各种巫术活动，利用中国传统民间信仰将公权力神化时，其所内含的信仰范式也随之消失，象征权力则同时衰落，导致政治信仰难获社会认同，甚至是神圣性断裂，出现了信仰成为口头禅、信仰不被认同等现象。正因如此，解决公共权力层面的"信仰缺失"或"信仰危机"，应该用人们熟知的"民主法治"方式，让公权力的掌握者了解民主的理念所倡导的公权力来源于民众的同意，公权力的唯一目的即为保障社会的安全以及社会成员的生命权和财产权。当政府行使的权力与此相违背时，人民有权将其收回；要让他们牢记人民才是国家的主人，使他们明白贪污渎职、损害人民利益的罪行必将受到法律制裁，绝无例外。

第二，民主有利于政治信仰的建立和习得。上文提及的信仰危机一方面是信仰本身未能适应历史条件的变化而导致的，另一方面是由于忽视了信仰主体的变迁及信仰传播方式的转换。政治信仰的建立、形成和传播过程实质上就是政治社会化的过程，政治社会化是社会成员在政治实践活动中逐步获取政治知识和能力，形成政治意识和政治立场的过程。② 如西方思想家卢梭所言，一个称职的公民应该遵守公意，将个人利益等同于公共利益，这并非自发形成的，而必须借助国

---

① 〔美〕科恩：《论民主》，聂崇信、朱秀贤译，商务印书馆2004年版，第9页。
② 杨光斌主编：《政治学导论》，中国人民大学出版社2000年版。

第十五章 中国共产党政治信仰体系实现的途径——支撑条件的完善

家和社会的力量才能实现。我们通常所熟知的方式就是公民教育。在古希腊,亚里士多德曾提出,由城邦控制教育安排,通过毫无偏见的课程(liberal curriculum)培养出良善的人,这是形塑好公民的必然路径。卢梭在此基础上提出了发展私人教育的观念,父母为子女引入适当的公民观念,然后国家进行接管,使学生学会适应规则、有爱,并学会如何生活在其他公民的见解之中,如何与他人相处,如何获得公众的认可。① 政治信仰毕竟是一种关于国家与公民的价值同构,作为一种嵌入公民身份与公共生活的生成性信仰,它的形成需要意识形态的引导和政治社会化的途径,但不可否认的是,个体对政治教化有本能的排斥心理,这样,形成公民美德就需要一定程度的"自发秩序",需要借助民主的机制来培育。

民主在制度设计上不是以信念作导向,而是以工具理性为导向,以技术化思维为特点。民主的程序性安排会让更多的阶层、集团和组织代表进入制度制定的过程中,让各自的代表发出自己的声音,加强他们对于国家本身的认同。我们知道,即使对政治信仰深信不疑的人,在价值观上也是有差异的,当缺乏弥合差异的程序安排的时候,这种差异就可能扩大为政治裂痕,造成政治对抗。当人们都愿意将这些差异付诸程序协调的时候,政治对抗的可能性就会降低,寻求一致性的政治努力就会占据公共舆论的上风。而政治信仰本身就有公共性,它具有将个人整合到集体中的力量。现代社会的公共信仰建构是以信仰观念的多元化为前提的,需要正视信仰的多元化和差异性,尊重每个人在思想领域的自由。那么如何在这个基础上,让每个公民在公共价值上让步,遵循公共理性呢?这就需要民主的机制,协调公共信仰和私人信仰之间的关系。故而,相较于专制而言,民主可以改变政治信仰的宣传方式,改变灌输的方式,让人们在参与的过程中对政治信仰有更全面的讨论和理解,起到政治社会化的作用。

此外,在参与的过程中,民主可以强化社会成员的公民主体意识,合

---

① 〔法〕卢梭:《社会契约论》,何兆武译,商务印书馆2010年版。

法、有序的政治参与可以让社会成员意识到自己不是信仰传递的客体,而是主体。这适应社会成员参与政治生活的情感需要,可以强化他们作为国家主人翁的政治责任感与义务感,促进他们对政治信仰的认同。

总之,政治民主既涉及政治信仰的主体性问题,也涉及政治信仰的实现途径问题。我国的这种政治民主鲜明地体现了"人民性"。但是要想真正实现"人民性",有一系列的中间环节要完善,包括权力合法性的问题、公民参与政治生活的制度安排问题、对权力的监督问题等等。通过制度保障真正地实现政治民主,政治信仰实现的途径才能建立起来。

四、政治动员

(一) 概念分析

"动员"的概念产生于军事领域,指的是集合、装备及准备出师作战。日俄战争后,日本的儿玉源太郎将其意译为"动员",中国学者因而袭之。[①] 动员的基本含义是"发动人参加某项活动"[②]。学界将"动员"的概念进一步引申,认为"动员"是"指个人或组织为了实现一个目标,通过种种方式和手段,促使人们参与一项活动,以对其提供广泛的支持"。政治动员基本就是在这个意义上使用的。

国内外学者从各个角度对"政治动员"的概念做了一些界定。从过程上来看,相对于政治参与自下而上的行动路径而言,政治动员的行动路径是自上而下的。因此,美国学者詹姆斯·汤森和布兰特利·沃马克认为政治动员乃是"统治精英获取资源尤其是人力资源为政权服务的过程"[③]。丹尼斯·朗则强调政治动员的目的,认为

---

① 蒋方震编译:《新兵制与新兵法》,商务印书馆 1937 年版,第 53 页。
② 《现代汉语词典(第 7 版)》,商务印书馆 2016 年版,第 314 页。
③ 〔美〕詹姆斯·汤森、布兰特利·沃马克:《中国政治》,顾速、董方译,江苏人民出版社 1996 年版,第 102 页。

"政治动员是为追求影响、控制或进入政府等集体目标而形成人群、集团、社团和组织的过程"①。在中国,主要有如下几种观点。一种观点同丹尼斯·朗的类似,强调目的,认为"政治动员,简单讲就是执政党或政府利用拥有的政治资源,动员社会力量实现经济、政治和社会发展目标的政治运动"②。有的学者则强调动员客体心态的自愿性与主动性,认为"政治动员是政治领导主体以自身的价值、信仰去诱导和说服政治领导客体,赢得被领导者的认同和支持,取得被领导者的自愿服从和主动配合,以实现政治决策规定的目标和任务"③。笔者从动员主体、动员客体、动员目标、动员手段四个基本要素出发,为"政治动员"做了如下定义:"政治动员是指一定的政治主体,如政党、国家或其他政治集团,通过通俗化、生动化的形式、方法、途径自上而下地激起本阶级、集团及其社会成员的积极性和创造性,引导他们自下而上地参与政治活动,以实现特定政治目标的行为和过程;它是政治主体实现特定政治目标的工具;它的实质在于发挥人的精神的作用,发挥人的主观能动性。"④

通过以上界定,可以看出政治动员是政治生活中一个极为重要的治理方式,它涵盖了政治权力、政治心理及政治发展等多方面的政治学理论。我们可以将其定义为:一定的政治主体(执政党、政府或政治集团)利用拥有的政治资源,对(部分)公众采取诱导、说服等手段,从而实现其特定目的的行为与过程。

(二) 政治动员的手段及其对政治信仰的作用

作为建立政治信仰的重要工具,政治动员通过高强度、集中化的

---

① 〔美〕丹尼斯·朗:《权力论》,陆震纶、郑明哲译,中国社会科学出版社2001年版,第176页。
② 林尚立:《当代中国政治形态研究》,天津人民出版社2000年版,第271页。
③ 施雪华主编:《政治科学原理》,中山大学出版社2001年版,第740页。
④ 关海庭主编:《20世纪中国政治发展史论》,北京大学出版社2002年版,第251—252页。

教育、宣传、灌输,引导人们接受和认同动员主体的权威,促使人们在政治思想、心理、价值取向层面发生转变。中国共产党在成立之初就把政治动员作为一项重点工作常抓不懈,并形成了一套较为成熟的动员手段与方式,从而在某一群体内乃至整个社会建立起马克思主义的政治信仰。

1. 组织团体

中国共产党建立了一种金字塔式的从中央到地方各级和基层的组织体系。尤其在中华人民共和国成立后,以党组织为核心和纽带,党的中央机构对下级机构、各级国家机构、一切社会组织团体及其活动实行集中、统一、全面的领导,形成了一种更为严密完善的组织体系。

在这一体系中,各级党委掌握着重大决策权等核心权力,并通过在本级的政府、人大、政协等建立党组,实现了对所在层级政权机构的绝对领导。中共的组织领导体制决定了其强大的政治动员能力。这种组织结构有利于将中央和上级党组织的政治动员的方针、政策迅速传达,有利于迅速调动各种资源实现政治动员的目标。中央对下级党组织和广大党员群众通过召开会议、下发决议、文件传达等形式进行动员。从中央到省、自治区、直辖市,到市地州盟,到区县,到乡镇街道,再到村(居)委会,动员的幅度逐级变窄,政治权力逐步缩小,但是动员的深度和广度却逐级扩大,动员的效果亦越发明显。尤其基层党组织,虽然处于组织结构的底端,却在政治动员中起着战斗堡垒的作用。基层党组织以群众工作为基本活动,深入群众之中,是政治动员的宣传者、组织者和具体活动的领导者,它使每一个社会成员与中共发生联系,拥有大规模动员群众的力量。

另一方面,中国共产党所领导的工农妇团等基层政治团体,同样是党进行政治动员的主要推动力量。其中,工会、农会在宣传和发动广大劳动群众进行革命斗争的过程中起到了决定性的作用。党在一大后,为了统一领导工人运动,在上海成立了中国劳动组合书记部。

一方面在工人中进行马列主义的宣传教育,提高工人阶级的觉悟;另一方面组织工会,领导工人进行罢工斗争。抗日战争时期,随着抗日根据地的创建,中国共产党组织建立了各级工会、农会、抗敌协会、救国会、民兵锄奸会、战地动员会、互助组、合作社、妇救会、儿童团等工、农、青、妇抗日救亡团体,吸收先进分子加入这些团体,将社会各阶层群众团结在这些组织的周围,从而团结在党的领导下。党进行了广泛的社会动员,实行了全面抗战的路线。在党的领导下,这些群众团体相互配合和连接,使群众革命动员工作得以系统有序地开展。

党的基层组织以及党在工人、农民、青年学生、妇女等社会各界中建立的基层政治团体是党的工作触角。党就是通过这些触角深入社会各界群众中间,尤其是工农群众中间,点燃了革命的星星之火,播撒了信仰的种子。

2. 教育灌输

教育作为一种政治动员手段,主要是指灌输性质的思想政治教育。马克思主义信仰在传播的过程中,一直将教育灌输作为重要依托。1902 年,列宁在《怎么办?》中明确提出了"阶级政治意识只能从外面灌输给工人"的观点,认为"社会民主党人不但不能局限于经济斗争,而且不能容许把组织经济方面的揭露当作他们的主要活动。我们应当积极地对工人阶级进行政治教育,发展工人阶级的政治意识"①。在革命胜利后,列宁依然注重利用教育来改造群众思想、改变社会风气,从而建立起马克思主义信仰。他认为,"学校不仅应当传播一般共产主义原则,而且应当对劳动群众中的半无产者和非无产者阶层传播无产阶级在思想、组织、教育等方面的影响,以培养能够最终实现共产主义的一代人"②。"教育工作者和共产党这个斗争的先锋队的基本任务,就是帮助培养和教育劳动群众,使他们克服旧制度遗留下来的

---

① 《列宁选集》第 1 卷,人民出版社 1995 年版,第 363、342 页。
② 《列宁全集》第 36 卷,人民出版社 1985 年版,第 87 页。

旧习惯、旧风气,那些在群众中根深蒂固的私有者的习惯和风气。"①

中国曾经是一个经济、文化落后的国家,群众的受教育比例非常低,存在数量庞大的文盲和半文盲,各种落后蒙昧思想有待清除。在这种情况下,要实现思想观念和社会风气的转变,就需要对广大人民群众进行思想政治教育和灌输。毛泽东曾明确指出:"掌握思想教育,是团结全党进行伟大政治斗争的中心环节。如果这个任务不解决,党的一切政治任务是不能完成的。"②中国共产党自成立初期,就把通过思想教育工作宣传马克思主义信仰作为一项主要任务。许多党员深入到工人队伍当中,与工人打成一片,建立工人图书馆,创办工人夜校,并根据工人的特点开讲演会、创建学习俱乐部等,对工人进行马克思主义教育,促使工人阶级在政治上觉悟。随后,中国共产党又把思想政治教育工作拓展到广大农村地区,先后在农村开办了农民夜校、农民运动讲习所,宣传马克思主义,唤醒农民的阶级意识,组织他们参加反剥削、反压迫的斗争,培养领导农村革命的人才。正是靠着这种灌输式的政治动员,中国共产党引导社会各阶级群体学会运用马克思主义的基本理论及其立场、观点和方法来反抗阶级压迫,开展阶级斗争,广泛宣传了马克思主义信仰,培养了一支声势浩大的革命队伍。

改革开放以来,为了抵制资本主义腐朽思想的侵蚀、肃清落后僵化的思想、保证社会主义建设的顺利进行,思想政治教育这一动员手段被沿用。邓小平指出:巩固和发展安定团结的政治局面,"需要向广大人民群众做好思想政治工作,动员和组织他们自觉地、积极地行动起来,同各种破坏安定团结的势力进行有效的斗争。……必要的法律设施,加上全党的思想政治工作、报刊宣传和学校教育的配合,就可以形成全党全军全民的共同行动准则"③。可见邓小平对思想政治教育十分重视,将其作为动员和组织群众的宝贵武器,并指出了其与法制

---

① 《列宁全集》第 39 卷,人民出版社 1986 年版,第 401 页。
② 《毛泽东选集》第 3 卷,人民出版社 1991 年版,第 1094 页。
③ 《邓小平文选》第 2 卷,人民出版社 1993 年版,第 371 页。

建设相辅相成的特性。随着教育水平的提高和现代政治的发展,新时期的思想政治教育在总结新中国成立初期的一些经验教训的基础上进行了一些调整,改变了僵化的自上而下的灌输形式,更强调理性,允许讨论,越来越注重教育方式和效果。邓小平明确指出,"不要搞什么反封建主义的政治运动和宣传运动,不要对什么人搞过去那种政治批判",只有"用透彻说理、从容讨论的办法,去解决群众性的思想教育问题",才能真正成功地推进改革。① 1978 年,邓小平发起的"真理标准问题大讨论"就是这样一种注重理性、允许讨论的思想政治教育,也是一场典型的政治动员,改变了"文化大革命"之后混乱的政治信仰体系,为十一届三中全会做了思想上和政治上的准备。

3. 舆论宣传

舆论是一种无形的力量,具有传播速度快、渗透力强、影响广泛的特点。做好舆论宣传工作能够发挥舆论的导向作用,从而达到统一思想的目的。舆论战线上的斗争并不亚于战场上的交锋,因此中国共产党将舆论宣传形象地称为"笔杆子",与"枪杆子"并列。

中国共产党进行政治舆论宣传的基本方式,就是运用群众喜闻乐见、易于接受的形式进行广泛的、多样化的普及宣传。具体方式有:运用标语、口号、传单、壁报、画报、歌谣等形式进行鼓动性宣传;利用报纸、杂志及其他出版物和影视、广播等媒体来引导舆论;通过文艺演出、动员大会、群众俱乐部等生动活泼的文艺工作形式来扩大宣传范围。如 20 世纪初至俄国十月革命,中国旅欧、旅日留学生通过创办刊物、翻译著作、撰写文章等方式介绍马克思主义,对全社会进行了广泛的舆论宣传和深入的思想启蒙,为马克思主义信仰在中国的传播作出了重要贡献。又如抗战时期,各根据地诞生了许多文艺组织与团体,在中国共产党的领导下,他们以戏剧、歌咏、街头诗、快板等文艺形式,宣传抗战,宣传救亡,宣传马克思主义。这些特色鲜明的文艺动员,树

---

① 《邓小平文选》第 2 卷,人民出版社 1993 年版,第 336 页。

立了共产党一心一意为人民的光辉形象,激发了广大民众的抗战积极性和主动性,改变了封建落后的旧思想,为抗日民主政权的巩固和抗日战争的胜利奠定了坚实的社会基础。再如"严打"时期,加强舆论导向、形成强大的舆论声势是每次"严打"的重要环节。宣传工作在中宣部和中央政法委的统一部署下协调进行,各新闻媒体单位密切配合,形成强大的宣传攻势。在"严打"期间,有关部门经常组织宣传车宣讲"严打"的价值意义、主要做法和打击成果等。通过宣传,人们对国家权力的感知与认识空前加强。

为了取得更好的政治动员效果,这几类手段常常是一起使用的,打出一套舆论宣传的"组合拳"。如川陕苏区建立以后,为了迅速把握住舆论导向,或新办机关刊物,或将之前的一些报纸杂志重新进行改组。如出版中共川陕省委机关报《共产党》,将川陕省苏维埃机关报《川北穷人》改为《苏维埃》,将西北军区政治部机关报《战场日报》改为《红军》,并出版《干部必读》《少年先锋》等刊物。这些报纸杂志在教育组织群众、支援红军战争、巩固和建设根据地中起了重要的作用。① 通过报纸杂志等的宣传,老百姓不仅知道了红军是自己的军队,还了解了红军的胜利战况,积极支持支援红军。同时,川陕苏区也使用了很多易懂易记的标语口号来宣传革命理念,如"共产党分田地给穷人""共产党是为穷人谋解放、谋衣穿、谋饭吃,使穷人有土地、有政权的政党!""共产党是给穷人找饭吃的政党"等等。② 这些通俗易懂、朗朗上口的口号使得党的方针政策深入人心。毛泽东就曾说过:"打倒帝国主义,打倒军阀,打倒贪官污吏,打倒土豪劣绅,这几个政治口号,真是不翼而飞,飞到无数乡村的青年壮年老头子小孩子妇女们的面前,一直钻进他们的脑子里去,又从他们的脑子里流到了他们的嘴上。"③ 多重宣传手段的组合运用增强了政治动员的效果,塑造了有利

---

① 温贤美:《川陕革命根据地》,四川人民出版社 1985 年版,第 35 页。
② 四川省博物馆编:《川陕革命根据地石刻标语选编》,1979 年,第 4 页。
③ 《毛泽东选集》第 1 卷,人民出版社 1991 年版,第 34 页。

的政治氛围,深化了政治信仰的宣传。

4. 典型引路

典型引路是中国共产党的一个重要领导方法和政策执行方法。典型既可以是人物,也可以是事件。发现和树立先进典型,充分发挥他们的示范、激励、引导作用,是行之有效的动员方法。毛泽东指出:共产党人"应当注意收集和传播经过选择的典型性的经验,使自己领导的群众运动按照正确的路线向前发展"①。利用典型示范对中国共产党的思想、方针、政策和路线进行鲜活生动的解释和宣传,能够达到良好的政治动员效果。

一般来说,通过典型引路进行的政治动员,有以下两个步骤:第一个是调查、选择、试验、总结、树样板,从个案中总结"一般经验",并使之上升到理论和政策的高度;第二个则是运用行政或法律手段将这一典型推向全国,号召人们学习,努力向先进典型看齐。

在中国共产党的发展史上,每个时期,每个领域,都有先进典型在起引导作用。在典型人物方面,黄继光、董存瑞、雷锋等一系列英烈、模范的名字至今耳熟能详;2007年以来,为弘扬社会主义荣辱观、加强公民道德建设、提高全民族文明素质,中国共产党每两年评选一届全国道德模范,推出了一批传承中华美德、体现时代精神的先进典型,引起了热烈的社会反响。在典型事件方面,不管是中华人民共和国成立前的土地改革运动、成立后的社会主义改造和建设,还是改革开放以来家庭联产承包责任制的推行、国有企业改革、社会主义新农村建设等等,都通过发现和塑造典型来引路。如在土改运动中,毛泽东指出:"不要全面动手,而应选择强的干部在若干地点先做,取得经验,逐步推广,波浪式地向前发展。"②在20世纪60年代,中国工农业同时树起了两面大旗——大庆和大寨。从此,"工业学大庆""农业学大寨"的口号响彻大江南北,大庆精神和大寨精神深刻影响了整个社会的精神

---

① 《毛泽东文集》第5卷,人民出版社1996年版,第80页。
② 《毛泽东选集》第4卷,人民出版社1991年版,第1284页。

风貌。再如,改革开放时期经济特区的成功试点,刺激其他地区的人们领悟到封闭是没有出路的,"必须解放思想,对外开放"这种观念为越来越多的人所接受。正如邓小平所指出的,在走向共同富裕的过程中,"一部分人生活先好起来,就必然产生极大的示范力量"①。因此,要"集中力量,创造典型,积累经验,然后普及"②。

典型引路之所以能收到良好的动员效果,主要有以下两个方面的原因。一方面,先进典型产生于群众之中,又超出了一般水平,反映了进步的方向,因而对群众有着直接、现实、形象的说服力和吸引力。在群众从不觉悟到觉悟的过渡时期,典型可以起到示范、带头、桥梁作用,而且在将信将疑的群众中能够起到树立信心和鼓舞勇气的效果。另一方面,典型能够产生压力效应。先进典型是人或事物的最佳状态和最优表现,它聚集了几乎所有的优势和资源,因而"落后"的群体常常承受被批评和淘汰的压力,这种压力迫使他们尽可能努力赶上先进典型的步伐。总的来说,典型引路有利于消除政治动员客体的疑惑与顾虑,缩短认同的心理距离,调动其积极性,提高政治参与度,从而达到引领社会风尚、统一政治思想、巩固政治信仰的效果。

5. 利益诱导

政治动员的价值取向作用于资源与利益的整合和分配,从而影响群众的参与度、积极性,最终直接影响政治动员的效果。因而在政治动员的过程中,必须保证人民利益的实现。在这种价值取向之下,利益诱导作为一种通过合理分配和提升利益来实现动员目的的政治动员方式,其重要性日益凸显。

在改革开放前,政治动员强调的往往是国家利益和集体利益。个人在政治动员和政治运动中的表现以及贡献决定了他可以获得什么样的物质利益和政治上的荣誉,个人的价值以政治目标为取向,体现在国家利益和集体利益之中。对政治目标和国家、集体利益的过分强

---

① 《邓小平文选》第 2 卷,人民出版社 1994 年版,第 152 页。
② 《邓小平文选》第 1 卷,人民出版社 1994 年版,第 183 页。

调导致人民群众在动员中处于绝对被动的地位,积极性与理性都在逐渐下降。如此一来,为了调动群众的政治热情,党和政府又进一步发动更为激进的政治动员,从而导致一种恶性循环。因此,随着改革开放的推进,市场经济体制确立,经济建设的脚步加快,以人为本的理念被贯彻,政治动员在具体实践过程中开始遵循市场规律,讲求利益诱导,充分考虑人民群众的感受,在强调政治目标的同时,将广大人民群众的根本利益放在首要位置,从而激发了群众的创造性与积极性。邓小平指出:"革命是在物质利益的基础上产生的,如果只讲牺牲精神,不讲物质利益,那就是唯心论。"①因此,新时期的政治动员是在强调公众利益的基础上,将人民群众的物质利益、经济利益放在第一位,从而重建了合理健康的社会价值体系和政治信仰体系。

1992年的南方谈话就是一次成功的以人民利益为取向的动员。邓小平在动员人们解放思想的同时,更从以人为本的角度动员人们积极参与改革开放。他提出了"是否有利于发展社会主义社会的生产力""是否有利于增强社会主义国家的综合国力""是否有利于提高人民的生活水平"②这三个判断标准,并且对社会主义的本质做出了新的理论提升和概括,认为社会主义的本质就是"解放生产力,发展生产力,消灭剥削,消除两极分化,最终达到共同富裕"③。这些论断都将人民的物质利益作为基本的价值取向,这种以人为本的政治动员契合了广大人民的诉求,同时也赋予了社会主义新的内涵,因而群众在思想认识上的疑虑被消除,积极性被大大调动起来,马克思主义信仰得到巩固,党和政府也获得了更多的信任与支持。

大多数组织都以提升其会员的利益为宗旨,而公共产品具有非排他性,因此一个理性的人会选择不付出而坐享他人的贡献,这便构成集体行动的"搭便车"问题。集团规模越大,搭便车问题越严重,当搭

---

① 《邓小平文选》第2卷,人民出版社1994年版,第146页。
② 《邓小平文选》第3卷,人民出版社1993年版,第372页。
③ 同上书,第373页。

便车的人达到一定的比例时,集体行动将陷入困境。这就是大规模的群众动员陷入困境的重要原因。美国学者奥尔森提出了解决搭便车问题的方法,即"选择性的激励"。他认为,大的集团人数较多仅仅意味着它具有潜在的集体行动的力量或能力,"但这一潜在的力量只有通过'选择性激励'才能实现或'被动员起来'"①。这就是利益诱导能够有效刺激政治动员、重塑社会信仰体系的原因所在。

(三) 政治动员需要不断发展

政治动员作为政治发展的助推器,深刻影响人们的价值观念、思维方式、理想信念的形成,是一种构建人们的马克思主义信仰的重要政治实践。当下的中国仍处于向现代社会转型的过渡期,其政治发展进程与全社会信仰体系的建构、重塑、转变密不可分,实现全社会政治信仰体系的有效重构和平稳更替显得尤为重要。在这种转型之下,政治动员也发生了巨大的变化,其方式更加温和,在内容、范围和手段上有所调整。早期的政治动员手段具有高度的强制性,强调阶级性和主观能动性,这种动员方式使社会能集中有限的力量来实现既定的目标,在短时间内大规模动员广大群众和社会资源,但随着现代政治的进步,其弊端和破坏性日益显现。这种模式程度不同地影响了整个制度的权威和正常运作,影响了社会价值体系和信仰体系。正因为如此,改革开放以后,中国政治动员的强制性不断减弱,大规模群众运动大大减少。中国共产党开始更多地以非强制性的、理性的引导方式来进行动员,注重利益诱导的同时,加强民主政治建设和思想政治教育,既激发民众的参与热情,又从制度上予以保证,促进了政治动员的高效性、有序性。中国共产党将人民群众的主体性和实践性有机地结合起来,从而在全社会逐步重塑了一种稳固健康的政治信仰体系。

---

① 〔美〕曼瑟尔·奥尔森:《集体行动的逻辑》,陈郁等译,上海人民出版社1995年版,第41—42页。

五、政治组织

政治组织是政治信仰的最基本的载体,是实现政治信仰之"人民性"的保障,在实现政治信仰的过程中有着特殊的作用。恩格斯在著名的《在马克思墓前的讲话》中曾经有过这样一段精辟的分析:"正像达尔文发现有机界的发展规律一样,马克思发现了人类历史的发展规律,即历来为繁芜丛杂的意识形态所掩盖着的一个简单事实,人们首先必须吃、喝、住、穿,然后才能从事政治、科学、艺术、宗教等等。""从而一个民族或一个时代的一定的经济发展阶段,便构成基础,人们的国家设施、法的观点、艺术以至宗教观念,就是从这个基础上发展起来的。"[①]因此,政治信仰作为一种意识形态,也必须建立在一定的经济基础之上,这既体现为政治信仰的理论本身符合一定社会发展阶段的特定需求,也体现为政治信仰在传播过程中能够汲取足够的资源以发展壮大自身。如果这两个条件不能同时满足,那么政治信仰或者由于脱离实际而走向消亡,或者由于传播受限而得不到发展壮大,最终都难逃偃旗息鼓的命运。我国当代有关政治信仰的研究大都从第一个维度切入,关注政治信仰的体系、理论、特点、作用乃至其历史流变,但对于政治信仰汲取资源而发展壮大的过程则关注不足。政治组织在第二个过程中实际扮演了关键角色,这就是我们要讨论的核心问题。

从概念上来讲,政治组织、宗教组织、宗族组织等等,都是社会组织的一种,是"具有一定规模的社会群体,即执行特定社会职能、完成特定社会目标、构成一个独立单位的社会群体"[②]。政治组织则是一定社会成员为了达成某种政治目的而组成的具有严密组织结构的政治团体,高级政治组织主要指政党组织和国家政权,一般政治组织包

---

① 《马克思恩格斯选集》第3卷,人民出版社2012年版,第1002页。
② 孙国华主编:《中华法学大辞典·法理学卷》,中国检察出版社1997年版,第395页。

括政治行动委员会、相关协会等,但无论是哪种政治组织,总是以一定的政治观点为指导,以追求、分配和运用社会权力和获得利益为基本目标。如果这种政治观点具有较强的理论性、系统性,并且组织成员以其作为信仰,它就成为政治信仰。而政治组织,则通过追求、分配和运用社会权力,不断巩固扩大政治信仰的现实基础,促进政治信仰在更大范围传播。在大多数情况下,都是由最初支持某一政治观点的人结成政治组织,以组织力量推动政治信仰的传播扩散,同时,政治组织也在发展壮大的过程中不断对政治信仰进行再塑造,这是政治组织与政治信仰的基本关系。

(一)社会组织的基础性作用

对于政治信仰的传播扩散,政治组织发挥了极为重要的基础性作用,类似于宗教组织与宗族组织。宗教组织与宗族组织的作用在西方宗教和中国文化的发展历史上都得到了很好的印证。

1. 基督教组织在基督教传播扩散过程中的重要作用

基督教的历史是考察宗教组织在宗教信仰传播过程中的重要作用的绝佳案例。从基督教的起源来看,在基督教早期发展历程中,基督教在罗马并未取得压倒性优势,由于罗马基本保持宗教宽容态度,在罗马境内存在诸多宗教信仰,此外还有斯多葛派、毕达哥拉斯派、伊壁鸠鲁派、逍遥派等众多哲学派别与其竞争。如果单纯用基督教义对于统治阶级维护统治具有重要意义来解释基督教的发展,解释力并不强,因为基督教义所宣扬的彼岸世界、忍耐、爱自己的仇敌等统治阶级可利用的意识形态因素,实际上在其他宗教或哲学流派中也存在,并非基督教独有。如斯多葛派的"世界公民"、爱他人甚至爱敌人、追求德行生活等主张,柏拉图及新柏拉图主义者的理念世界等,都与基督教思想有颇多类似之处。① 反思这段时期的历史,基督教不仅没有取

---

① 参见刘林海:《早期基督教的命运》,《河北学刊》2008年第2期。

第十五章　中国共产党政治信仰体系实现的途径——支撑条件的完善

得压倒性优势,甚至经常处于激烈的斗争当中。在基督教义中仅次于《圣经》地位的重要经典、"信经中的信经"——《使徒信经》,其很重要的一部分内容就是用来回应基督教内的"异端"马吉安派①和另一哲学派别诺斯底派。② 很难想象,如果不是受到强有力的挑战,使徒们会专门列出十二信条来回应异端。事实上,马吉安派甚至被《天主教百科全书》称为"基督教有史以来最危险的敌人",即使是《圣经》所载的基督教最重要的神学家使徒保罗在传教过程中也多次与各种哲学派别展开论战。不仅如此,基督教还受到德西乌斯、瓦勒里安和戴克里先等罗马统治者的迫害,多次面临严重挫折。直到公元392年,狄奥多西一世下令取缔其他宗教信仰,基督教才在罗马境内取得最终胜利。那么,是什么让早期基督教从古罗马境内众多带有宗教色彩的意识形态中脱颖而出,最终成为古罗马国教的呢?核心就在于宗教组织。

众所周知,哲学流派在古罗马非常盛行,而且本身多由贵族甚至是皇帝推动,本来占据着相当大的优势。但是,由于在发展过程中其思辨色彩越来越浓厚,缺乏有组织的推广,也就日益局限于知识阶层,脱离了最广大的群众,抑制了自身的发展。早期基督教由于内部教派众多、各行其是,也极大限制了自身发展,"加强组织、统一组织,对于发展中的基督教,已经成为迫切的要求"③。在外部的不断打压和内部的持续斗争中,基督教逐渐由多元分散的传教模式形成统一的教会组织。到公元3世纪左右,已经形成以罗马教会为核心的大公教会,并且建立了覆盖全国的具有独立经济基础的严密组织结构。罗马教会力量如何呢?早在公元3世纪初,"罗马教会就有专职神职官吏一

---

① 马吉安,早期基督教神学家,《新约》的第一位编辑者,提出"善恶二元论"的神论与基督论,被视为异端开除教籍,自立派别为马吉安派,详见《天主教百科全书》。
② "诺斯底"一词在希腊语中意为"知识",这一派别将通过个人经历获得的知识或意识称为"灵知"(或"真知")。诺斯底主义者相信,"灵知"可使他们脱离无知及现世。
③ 陈钦庄、孔陈焱、陈飞雁:《基督教简史》,人民出版社2008年版,第83页。

百五十人","供养一千五百名鳏寡和穷人"。① 这样,在教会的统一领导下,基督教不仅拥有一支专业化的传教队伍,而且可以调动大量资源济贫扶弱、救死扶伤,充分发挥其社会职能,由此基督教的社会基础不断扩大,在其竞争对手式微之时取得长足发展。随着古罗马帝国的衰败,统治者不得不更多借助基督教的力量,最终将基督教确立为国教,使其取得压倒性优势,罗马教会也奠定了其至高无上的地位。英国史学家吉本在分析基督教蓬勃发展的原因时就指出,"基督教世界的内部团结和纪律"②是重要原因,基督教会发挥了最为关键的作用。

2. 宗族组织在儒家文化传承中的重要作用

梁漱溟先生在对比中西文化时曾有一个经典的论断:"宗教问题实为中西文化的分水岭。"③英国著名哲学家罗素也认为,"以孔子之伦理为标准而无宗教"④是中国文化的重要特点。但是,宗教需求是人类的基本需求,中国虽无宗教,却实际由儒家文化起到了宗教的作用,而宗族组织则发挥了宗教组织的作用。

何谓宗族?《白虎通》说:"宗者,何谓也? 宗者,尊也。为先祖主者,宗人之所尊也。"⑤"族者,何也? 族者,凑也,聚也。谓恩爱相流凑也。上凑高祖,下至玄孙,一家有吉,百家聚之,合而为亲,生相亲爱,死相哀痛,有会聚之道,故谓之族。"⑥因此,"宗"代表的是祖先崇拜,"族"代表的是共同生活,宗族,即为"由父系血缘关系的各个家庭,在祖先崇拜及宗法观念的规范下组成的社会群体"。⑦ 这个定义,基本适用于从先秦到清代的各个时期,只不过具体的"宗法"随时代不同而

---

① 刘林海:《早期基督教的命运》,《河北学刊》2008 年第 2 期。
② 〔英〕爱德华·吉本:《罗马帝国衰亡史》上册,黄宜思、黄雨石译,商务印书馆 1997 年版,第 273 页。
③ 梁漱溟:《中国文化的命运》,中信出版社 2010 年版,第 102 页。
④ 参见同上书,第 27 页。
⑤ 陈立撰:《白虎通疏证》,中华书局 1994 年版,第 393 页。
⑥ 同上书,第 397—398 页。
⑦ 冯尔康等:《中国宗族史》,上海人民出版社 2009 年版,第 17 页。

变迁。近现代以后,随着经济和文化的急剧变化,宗族内涵也发生了很大变化,逐渐成为具有相同姓氏的人的共同群体,出现了宗族组织如宗亲会、姓氏会等。

对于宗族而言,除了拥有父系血缘关系、有共同的生活区域外,实际上还发挥着一项重要职能,即拥有一套"会聚之道",用宗法制度以规范和管理宗族生活。宗族制度包括"政府关于宗族的政策、法令和宗族内部形成的规范"①。宗法制度在不同年代有较大的区别,从商至春秋时代,宗族主要是贵族宗族,宗族制度主要包括宗法等级制、婚姻制度、姓氏制度、宗庙祭祀制度和墓葬制度等,涵盖了宗人从生至死的全过程。到了战国时期,随着分封制的瓦解,传统宗族逐渐式微,除贵族宗族外,仕宦宗族、平民宗族逐渐产生。秦汉时期,宗法制度开始下移,庶民阶层开始祭祀、修谱,宗族内的经济互助活动也逐渐展开,世家大族逐渐向士族转化。魏晋南北朝时期则是士族宗族的鼎盛时期,随着九品中正制的推行,士族逐渐垄断了仕宦权力,在士族内部,房分制度改变了以血缘亲疏论尊卑的情况,各房地位受仕宦情况影响很大,为确保和加强门第关系,谱牒官修、门第通婚等垄断性的士族宗族文化开始流行。隋唐时期,进士制度代替九品中正制,打破了士族垄断仕宦的特权,士族宗族走向败落。宋元时期,经过长期战乱,传统宗族已经没落,从维护宗族制度的角度出发,张载、朱熹等提出了重振宗族的主张,宗族制度出现新特点,主要包括建立祠堂,设立族田、族学,开展族谱修纂与收族,推行族长制,制定族规家训。到了明清时期,祠堂制、族长制进一步强化。可以说,宗族是随着中国古代经济文化的变迁而不断发展的,但始终有一条清晰可循的脉络,即以封建伦理道德为核心,将有血缘关系的人紧密联系在一起。例如,祖先崇拜与宗族祭祀制度,为人们提供了共同的精神依傍;族田、义学等制度充分发挥了济贫扶弱的功能;谱牒制度进一步明确了宗族内成员的血缘关系;族长制、族约家训制度则发挥了社会规范与制约的功能。如果

---

① 冯尔康等:《中国宗族史》,上海人民出版社2009年版,第17页。

说儒家文化在上依靠统治阶层的大力推广,那么在下则依靠宗族制度来落到实处。宗族之于儒家文化,恰如教会之于基督教,前者是后者的重要推广者与维护者。

从古今中外的信仰实践来看,一套理论体系如要发挥大的作用,不仅理论本身要完备,同时需要一套完善的组织体系予以推行并规范人们的社会生活。基督教会如此,宗族组织亦然。

(二) 政治组织在中国特定环境下的特殊作用

政治组织对于政治信仰,除了要发挥宗教组织在宗教发展过程中、宗族组织在文化发展过程中的一般作用外,在中国语境下还承担着特殊任务,即负有组织人民的重要责任。这是由中国的特殊国情决定的。

中国,作为一个国家概念,是从明末清初才开始萌芽的。在此之前,国人对国家的理解可以认为是一种大的天下观,即有天下而无国家。中国古代的天下观念有多重含义。在上古时代,"天下"一词就已经产生并广泛使用,如《周易·系辞下》说"古者包牺氏之王天下也"①,《尚书·大禹谟》有"奄有四海,为天下君"②。在这里"天下"更多为一种地理文化概念,在广袤时空中给予人一种归属感。到了商周时期,天逐渐获得至高无上的地位,"天子"成为与天神相对应的人间统治者,"天下"一词被赋予了明确的政治含义,"天下,谓天子之所主"③。需要指出的是,这里天子"所主"的并不是一个确切的地域概念,在以中国为世界中心的大背景下,中原政权与少数民族的关系不是国与国之间的关系,而是在天下概念下的"华夷关系",所谓"溥天之下,莫非王土;率土之滨,莫非王臣"④,此处的"天下"一词在广义上

---

① 《周易·系辞下》。《周易》,中华书局2006年版,第380页。
② 李民、王健撰:《尚书译注》,上海古籍出版社2004年版,第26页。
③ 《十三经注疏》,中华书局1980年版,第2710页。
④ 《诗经》,中华书局2006年版,第299页。

代表了中国人头脑中的整个世界。因此可以说,古代中国人并没有现代主权意义上的国家概念,他们有的是天下观念。钱穆先生曾指出:"中国古代人,一面并不存着极清楚极显明的民族界线,一面又信有一个昭赫在上的上帝,他关心于整个下界整个人类之大群全体,而不为一部一族所私有,从此两点上,我们可以推想出他们对于国家观念之平淡或薄弱。因此他们常有一个天下观念超乎国家观念之上。"①但这种天下观念也不是无限延展的,它具有限定性:在疆域的意义上,天下等同于九州(中国);在政治意义上,天下又等同于中国加上"四夷"。在这种有伸缩性的表达下,天下观念得以发挥国家观念的作用。它仍以中国为核心,"在传统中国生活的人们,是把天下作为国家(被政治性编成的社会)来表达的,并将其理想样态视为'天下大同'之世"②。"基于中国古代国家发育的独特性,人们常常称古代中国为'天下型国家'。"③因此可以说,天下观念基本上就是古人的国家观念。

而真正现代意义上的国家观念(即狭义的民族国家观念),是明末清初才开始萌芽,在清末和民国年间才逐渐发展的。而在西方,随着资本主义经济的发展、启蒙运动的开展,一整套较为先进的意识形态和国家制度体系已经建立起来,新的意识形态无须再努力为自己建设经济和组织基础就能够调动充分的社会资源。因此,当西方已形成现代民族国家,并以坚船利炮夹带机器生产向中国发起进攻时,中国还是一个王朝国家,不仅在技术层面,更在制度层面落后于西方。这时的中国精英分子试图自救,既不是"师夷长技以制夷"能达成的,也不是单纯学习西方制度能做到的。辛亥革命虽然推翻了古老的帝国,但摆在革命者面前的却是一个更加复杂的局面:传统权威的解体使国家

---

① 钱穆:《中国文化史导论》,上海三联书店1988年版,第40页。
② 〔日〕渡辺信一郎:《中国古代的王权与天下秩序——从日中比较史的视角出发》,徐冲译,中华书局2008年版,第15页。
③ 李克建:《"天下"与"一统":认识中国古代国家观的基本维度》,《广西民族大学学报(哲学社会科学版)》2015年第4期。

成为一盘散沙,缺乏市民社会基础的中华民国也只是空中楼阁。如亨廷顿所言,"传统政治体制的变革,还常常意味着它的解体,但它却未必就会朝着现代化政治体制的方向做显著的运动"①。这时的中国,传统的天下观缺乏有效的整合力量,各种新兴的政治意识形态也缺乏建立权威的社会主体力量。缺少宗教的传统,失去了宗族和皇权的安排,四万万人民真正成了中国这个大"袋子"里的"马铃薯"。因此,对于当时的中国精英分子来说,要想建设一个新的国家,就必须首先建立国家权威,而建立国家权威,不仅需要一套意识形态,更需要传播意识形态的政治组织。对这个政治组织而言,它不仅要宣传自身的意识形态,还必须担负起组织人民的重要责任,帮助国民建立起国家意识、民族意识,实现国民的整合,构建社会主体力量,将"马铃薯"变为"混凝土"。这就使得中国语境下的政治组织的作用尤其凸显。

对中国共产党而言,要想宣传马克思主义,它的基层组织不仅是要宣传马克思主义本身(以及发挥类似宗教、宗族组织的救死扶伤等职能),更重要的是要启发人们的政治觉悟,如广州中山纪念堂前的醒狮一样,"唤醒中国"。中国共产党正是依靠强有力的组织体系,同时完成了这两项任务。其一,中国共产党通过学习布尔什维克的建党模式,建立了有着铁一般纪律的集中统一领导的政党,做到了全党集中一致、令行禁止,极大提高了组织权威和效率;其二,中国共产党建立了广泛的基层组织,通过"三湾改编"将支部建在连上,确保了对军队的绝对领导,通过在广大农村地区发展党组织,彻底改变了"皇权不下县"的状况,实现了对占人口绝大多数的农民的组织动员,奠定了牢固的组织基础和经济基础;其三,各级党组织不仅注重对共产主义信仰的宣传,也特别注重通过宣传国家、民族观念赢得人民的认可,通过改善群众的生产生活条件、解决群众的切实困难获得人民的衷心拥护。这样,中国共产党通过强大的组织体系,真正调动起亿万人民的积极

---

① 〔美〕塞缪尔·亨廷顿:《变化社会中的政治秩序》,王冠华、刘为等译,上海人民出版社 2008 年版,第 27 页。

性,汇聚了强大的社会资源,不仅打败了日本侵略者,而且打败了国民党集团,领导中国人民取得了革命胜利,建立了新中国,进而确立了共产主义信仰在中国的至高无上地位。

新中国成立后,中国共产党实际上也是借助党的组织体系以及国家政权体系,不断巩固和发展共产主义信仰。如果没有党的各级组织,革命胜利都难以取得,更不用说共产主义信仰的发展了。因此,在中国,政治组织对于政治信仰的传播极为重要。

（三）政治组织建设与政治信仰的巩固

如上文所言,政治组织对于政治信仰的传播发展起着至关重要的作用,在中国语境下更是如此。因此,着眼于巩固强化共产主义政治信仰,则必须从加强政治组织建设着手,使组织切实发挥好信仰应有的功能。

具体而言,信仰功能可分为三类:第一类是社会整合与控制功能,即通过信仰促进团体内部的整合与一致;第二类是社会心理调节功能,即借助信仰的超越价值,给予人们精神慰藉;第三类是社会化与交往功能,即通过信仰影响社会的风俗习惯、道德法律等,并进一步规范人们的行为。① 结合上文讨论,中国政治组织特别需要发挥好第一类、第三类两项职能,尤其是要发挥好组织人民的作用。

中国在历史上"以道德代宗教",虽无宗教,但用梁漱溟先生的话说,是一个"伦理本位,职业分途"的社会②,实际是背后的家庭、宗族起到了组织社会生活的作用,它们既是人们的生产单位,又是生活的基本单位。梁先生的分析可谓鞭辟入里,与社会主义的实践也是一脉相承。新中国成立初期,中国传统的家庭、宗族制度虽然被打散,然而取而代之的是类似的社会组织,在城市是单位制度,在农村是生产队

---

① 王晓朝:《宗教学基础十五讲》,北京大学出版社2003年版,第222—242页。
② 参见梁漱溟:《中国文化要义》,上海人民出版社2005年版,第70—73、134—139页。

及日后的人民公社。这些组织与国家政权组织、党组织一道,在很大程度上发挥了传统伦理、宗族制度的作用,甚至进一步推广了梁先生所言的团体生活。单位、生产队不仅是工作的地点,更是组织人们开展政治学习和其他社会生活,并对人们的道德形成监督和规制的重要组织。然而改革开放以后,在城市,传统的单位制度只在很小的范围内继续存在,大部分的单位仅仅变为工作地点,失去了其社会功能;在农村,随着家庭联产承包责任制的推广,生产又退回到以家庭为基本单位,然而,联系家庭的纽带——宗族却又基本不复存在(特别是在北方地区)。这样,就构成了奇特的矛盾,经济上日益繁荣与发展,而社会生活却日益凋敝与萧条,今天色彩斑斓的社会生活背后,隐藏的是高度个人化的本质,掩藏不了灵魂深处的空虚与无助。因此,无论是在城市还是在农村,都缺少对人们的社会生活和道德进行规制监督的组织,这是引发今天中国信仰问题的重要原因。今天,广大农村地区宗族祠堂的大规模重新设立,城市乡村家庭教会的广泛兴起,便是这种空虚导致的结果,生动说明了今日中国社会缺乏相关机构来组织社会生活的窘境。

由此而言,建设中国特色社会主义信仰体系,需要由党领导设立一套符合中国自身特点的政治组织作为支撑,亦即梁先生所言的符合"中国精神的社会组织",发挥相应的替代作用,乃至更大的文化和社会建构作用。从当前党和国家的政策而言,强化基层党组织建设,发展基层民主,都是强化政治组织建设的有效形式。基层党组织是这套政治组织的关键支点。通过发挥中国共产党基层组织的领导核心作用,带动中国共产党员发挥践行政治信仰的先锋模范作用,破解广大基层地区权威耗散的困局,重建基层生活中的权威、秩序,进而牢固树立共产主义远大理想,这是基于中国政治现状和历史传统的必然选择。发展基层民主是这套政治组织的重要方向。通过不断丰富民主形式,畅通民主渠道,健全基层选举、议事、公开、述职、问责等机制,引领公民有序参与政治,可以不断巩固和扩大政治信仰的群众基础。与此同时,与社会发展进步的大趋势相适应,中国毕竟早已摆脱了军阀割据、一盘散沙的状况,人民也不再是"马铃薯"的状态,凝聚人民的渠道也必然日益广泛多元。在坚持社会主义政治信仰的前提下,鼓励各种社会组织特别是公民自治组织发展,并逐渐将社会组织视为(涵盖国家政权组织、党组织的)政治组织的重要辅助部分,这是巩固发展共产主义政治信仰的大趋势。在这里,要特别强调加强基层组织建设的特殊意义。分析的着眼点有三个:一是中国共产党的信仰是一种世俗的信仰,世俗的取向就是人们日常生活的取向;二是中国共产党政治信仰的本质就是实现最广大人民的根本利益,惠及的人越多越好;三是中国是一个人口众多的大国,只有通过加强基层组织的建设,才能使更多的人受益。

第十六章　中国共产党政治信仰体系实现的途径
——同外部因素的关系

信仰不会自发产生,更不会自发巩固。如何巩固与发展中共的信仰体系,并让更多的人认同和接受这种信仰呢？毛泽东多次强调要处理好同同盟者的关系。习近平总书记也多次指出,"人类文明因包容才有交流互鉴的动力"①。以上述思想为指导进一步分析,要想让更多的人建立政治信仰,一是从政治信仰本身来讲,要具备三个基本要素:政治信仰的正确性、完善的组织载体、实用的传播方式。二是要处理好同其他信仰,特别是与宗教的关系。三是从政治信仰的接受者——人民大众来讲,要真正树立人民大众的主体意识。围绕着上述要素,要处理好以下几对关系。

一、信仰和现实的关系

信仰和现实的关系,实质上就是长远利益和眼前利益的关系。毛泽东同志对此有过十分精彩的论述。在1945年召开的党的七大上,毛泽东在解释政治报告时明确指出:政治报告一定要提共产主义,但

---

① 《习近平谈治国理政》第一卷,外文出版社2014年版,第259页。

"报告中对共产主义提过一下以后,仍着重说明民主革命,指出只有经过民主主义,才能到达社会主义,这是马克思主义的天经地义"①。首先,一定要强调共产主义的纲领,但对共产主义一定要有科学的解释,这是根本。在井冈山时,很多人以为把地主的财产一分,就是共产主义,毛泽东明确指出,"这当然不对","共产主义的纲领就是消灭私有制,消灭阶级"。② 其次,在纲领的指引下,一定要做好眼前的工作。具体说来,每个时期都有特定的纲领,"具体纲领在各个阶段是不同的"③。这个具体纲领就是现实眼前利益的指导。这确保眼前利益不会偏离长远利益,长远利益就是由不同的眼前利益积累而成的。

改革开放以来,由于经济的迅速发展,人们单纯追求经济利益的倾向越来越严重。有些年轻人否定共产主义,甚至有些老干部也说共产主义前途未卜。针对这种状况,中共理论家胡乔木明确指出,共产主义的思想和实践是不可分的。我们所做的一切,都是共产主义运动的一部分,但同时,一是必须划清终极目标与当前任务的界限,当前任务是完善社会主义制度;二是处理好提倡共产主义思想和坚持现行政策的关系。这两点都不能犯空想主义的错误。④ 共产主义是由众多的具体任务和政策积累起来的,是逐步向前推进的。但我们不能忘记最终实现共产主义的目标,每个具体的制度和政策都是有限度的,都不能背离这个根本目标。每个信仰共产主义的人,都要受这个目标的约束和指引,扎扎实实地做好每个时期的具体工作。

综合上述观点,具体到当今,随着改革开放的深入,处理好信仰和现实的关系,除了前面论述过的坚持理论创新之外,还有三点是十分重要的:(1)划清终极目标与当前任务的界限。胡乔木指出:"共产党在今天的任务,当然决不是要实现共产主义的社会制度,而是继续完

---

① 《毛泽东文集》第3卷,人民出版社1996年版,第275页。
② 同上书,第323页。
③ 同上书,第275页。
④ 胡乔木:《关于共产主义思想的实践》,《人民日报》1982年9月24日,第1版。

善和巩固社会主义的社会制度,对于这个界限必须完全划清,不允许有任何混淆。""但是共产党人领导的任何性质的斗争,都不能离开共产主义思想的指导,因而都是共产主义运动的一个步骤。"①这既划清了同空想主义的界限,也厘清了同事务主义的区别。(2)要处理好共产主义思想与坚持现行政策的关系。共产主义的思想体系包括具体的民生政策,这些政策要反映群众的现实要求,有强烈的务实性,但也要尽量反映社会发展的前瞻性。现实政策好比一个个阶梯,我们凭借这些政策最终走向光辉的顶点。(3)最重要的就是,要坚持共产主义思想的完整性,明确共产主义信仰是一个思想体系,这个信仰体系在结构上具有极大的优势。中国在改革开放初期,改"以阶级斗争为纲"为"以经济建设为中心",改革的逻辑迅速理顺,信仰危机也随之得到较大缓解,形成了20世纪80年代全国积极向上的精神风貌。今天社会主义市场经济全面推进,受到冲击最严重的就是信仰体系的中观层面,即社会主义的核心价值体系,诸如诚信、法治、公平、友爱等等。中观层次是连接宏观目标和微观民生政策的中间环节,起着承上启下的重要作用。抓好核心价值体系的建设,有助于完善整个信仰体系。这既能增强人民的信仰,又能直接指导现实,有利于政治的进一步发展。从信仰体系建设的角度来看,这其中的重要一点,就是要对社会主义的核心价值体系形成科学的认识。

二、权利和义务的关系

从最一般的意义上说,人们从事社会活动的最大动力,就是将所从事的工作看成自己的事业。要想达到这种状态,就要赋予人们以必要的权利。权利和义务是统一的。中国自古以来奉行的"儒家人生哲学"只强调义务,没有赋予权利,与"人生"发生了冲突。今天我们要

---

① 胡乔木:《关于共产主义思想的实践》,《人民日报》1982年9月24日,第1版。

呼唤一种权利和义务对等的"人生"价值观。随着中国民主政治的发展,更加要求权利和义务的对等。权利主要包括政治权利和经济权利。政治权利的内涵,就是自由和法治。马克思指出,共产主义社会是一个"以每个人的全面而自由的发展为基本原则"①的社会形态,并强调,"每个人的自由发展是一切人的自由发展的条件"②。中国共产党十八大报告提出"倡导自由、平等、公正、法治",这其中自由是重要前提,其实质是保证每个人的各种基本权利。没有这个最基本的条件,平等就缺少必要的依托,公正没有衡量的标准,法治可能走向专制。自由是共产主义价值观的重要内容,但我们说的"自由",同资产阶级以抽象的人性论为依据的、标榜具有普世价值的自由存在着本质的不同。诚然,我们要保证每个人的诸如生存权、参与权、发展权等各种基本权利,但同时我们的自由需要同中国的特定国情联系起来。比如,国家现代化的内在规律要求更注重国家的调控;人口与资源之间的极端不协调更强调国家的科学分配;人们综合素质的现状更强调法治和制度的作用等。更为重要的是,它强调实现人的全面发展的基本途径:包括推动生产力的快速发展;公有制条件下的新式分工对金钱的约束;教育的普及与公平;极大丰富精神产品等。换言之,我们的自由是实实在在的,将"人的自由全面发展"作为完整的过程来认识的。如果能通过社会主义核心价值体系的阐释,以及其他理论创新工作,使马克思主义的自由观成为信仰体系的重要内容,不断满足认知合理性的要求,对我们构建信仰体系将有极大帮助。托克维尔在总结法国大革命社会状况时,也承认当时"金钱已成为区分贵贱尊卑的主要标志","几乎无人不拼命地攒钱或赚钱","不惜一切代价发财致富的欲望、对商业的嗜好、对物质利益和享受的追求,便成为最普遍的感情"。但他同时认为,"只有自由才能在这类社会中与社会固有的种种弊病

---

① 〔德〕马克思:《资本论》第 1 卷,人民出版社 1975 年版,第 649 页。
② 《马克思恩格斯选集》第 1 卷,人民出版社 2012 年版,第 422 页。

进行斗争,使社会不至于沿着斜坡滑下去",因为"只有自由才能使他们感到温暖,并一天天联合起来"。① 中国有特殊的国情,道德建设有着几千年的传统,中共领导革命又形成了新的传统,自律、平等、集体主义都是其中的重要内容,信仰体系的中观层面建设有着十分广阔的前景。经济权利,涉及如何正确对待经济利益的问题。西方自由主义的功利主义学派,将人对经济利益的追求的合理性建立在人性基础之上。功利主义认为:"国家的产生完全是人们出于功利考虑的结果,国家与政府的目的也是为了提高人民的功利。所有的制度安排都要从多数人的幸福指数出发。"②功利主义创造出了一系列人们熟知的概念:公众幸福、社会功利、帕累托最优、GDP 等等。但"功利主义道德在精神上是建立在上帝信仰之上的克己和利他,是与追求个人利益相对立的。而功利主义道德的基本精神则在于日常经验对个人利益的肯定,在于与个人利益的一致"③。功利主义有两点是十分明确的:一是承认人们追求个人利益的合理性;二是功利主义是建立在人性的基础之上的。即使是这样,如果没有相应的约束,功利主义也会走向极端的个人主义,这就需要我们通过弘扬道德与理想主义抑制个人主义。这其中一个重要的途径,就是提高人们的义务感。从权利走向义务,不是一个自然的过程,而是要借助一些中间环节,主要有合理的制度、正确的激励机制、良好的社会氛围、科学的思想教育等等。

三、宗教和世俗的关系

之所以强调处理好宗教与世俗的关系,是基于理论与现实双重原因。

---

① 〔法〕托克维尔:《旧制度与大革命》,冯棠译,商务印书馆 2012 年版,第 35—36 页。
② 〔英〕约翰·穆勒:《功利主义》,徐大建译,商务印书馆 2014 年版,第 9 页。
③ 同上。

(一) 宗教具有重要意义

宗教是一种复杂的现象。宗教的作用是多方面的,从对人的行为的直接影响来分析,主要表现在两个方面:

1. 启发人们的善行

有的学者以为:上帝就是人的本质,这个本质是以人的对立面的形式出现的,并且超越人的本身。"上帝实存之客观的、唯一真正的证明,就是他的启示。"① 因为启示对人是非常重要的。"美德可以通过良好的教养来培养,宗教熏陶对修身是非常有用的,布道有好处,道义上的劝告可以是有益的。"② 但启示需要一种外部的力量。实际上,人需要启示,"将自己的本质表象成为另一人格式的存在者"③。宗教就是将人的本质转化成一种外部的力量,这个外部的力量就是上帝,通过上帝约束人的行为,因此,"宗教是人对他自己的本质的关系"④。"对上帝的信仰,就是人对他自己的本质之无限性及真理性的信仰。"⑤ 只不过这种约束的信仰是以外部的形式出现的。著名哲学家康德也指出:人属于两个世界,他在感觉世界受经验规律的决定,在理智世界遵守道德律。⑥ 而人们对于宗教的皈依,也是为了实现从自发到自觉的道德转变,宗教情感和信仰就首先从情感中产生了。也正是在这个意义上,康德提出了那句名言:"有两样东西,我们愈经常愈持久地加以思索,它们就愈使心灵充满日新月异、有加无已的景仰和敬畏:在我之上的星空和居我心中的道德法则。"⑦

---

① 〔德〕费尔巴哈:《基督教的本质》,荣震华译,商务印书馆1984年版,第270页。
② 〔英〕罗素:《宗教与科学》,徐奕春、林国夫译,商务印书馆2010年版,第95页。
③ 〔德〕费尔巴哈:《基督教的本质》,荣震华译,商务印书馆1984年版,第276页。
④ 同上书,第261页。
⑤ 同上书,第246页。
⑥ 参见赵敦华:《西方哲学简史》,北京大学出版社2001年版,第326页。
⑦ 〔德〕康德:《实践理性批判》,韩水法译,商务印书馆1999年版,第177页。

2. 弥补人类有限理性的不足

人类的认识能力是有限的,当世的很多东西无法证明。科学对很多事物能够加以证明,但同时对很多事物无法证明,这就需要一种预设,激发人类的有限理性,去认识很多尚未认识甚至无法认识的事物。托马斯·阿奎那围绕基督教的知识地位和认知合理性问题构建了自然神学思想。人为什么需要上帝的知识呢?阿奎那认为,这是为了达到我们的"实现"和"救赎"。实现,是指我们让潜在的可能性成为现实,"最后和完全的幸福只能在对神圣本质的直观中找到";救赎,是指将我们从坏的环境中解脱出来,用上帝的知识实现自我修复。而信仰,则是人弥补理性的不足,获得全部的真理,完成自我救赎与实现的必要条件。① "为了人的得救,除了由人性所探讨的哲学学科之外,还需要某种根据天主启示的教学或学问。"② 当然,"信仰所宣示的不能与理性或人民知识相悖"③。在现实层面,由于中国人口众多,拥有宗教信仰的人口已足够庞大,而具有某种宗教倾向的人就更多了。华东师范大学课题组2003—2006年在中国30个城市对4 569个样本进行调查,估计中国目前具有宗教信仰倾向的人口在3亿以上。④ 此外,中国还有大量的民间宗教信徒,这也是不争的现实。

(二) 处理好宗教与世俗的关系

因此,理论与现实两个层面,都要求我们必须处理好宗教与世俗的关系。这也是中共的宝贵经验。毛主席在撤离延安转战陕北的时

---

① 参见〔美〕凯利·克拉克、吴天岳、徐向东主编:《托马斯·阿奎那读本》,北京大学出版社2011年版,第30—40页。

② 〔意〕多玛斯·阿奎那:《神学大全》第1卷,台湾碧岳学社、中华道明会2008年版,第1页。

③ 《大美百科全书》第10辑,台湾光复书局1990年版,第403、404页。

④ 金泽、邱永辉主编:《中国宗教报告(2008)》,社会科学文献出版社2008年版,第3页。

候,看到信教的群众很多,就提出要"提倡宗教信仰自由"①,后来又多次提出要坚持"宗教信仰自由的政策"②。新中国成立以后,经过多年的社会实践,我们国家的宗教政策日益成熟和不断完善。当前我们应该继承和不断发展这一政策。对于各种宗教信仰,首先要规范管理,包括对信众组织、活动场所的管理;其次要正面引导,例如鼓励捐资助学、施医赠药等行为;最后,也是最重要的,要有精神上的关怀。习近平明确指出:支持各宗教在保持基本信仰、核心教义、礼仪制度的同时,深入挖掘教义教规中有利于社会和谐、时代进步、健康文明的内容,对教规教义做出符合当代中国发展进步要求、符合中华优秀传统文化的解释。③ 以当代中国民间宗教信众为例,他们所表现出的政治立场,具有与社会主义核心价值观相适应、相和谐的可能性。从民间信仰推而广之,虽然中共的信仰体系同各种宗教有着本质上的区别,但都体现了一种对美好生活的追求。英国前首相布莱尔曾说过,"宗教的本质是人的感情"④,进一步来讲,信仰的本质是人的感情。大凡是能被广大群众接受的信仰,都具备一些共性,如共产主义信仰中的"雷锋精神",基督教中"爱邻如己"的说法,而佛教则称之为"救人一命,胜造七级浮屠"。这说明如果不纠结于超越性的话题,许多宗教和民间信仰本身与社会主义发展并不矛盾。关键是要在包容的前提下,使马克思主义真正在思想道德领域起到引领作用。苏联共产党在处理宗教问题上的教训我们一定要吸取。"布尔什维克在革命前就把东正教看作意识形态的敌人。他们把宗教从信仰问题转为政治问题。""后来在国内战争结束之后,在和平时期还继续拆毁教堂,逮捕和杀戮

---

① 汪东兴:《汪东兴日记》,中国社会科学出版社1993年版,第103页。
② 《毛泽东文集》第8卷,人民出版社1999年版,第56页。
③ 《习近平在全国宗教工作会议上强调:发展中国特色社会主义宗教理论,全面提高新形势下宗教工作水平》,《人民日报》2016年4月24日,第1版。
④ 〔英〕托尼·布莱尔:《全球化世界中的机遇与挑战》,《北京论坛(2004—2015)主旨报告与特邀报告集》,2016年。

神父。这些情况就不能理解了,更不要说为之辩护了。"①苏联错误的宗教政策成为苏联解体的重要原因。时至今日,俄罗斯的大部分国民已经转而信仰东正教了。

四、目标和手段的关系

政治信仰的正确目标,要有正确的手段才能实现。具体来说,就是要积极建设中共信仰体系的引导机制,实现信仰体系价值理性与工具理性的统一。任何一套信仰体系的发展,既要靠优越的理念感召人,又要靠利益(包括物质利益和精神利益)的引导凝聚人,如康德所言,使追求幸福与追求德性完全契合。从理论上讲,这是因为信仰来源于人的主观认同,它服从于一般的认同理论。著名哲学家查尔斯·泰勒认为,认同与道德思维有非常紧密的联系,它出自人类本能的需求,即我们对怎样过完满生活的理解以及我们的尊严,这就决定了"日常生活的肯定"(或者说有尊严而幸福的生活)和"人类本性的呼声"都具有重要影响力。② 换言之,信仰必须同时具备价值理性(满足人民对善的预期)和工具理性(满足人民的过有尊严而幸福的生活的愿望),这也符合马斯洛的需要层次论的观点,自我实现的需要绝不是建立在空中楼阁之上,而是建立在生存需求、安全需求等一系列需求得到满足的基础上的。从实践而言,诸多信仰的传播过程也提供了有力证据。在基督教的早期发展历史上,这一点有明显表现:一方面,教义不断完善,并且通过树立一些宗教典范(如圣保罗、圣乔治、圣日耳曼等)使基督教义深入人心;另一方面,教会组织在精神和物质上给予教徒充分关怀,如信徒免税、发放金币政策、临终关怀措施等。这些都极

---

① 〔俄〕戈尔巴乔夫:《对未来和过去的思考》,徐葵、张达楠等译,新华出版社2002年版,第26页。

② 〔加拿大〕查尔斯·泰勒:《自我的根源:现代认同的形成》,韩震等译,译林出版社2008年版。

大促进了基督教信仰的传播与发展。中共早期在建立信仰体系的过程中,也积累了类似的经验,既宣传共产主义的合理性,也通过土地革命等手段切实改善人民生活,这种价值理性与工具理性的结合对于革命的发展是极其重要的。因此,总结理论和实践两方面经验,当代中国要巩固信仰体系就必须实现价值理性与工具理性的统一。在两者统一的过程中,内在逻辑的一致性非常重要,即宣传的理念、具体的政策、执行的结果三者必须具备内在逻辑一致性。如果三者不匹配,甚至出现南辕北辙的状况,就会给信仰体系的建设带来巨大阻力。构建内在逻辑一致性,需要有政策保障、制度保障、组织保障。

(一) 政策保障

政策保障,指的是在大政方针上要注重对人民切身利益的保障,使社会主义道路的理念宣传与人民的切身感受相吻合,同时这种理念宣传与人民切身感受的一致性本身也要成为宣传与实践的重要内容。从共产主义的发展方向而言,"各尽所能,各取所需"是最终趋势;考虑到社会主义初级阶段的具体国情,"效率优先,兼顾公平"的按劳分配原则是最近几十年中国社会分配体系的主要方针。从理论上讲,这一原则有很强的说服力。但是,由于变革时期各项制度不甚完善以及监管的缺失,部分群体利用权力寻租、暴力干涉等非正常渠道暴富已是不争的事实,即使是正当行业,一些垄断行业相较于其他行业工资增长明显较快,脑体劳动之间的收入差距也日益拉大。在经济快速增长期,"帕累托改进"会掩盖种种社会矛盾,一旦经济增速放缓,这种分配差距的扩大将直接对信仰体系的工具理性形成强烈冲击,使人们对中共的信仰体系产生怀疑,甚至使整个社会向物质至上、拜金主义的深渊滑动,这是近年来核心价值观不稳乃至出现信仰危机的重要现实原因。应该说,近年来越来越多的人,特别是国家层面,已经意识到这个问题并在尽力解决,而目前仍存在一定的各自为政局面。在信仰体系的价值理性方面强调社会主义核心价值观建设,在信仰体系工具理性方面强调精准扶贫、全面建成小康社会等,这些无疑都是正确的,但对价值理性与工具理性的统一还没有进一步的政策安排。需要中央从全局的高度统筹规划,将原来分散的目标整合成统一的顶层设计,以全局性的政策方针作为信仰体系工具理性与价值理性统一的最可靠保障,这也是建立人民对中共信仰体系的信心的重要途径。

(二) 制度保障

制度保障,指的是通过加强制度建设,为构建工具理性与价值理性的统一提供制度支持。在建立一致性政策保障的基础上,为了将各项政策方针落到实处,还需要有一套系统的制度安排作为中间环节。这些中间环节包括:(1)为更好地实现宪法与人民代表大会制度规定的人民所享有的各项民主权利提供微观制度支持。对人民利益的最佳保障就是给予人民维护自身权利的工具。人民利益最坚定的支持者就是人民自身,而社会主义国家赋予人民的各项民主权利无疑是最重要的。这些权利源自信仰体系,维护这些权利能保障信仰体系的现实基础。通过微观的制度安排将它们落到实处,对信仰体系的意义是不言而喻的。(2)推进公平合理的社会分配体系建设。近年来,我国基尼系数快速上升的趋势已经得到有效遏制,但是基尼系数处于相对高位是不争的事实,在全面建设小康社会的背景下,需要通过各种制度安排不断提升一次分配、二次分配的公平性。这里需要特别指出的是,不同类别的公平在不同层次的分配中具有不同意义,不能混淆。一次分配应更注重机会公平,保证社会流动性;二次分配应更注重结果公平,发挥减压阀作用。(3)进一步推进社会保障体系建设,发挥社会保障体系的托底作用。在努力实现分配公平的基础上,通过教育、医疗、住房、养老等社会保障体系的建设,能够有效减少人民群众的后顾之忧,起到托底效果,这对提升人民整体的获得感与幸福感,对巩固信仰体系是十分必要的。除了纯制度的中间环节,制度的执行者——各级领导干部也是重要的中间环节。只有各级领导干部率先垂范,每一个共产党员都能够以身作则,发挥先进带头作用,成为共产主义信仰的"传道者",政策方针和制度安排才能真正落到实处,我国的信仰体系才能真正巩固。

(三)组织保障

组织保障,指的是为了实现信仰体系工具理性与价值理性的统一,提供相应的组织作为载体。任何一种信仰,无论是宗教信仰,还是世俗政治信仰,抑或某种系统的价值观和治国理念,都要有相应的组织作为载体。有了一致性的政策保障和制度保障,也要有具体的组织去了解民众的需求,进而满足民众的需求,才能实现工具理性与价值理性的统一,这一过程脱离组织是无法完成的。在西方宗教发展历史上,教会组织承担了这一任务。"教阶制不断演化和完备,逐渐出现堂区和堂区神父、教区和教区主教、教省即大教区和大主教"①,这极大促进了天主教的传播与发展。在中国历史进程中,则是"伦理本位、职业分途"②的宗族制度代替宗教组织发挥了相关作用。在中国革命的进程中,中共普遍建立的组织承担了这一重要的历史功能。新中国成立以后,伴随着从革命向建设的转变,除中共组织之外,城市的单位和农村地区的人民公社发挥了相关功能。从中外对比来看,无论古今,中国都是以生产生活单位作为重要的组织载体的,但由于包含生产生活关系(这甚至是组织中最重要的关系),公共意义上的团体生活在组织中难以完全实现,这制约了组织对信仰体系的支持。当前,单位制度与人民公社制度已经不复存在,除了进一步加强各级党组织建设外,也应在党的领导下,不断推进各种社会公共组织的发展,作为中共组织重要的后备组织资源,协助中共收集民意、反馈民意,为信仰体系提供现实依凭,更好地实现信仰体系工具理性与价值理性的统一。

---

① 任延黎主编:《中国天主教基础知识》,宗教文化出版社2005年版,第62页。
② 梁漱溟:《中国文化的命运》,中信出版社2010年版,第88页。

结 束 语

　　中国理想与现实合一的一元社会结构,"以道德代替宗教",决定了中国一定要有世俗的信仰。马克思主义的基本理论和中国数千年文化的特定传统,决定了这种世俗的信仰一定要以最广大人民的根本利益为基本出发点。中国几千年的社会发展中,儒家思想逐渐占据主导地位,同时随着佛教的传入和道教的产生,形成了"儒、佛、道"多元共生的信仰体系。到了近现代,由于西方文化的大量输入和马克思主义登上历史舞台,先是孙中山的三民主义,后来是中国共产党的社会主义和共产主义,成为先进中国人的政治信仰。中国共产党人以马克思主义的政治信仰为指导思想,经过二十八年的浴血奋战建立了新中国。与此同时,由国外传入中国的其他宗教和本土的道教都有了一定的发展。随着社会主义市场经济的发展,以马克思主义为指导的社会主义和共产主义的信仰体系受到了严重的冲击,我们再一次陷入历史的旋涡,对此我们别无退路,只能勇往直前。

　　第一,中国信仰体系中的"一主多元"的体系格局已经形成,即以中国共产党的社会主义和共产主义信仰为主,辅之以其他各种宗教信仰。这种"一主多元"的信仰体系,是我们谈论中国信仰问题的基本出发点,也是我们完善中国信仰体系的基本前提。要通过发挥社会主义和共产主义政治信仰的强大思想魅力,团结信仰宗教和其他思想体系的人,共同建设社会主义的政治文明。这里要特别强调,在信仰问题上不能强制,要通过摆事实、讲道理让人们心服口服。在通过信仰实现自身价值的途径方面,"条条大路通罗马",不同的途径都有可能到达"至善",宽容是我们"一主多元"信仰体系的基本思想方法。在宗教问题上宽容,是中国文化的重要传统。尽管一些学者不同意"中国人民在宗教信仰与宗教仪式上是最为宽容的"这样一种观点,并列举了中国历史上几次大规模的宗教迫害运动来反驳[①],但世界上几大宗教都在中国这片土地上开花结果,这是不争的事实。一百多年前在中国经商的美国商人亨特对此有过专门的论述,他说:"在宗教,或某种崇拜的体系,或某种对灵魂世界的信仰这一类事情上,再没有像中国人那样宽容的了。无论一个人宣称自己信仰什么,谁都不会因此而受到迫害或遇到麻烦。佛教徒、道教徒、基督教徒、犹太教徒、回教徒、孔门弟子和老子的信徒,都享有心安理得的信仰自由。"[②]当代西方学者也认为中国历史上"在宗教信仰方面异常宽容"[③]。今天在信仰问题上坚持宽容,仍然是达到理想社会的正确途径。

第二,我们的工作重点,一定要放在完善社会主义和共产主义政治信仰体系上。要时刻记住,我们的政治信仰是一个体系,其宏观目标就是让人们共同走向文明和富裕,丧失了这个根本目标,就会走向无信仰的利益至上的实用主义,最终就会丧失这个政治信仰;中观价值观,就是完整的公平、正义的价值体系,丧失了这个价值体系,就会陷入缺少是非的悲观主义泥潭;微观层面就是关注民生和救济,让老百姓生活得越来越好,丧失了微观的具体政策,就会走向空想社会主义和空想共产主义。只有从整体上把握这个信仰体系,才能有效防止各种错误倾向的出现。在这个过程中,我们一定要认真总结经验,包

---

① 参见胡适:《中国的文艺复兴》,邹小站等译,湖南人民出版社1998年版,第135页。
② 〔美〕亨特:《旧中国杂记》,沈正邦译,广东人民出版社2000年版,第140页。
③ 〔美〕戴维·S.兰德斯:《国富国穷》,门洪华等译,新华出版社2001年版,第49页。

括中国的和外国的,特别是苏联的教训,扎扎实实地解决好我们每个时期面对的现实问题。

第三,实现这个信仰体系的途径也应该是一个完整的体系,包括理论联系实际,同各种文明体系进行交流,处理好方方面面的关系。这里要指出的是:我们究竟向西方文明学习什么？西方思想史上,在古典主义阶段,即在柏拉图、苏格拉底时期,一直追求永恒的善,形成了"终极关怀"的传统,加上民族国家形成过程中宗教社会的成形,强化了信仰的作用。后来这种"终极关怀"的传统一直没有间断,呈现出同我们传统文化中的"实用理性"截然不同的状况。这个过程中没有谁优谁劣,只有互相学习和促进。"实用理性"在中国人的思维方式中占据重要的地位。后来我们信仰了社会主义和共产主义,中国革命和建设的面貌焕然一新。今天我们搞社会主义市场经济,直接涉及物质世界和精神世界的关系。由于西方社会是理想和现实分开的二元社会结构,它们就比较容易处理好物质世界和精神世界的关系。实际上,它们对二者的关系处理得也相对要好一些,宗教在这个过程中发挥了巨大的作用。我们目前就碰到了一个难题,即在理想和现实合一的一元社会结构的背景下,如何处理好理想和现实的关系。当然,我们首先要学习西方社会重视信仰的传统,关注终极关怀,坚定社会主义和共产主义的政治信仰;同时以一个开放社会的形象面对世界,同各种文明深度交流,使我们的执政党和国家更具文明的底蕴。

世界社会主义运动有辉煌的过去:第二次世界大战结束后,出现了一个强大的社会主义阵营。也遭受过严重的挫折:20 世纪末,东欧剧变和苏联解体,原来信仰社会主义和共产主义的国家,大都宣布放弃原有的政治主张和政治信仰。其实,资本主义在发展过程中也有过严重挫折,两次世界大战都是由资本主义或者说是帝国主义国家挑起的,特别是第二次世界大战,险些葬送几千年积累起来的欧洲文明。但是资本主义国家在战后经过不断调整和改革,走出了困难的境地,赢来了几次发展的黄金期。即使到了今天,它们还在不断调整和改革。这种思想方式是值得我们借鉴的。人类社会就是在不断总结经验的过程中走向成熟的。中国的社会主义事业更是如此。以更加开放和宽容的胸襟,不断探索,砥砺前行,就会成就毛泽东的英明预言:道路是曲折的,前途是光明的。

参 考 文 献

一、重要文献

[1]《马克思恩格斯选集》第 1—4 卷，人民出版社 2012 年版。

[2]〔德〕马克思:《资本论》第 1 卷，人民出版社 1975 年版。

[3]《列宁选集》第 1 卷，人民出版社 1995 年版。

[4]《列宁选集》第 4 卷，人民出版社 1995 年版。

[5]《列宁全集》第 36 卷，人民出版社 1985 年版。

[6]《列宁全集》第 39 卷，人民出版社 1986 年版。

[7]《毛泽东选集》第 1—4 卷，人民出版社 1991 年版。

[8]《毛泽东文集》第 1—2 卷，人民出版社 1993 年版。

[9]《毛泽东文集》第 3—5 卷，人民出版社 1996 年版。

[10]《毛泽东文集》第 6—8 卷，人民出版社 1999 年版。

[11]《建国以来毛泽东文稿》第 12—13 册，中央文献出版社 1998 年版。

[12]《邓小平文选》第 1—2 卷，人民出版社 1994 年版。

[13]《邓小平文选》第 3 卷，人民出版社 1993 年版。

[14]《习近平谈治国理政》第一卷，外文出版社 2014 年版。

[15]《习近平谈治国理政》第二卷，外文出版社 2017 年版。

[16] 中共中央宣传部编:《习近平总书记系列重要讲话读本(2016 年版)》，学习出版社、人民出版社 2016 年版。

[17]《刘少奇选集》，人民出版社 1981 年版。

[18]《张闻天文集》第 3 卷，中共党史出版社 1994 年版。

[19] 逄先知、金冲及主编:《毛泽东传》,中央文献出版社 2011 年版。

[20]《中国共产党历史·第一卷(1921—1949)》,中共党史出版社 2011 年版。

[21]《中共中央文件选集(1945—1947)》,中共中央党校出版社 1987 年版。

[22]《改革开放三十年重要文献选编》,中央文献出版社 2008 年版。

[23] 中共中央党史研究室第三研究部:《中国改革开放 20 年史》,辽宁人民出版社 1998 年版。

[24]《胡乔木谈中共党史》,人民出版社 1999 年版。

[25]《中国共产党历届代表大会全纪录——"一大"到"十七大"》第 4 卷,中共党史出版社 2007 年版。

[26] 中共中央宣传部理论局编:《世界社会主义五百年》,党建读物出版社、学习出版社 2014 年版。

[27] 中共中央宣传部、中共中央文献研究室选编:《论文化建设——重要论述摘编》,学习出版社、中央文献出版社 2012 年版。

[28]《孙中山选集》,人民出版社 1981 年版。

二、中文专著

[1] 陈锦华等:《开放与国家盛衰》,人民出版社 2010 年版。

[2] 陈来:《古代宗教与伦理》,台湾允晨文化实业股份有限公司 2005 年版。

[3] 陈钦庄、孔陈焱、陈飞雁:《基督教简史》,人民出版社 2008 年版。

[4] 邓辉编著:《世界文化地理(第二版)》,北京大学出版社 2012 年版。

[5] 邓野:《民国的政治逻辑》,社会科学文献出版社 2010 年版。

[6] 范丽珠、欧大年:《中国北方农村社会的民间信仰》,上海人民出版社 2013 年版。

[7] 范文澜:《中国通史》第 1 册,人民出版社 1994 年版。

[8] 冯尔康等:《中国宗族史》,上海人民出版社 2009 年版。

[9] 关海庭:《中俄体制转型模式的比较研究》,北京大学出版社 2015 年版。

[10] 关海庭主编:《20 世纪中国政治发展史论》,北京大学出版社 2002 年版。

[11] 郭沫若、周扬编:《红旗歌谣》,红旗杂志社 1959 年版。

[12] 何光沪编:《信仰》,生活·读书·新知三联书店 2017 年版。

[13] 江荣海主编:《中国政治思想史九讲》,北京大学出版社 2010 年版。

[14] 蒋方震编译:《新兵制与新兵法》,商务印书馆 1937 年版。

[15] 金冲及:《决战——毛泽东、蒋介石是如何应对三大战役的》,北京大学出版

社 2012 年版。

[16] 金泽、邱永辉主编:《中国宗教报告(2008)》,社会科学文献出版社 2008 年版。

[17] 金泽、邱永辉主编:《中国宗教报告(2009)》,社会科学文献出版社 2009 年版。

[18] 金泽、邱永辉主编:《中国宗教报告(2010)》,社会科学文献出版社 2010 年版。

[19] 金泽、邱永辉主编:《中国宗教报告(2011)》,社会科学文献出版社 2011 年版。

[20] 金泽、邱永辉主编:《中国宗教报告(2012)》,社会科学文献出版社 2012 年版。

[21] 荆学民:《现代信仰学导引》,中国传媒大学出版社 2012 年版。

[22] 李培林、陈光金、张翼主编:《2014 年中国社会形势分析与预测》,社会科学文献出版社 2013 年版。

[23] 李培林、陈光金、张翼主编:《2015 年中国社会形势分析与预测》,社会科学文献出版社 2014 年版。

[24] 李培林、陈光金、张翼主编:《2016 年中国社会形势分析与预测》,社会科学文献出版社 2015 年版。

[25] 李培林、陈光金、张翼主编:《2017 年中国社会形势分析与预测》,社会科学文献出版社 2016 年版。

[26] 李向平、李峰、黄海波主编:《中国信仰研究》第 2 辑,上海人民出版社 2012 年版。

[27] 李向平、文军主编:《中国信仰研究》第 3 辑,上海人民出版社 2013 年版。

[28] 李向平、文军、田兆元主编:《中国信仰研究》第 1 辑,上海人民出版社 2011 年版。

[29] 梁启超:《清代学术概论》,上海古籍出版社 1998 年版。

[30] 梁启超:《饮冰室合集(集外文)》,北京大学出版社 2005 年版。

[31] 梁漱溟:《中国文化的命运》,中信出版社 2010 年版。

[32] 林尚立:《当代中国政治形态研究》,天津人民出版社 2000 年版。

[33] 刘建军等:《信仰的呼唤——社会主义市场经济条件下的信仰问题研究》,人民出版社 2011 年版。

[34] 刘再复:《共鉴"五四"》,三联书店(香港)有限公司 2009 年版。

［35］罗荣渠主编:《现代化:理论与历史经验的再探讨》,上海译文出版社 1993 年版。

［36］钱穆:《中国文化史导论》,上海三联书店 1988 年版。

［37］萨孟武:《水浒传与中国社会》,北京出版社 2005 年版。

［38］孙昌武:《中国文学中的维摩与观音》,天津教育出版社 2005 年版。

［39］孙承主编:《日本软实力研究》,中国政法大学出版社 2013 年版。

［40］孙国华主编:《中华法学大辞典·法理学卷》,中国检察出版社 1997 年版。

［41］陶鲁笳:《毛主席教我们当省委书记》,辽宁人民出版社 2012 年版。

［42］田田、成蹊编译:《传世家训》,党建读物出版社 2016 年版。

［43］汪东兴:《汪东兴日记》,中国社会科学出版社 1993 年版。

［44］王建新、刘昭瑞编:《地域社会与信仰习俗——立足田野的人类学研究》,中山大学出版社 2007 年版。

［45］王绍光:《安邦之道:国家转型的目标与途径》,生活·读书·新知三联书店 2007 年版。

［46］王绍光、胡鞍钢:《中国国家能力报告》,辽宁人民出版社 1993 年版。

［47］吾淳:《中国社会的宗教传统:巫术与伦理的对立和共存》,上海三联书店 2009 年版。

［48］武力主编:《中华人民共和国经济史(增订版)》,中国时代经济出版社 2010 年版。

［49］吴稚晖:《吴稚晖全集·卷一(哲理与文教一)》,九州出版社 2013 年版。

［50］席宣、金春明:《"文化大革命"简史》,中共党史出版社 2005 年版。

［51］夏新华主编:《外国法制史》,北京大学出版社 2011 年版。

［52］徐贲:《怀疑的时代需要怎样的信仰》,东方出版社 2013 年版。

［53］阴法鲁、许树安主编:《中国古代文化史》(3),北京大学出版社 1991 年版。

［54］殷海光:《中国文化的展望》,上海三联书店 2002 年版。

［55］袁明主编:《美国文化与社会十五讲》,北京大学出版社 2003 年版。

［56］袁行霈主编:《中国文学史》第 4 卷,高等教育出版社 1999 年版。

［57］曾景忠编注:《蒋介石家书——日记文墨选录》,团结出版社 2010 年版。

［58］张秀山:《我的八十五年——从西北到东北》,中共党史出版社 2007 年版。

［59］张志刚、严军主编:《信仰与责任——全球化时代的精神反思》,宗教文化出版社 2011 年版。

［60］章太炎讲演、曹聚仁整理、汤志钧导读:《国学概论》,上海古籍出版社 1997

[61] 赵敦华:《西方哲学简史》,北京大学出版社 2001 年版。

[62] 卓新平:《"全球化"的宗教与当代中国》,社会科学文献出版社 2008 年版。

[63]《论语》,中华书局 2006 年版。

[64]《孟子》,中华书局 2006 年版。

[65]《荀子》,中华书局 2007 年版。

[66]《十三经注疏》,中华书局 1980 年版。

[67]《中国大百科全书·政治学》,中国大百科全书出版社 1992 年版。

三、中文译著

[1]〔美〕戴维·E. 阿普特:《现代化的政治》,陈尧译,上海人民出版社 2011 年版。

[2]〔美〕曼瑟尔·奥尔森:《集体行动的逻辑》,陈郁等译,上海三联书店、上海人民出版社 1995 年版。

[3]〔德〕克劳斯·冯·柏伊姆:《当代政治理论》,李黎译,商务印书馆 1990 年版。

[4]〔美〕C. E. 布莱克:《现代化的动力》,段小光译,四川人民出版社 1988 年版。

[5]〔日〕渡辺信一郎:《中国古代的王权与天下秩序——从日中比较史的视角出发》,徐冲译,中华书局 2008 年版。

[6]〔德〕埃瑞克·G. 菲吕博顿、鲁道夫·瑞切特编:《新制度经济学》,孙经纬译,上海财经大学出版社 1998 年版。

[7]〔德〕费尔巴哈:《基督教的本质》,荣震华译,商务印书馆 1984 年版。

[8]〔美〕弗朗西斯·福山:《国家构建——21 世纪的国家治理与世界秩序》,黄胜强、许铭原译,中国社会科学出版社 2007 年版。

[9]〔美〕亨特:《旧中国杂记》,沈正邦译,广东人民出版社 2000 年版。

[10]〔美〕塞缪尔·P. 亨廷顿:《变化社会中的政治秩序》,王冠华等译,上海人民出版社 2008 年版。

[11]〔英〕爱德华·吉本:《罗马帝国衰亡史》上册,黄宜思、黄雨石译,商务印书馆 1997 年版。

[12]〔德〕康德:《实践理性批判》,韩水法译,商务印书馆 1999 年版。

[13]〔美〕E. A. 罗斯:《变化中的中国人》,李上译,电子工业出版社 2016 年版。

[14]〔英〕罗素:《宗教与科学》,徐奕春、林国夫译,商务印书馆 2010 年版。

[15]〔美〕莫斯:《俄国史(1855—1996)》,张冰译,海南出版社2008年版。

[16]〔英〕约翰·穆勒:《功利主义》,徐大建译,商务印书馆2014年版。

[17]〔俄〕普京:《普京文集(2002—2008)》,张树华、李俊升、许华等译,中国社会科学出版社2008年版。

[18]〔美〕罗德尼·斯达克、罗杰尔·芬克:《信仰的法则——解释宗教之人的方面》,杨凤岗译,中国人民大学出版社2004年版。

[19]〔加〕查尔斯·泰勒:《自我的根源:现代认同的形成》,韩震等译,译林出版社2008年版。

[20]〔美〕詹姆斯·汤森、布兰特利·沃马克:《中国政治》,顾速、董方译,江苏人民出版社1996年版。

[21]〔法〕涂尔干:《宗教生活的基本形式》,渠东、汲喆译,商务印书馆2011年版。

[22]〔美〕托克维尔:《旧制度与大革命》,冯棠译,商务印书馆2012年版。

[23]〔美〕徐中约:《中国近代史:1600—2000,中国的奋斗(第6版)》,计秋枫、朱庆葆译,世界图书出版公司2008年版。

四、英文文献

[1] Joel S. Migdal, *Strong Societies and Weak States*, Princeton University Press, 1989.

[2] Lucian W. Pye, *Aspects of Political Development*, Little, Brown and Company, 1966.

[3] Theda Skocpol, "Bringing the State Back In: Strategies of Analysis in Current Research", in Peter B. Evans, Dietrich Rueschemeyer and Theda Skocpol, eds., *Bringing the State Back In*, Cambridge University Press, 1985.